# Achill Moser

# Das Glück der Weite

*Fünf Jahre in den Wüsten der Welt*

| Hoffmann und Campe |

1. Auflage 2009
Copyright © 2009 by Hoffmann und Campe Verlag, Hamburg
*www.hoca.de*
Satz: Dörlemann Satz, Lemförde
Gesetzt aus der Stempel Garamond LT Pro
Karte: Peter Palm, Berlin
Druck und Bindung: C. H. Beck, Nördlingen
Printed in Germany
ISBN 978-3-455-50106-3

HOFFMANN
UND CAMPE

*Ein Unternehmen der*
GANSKE VERLAGSGRUPPE

# Inhalt

*Niemals kann Freiheit in unserem Leben
länger dauern als ein paar Atemzüge lang,
aber für sie leben wir.*

Alfred Andersch, Die Kirschen der Freiheit

# Teil 1

*Träume können wahr werden:*
*Wie alles begann*

*Welch glückseliges Gefühl, eines Tages mutig alle*
*Fesseln abzuschütteln, welche das moderne Leben*
*und die Schwäche unseres Herzens uns unter dem*
*Vorwand der Freiheit angelegt haben; sich symbolisch*
*mit Stab und Bettelsack zu rüsten und fortzugehen!*
*Für den, der den Wert, den köstlichen Reiz der*
*einsamen Freiheit kennt (denn man ist nur frei,*
*solange man allein ist), ist der Aufbruch der mutigste*
*Akt der Welt. Ein egoistisches Glück vielleicht. Doch*
*für den, der es zu genießen weiß, ist es tatsächlich das*
*Glück.*

Isabelle Eberhardt, Sandmeere 2

*I*ch kann mich noch genau an den Tag erinnern, an dem ich zum ersten Mal in die Wüste kam. Mehr als fünfunddreißig Jahre ist es her, dass sich mein Leben auf den Kopf stellte. Ich war siebzehn Jahre alt, ging noch zur Schule und nutzte die sechswöchigen Sommerferien, um im Zug von Hamburg über Paris und Barcelona nach Nordafrika zu reisen. Im marokkanischen Königreich kutschierte ich im Überlandbus durch das traumschöne Märchenland, sah Bilder wie aus »Tausendundeiner Nacht« und ließ mich vom Rausch der Düfte und Farben gefangen nehmen: Safrangelb wechselte mit Lehmbraun, Malve mit Ocker, Purpur mit Indigoblau, während die Luft von unglaublichen Gewürzaromen geschwängert war: Jasmin, Anis, Ingwer, Zimt, Kardamom, Eukalyptus, Koriander, Kreuzkümmel und Honig. Diese wunderbaren Düfte begeisterten mich ebenso wie Marokkos Landschaften: die ins Meer abfallende Atlantikküste, die feinsandigen Strände, die üppigen Gemüseplantagen, die wogenden Getreidefelder, die kristallenen Salzseen, die zerklüfteten Gebirgszüge, die wildromantischen Bergdörfer und die immergrünen Oasentäler. Und dann waren da noch die bunten Basare, wo sich mir die geheimnisvolle Welt des Orients offenbarte. Ich sah Geschichtenerzähler und Schlangenbeschwörer, Affenbändiger und Akrobaten, Färber und Schneider, Wasserverkäufer und Wunderdoktoren, Töpfer und Goldschmiede, Gerber und Tänzer, schöne Frauen in malerischen Gewändern und weißbärtige Männer, die plaudernd an schattigen Straßenecken hockten – und ich hörte erstmals die Rufe des Muezzin und genoss das obligatorische Glas Minzetee.

Schließlich kam ich über die Städte Fes, Rabat, Casablanca und Marrakesch in den Süden des Landes, wo sich ein halber Erdteil voller Sand und Gestein vor mir ausbreitete. Niemals werde ich jenen Augenblick vergessen, als ich zum ersten Mal unter einem tiefblauen Himmel eine gelbbraune Fläche mit Wanderdünen sah. Es war wie eine Offenbarung: Sand, so weit das Auge reichte, ein goldgelber Ozean, der vom stetigen Wind zu einer überwältigenden Landschaft modelliert worden war, wie selbst die kühnste Phantasie sie kaum hätte erfinden können. Da türmten sich mächtige Sandberge von unglaublicher Schönheit, wechselten sich Kuppen und Klippen mit elliptischen Halbmondkurven ab. Der Wind zeichnete filigrane Muster und bizarre Sandlinien, abstrakte Reliefs flossen durch weiche Mulden, Wogen in vielen Größen und Formen brandeten bis zum Horizont hinauf, Windfahnen trieben über flachwelligem Boden, messerscharfe Dünenkämme ragten rauchend aus dem sanften Gewelle hervor. Die Farben der Sandwogen changierten, je nachdem, ob man mit der Sonne oder gegen die Sonne schaute. Es war, als wäre meine Umgebung mehr einem Traum als der Wirklichkeit entsprungen. Doch es war kein Traum. Alles war echt: der Sand, das Dünenmeer, die Weite, der blaue Himmel.

In jenem Augenblick traf mich das Glücksgefühl mit der Kraft eines Donnerschlags. Ich war ganz außer mir und spürte eine Erregung, die meinen ganzen Körper erfasste. Das Gefühl wuchs nicht langsam heran, sondern brach wie eine Naturkatastrophe über mich herein. Nun bin ich ohnehin kein Mensch bedächtig wachsender Empfindungen. Ich weiß um meine schnelle Begeisterungsfähigkeit und versuche mich daher zumeist ein bisschen selbst im Zaum zu halten. Doch bei diesem Ausblick war das nicht möglich. Zu phantastisch war das Sandmeer, zu verlockend und verführerisch die Weite – groß, unerschlossen, unbewohnt, menschenleer und zeitlos. Es war, als würde ich von einem Augenblick auf den anderen Verstand und Herz verlieren. Es war ein Gefühl des Überschwangs, wie beim Erkennen einer großen Liebe.

Außer mir vor Glück warf ich meinen Rucksack auf den Kamm einer hohen Düne und schrie; schrie irgendwas Verrücktes heraus und lief einfach los. Wie ein ungestümes Kind rannte ich durch den Sand, ich stapfte, rutschte und stolperte, rollte die eine Düne hinab, um die nächste wieder hinaufzukeuchen, so lange, bis ich schließlich vollkommen atemlos zu Boden fiel.

Eine ganze Weile lag ich auf dem Bauch und verharrte im warmen Sand, der gegen meine Rippen drückte. Ich weiß nicht mehr, wie lange ich so dalag, bis sich meine Nerven wieder beruhigt hatten und ich mich aufsetzte und in die unermessliche Weite hinausschaute. Was für ein Ausblick! Ich konnte gar nicht genug davon bekommen. Diese Dünen, dieses Gewoge, dieser Sandteppich von Horizont zu Horizont!

Ich nahm mir damals fest vor, nie zu vergessen, wie ich mich in diesem Augenblick fühlte. Mein Kopf war klar, und alles erschien mir hell und weit. Es war ein Gefühl, für das man alles wegwirft, alles stehen und liegen lässt, ein anderer Mensch wird – und noch mal von vorn beginnt. In diesen Momenten erinnerte ich mich an meine Kindheit, und Bilder aus den fünfziger Jahren stiegen in mir auf: Grömitz an der Ostsee, bevorzugtes Feriendomizil meiner Eltern neben der italienischen Riviera, der Adria und dem Wanderidyll Österreich. Die Ostsee war damals »in« bei den Hamburger Flachländern, und so verbrachte ich in jenen fernen Tagen viel Zeit zwischen Strandkörben und Sandburgen. Einen breitkrempigen weißen Sonnenhut auf dem Kopf und bewaffnet mit Plastikschaufel, Eimer und farbenfrohen Backformen, buddelte ich – meist am Wochenende oder zur Urlaubszeit meiner Eltern – im weißen Sand, der mir dann oft in Nase, Mund, Ohren und Augen klebte.

So war es auch in Marokko, fast fünfzehn Jahre später, auf einem Dünenkamm der Sahara: Überall spürte ich Sand – in Augen, Nase, Mund und Ohren. Immer wieder wischte ich ihn mir mit einem feuchten Tuch aus dem Gesicht, als ich plötzlich einige schwarze Punkte entdeckte, die sich in der Ferne bewegten. Es war eine Gruppe von Menschen mit Dromedaren, eine kleine Karawane, die sich durch das Dünenmeer bewegte und feine Sandfahnen aufwirbelte. Angespannt lauschte ich in den Raum, hörte aber keinen Laut. Der Sand schluckte das Geräusch der Füße und Hufe, die im gleichförmigen Rhythmus voranschritten. Was waren das für Menschen? Woher kamen sie? Wohin wollten sie? Was transportierten sie in ihren großen Satteltaschen? Wovon lebten sie? Hatten solche Menschen nicht eine vollkommen andere Lebensweise als ich? Mussten solche »Wüstenmenschen« nicht einer völlig anderen Philosophie anhängen, und war ihr Leben womöglich allein auf Selbsterhaltung und das bloße Überleben ausgerichtet?

Aus jeder dieser Fragen ging hervor, wie wenig ich damals über das Leben in der Wüste wusste. Die Antworten darauf lagen in jener Weite aus Sand und Stein, die so anziehend auf mich wirkte und ganz anders war als die Welt, in der ich aufwuchs – in der Großstadt Hamburg mit überfüllten Bürgersteigen und hetzenden Menschen, mit schrillem Lärm und gläsernen Einkaufszentren. Plötzlich wollte ich nichts anderes, als einfach geradeaus zu gehen, hinein in die größte Wüste der Welt, die Sahara, die von arabischen Karawanenführern seit undenklichen Zeiten »Bahr bela ma« genannt wird – »Meer ohne Wasser«.

Schon am nächsten Morgen zog ich für einige Tage in die Weite, die sich vor meinen Augen ausdehnte und bereit war, mich in ihre Grenzenlosigkeit aufzunehmen. Auf den Schultern trug ich nur einen kleinen Rucksack mit dem Lebensnotwendigsten: Zelt, Schlafsack, Kompass, Landkarte, Lebensmittel, Trinkwasser. Ich hatte fünf Tage Zeit, und als ich Schritt für Schritt hinaus ins Ungewisse wanderte, war ich neugierig auf alles, was vor mir lag. Hier, fern aller zivilisatorischen Schnelllebigkeit, wo man nichts haben muss, um etwas zu sein, schweiften meine Gedanken beim stetigen Gehen über Sand und Stein unbehindert umher, verloren sich in einer Landschaft voller Schöpfungslust, die mir das Gefühl vermittelte, ganz klein, aber dennoch ein Teil der Natur zu sein. Angesichts dieser ungeheuerlichen Weite kam ich mir zuweilen vor wie eine Schnecke, die mit ihrem Haus auf dem Rücken über ein ewiges Nichts kriecht. In solchen Augenblicken kam mir eine Textstelle aus Günter Grass' »Tagebuch einer Schnecke« in den Sinn: *Ich bin die zivile, die menschgewordene Schnecke. Mit meinem Drang nach vorne, nach innen, mit meinem Hang zum Wohnen, Zögern und Haften, mit meiner Unruhe und Voreile im Gefühl bin ich schneckenhaft.*

Es heißt, wer die Wüste einmal betreten hat, kommt nie mehr von ihr los; denn hier, inmitten einzigartiger Urlandschaften, verliert sich die Bedeutung von Raum und Zeit. Hier reduziert sich das Leben auf das Wesentliche. Und hier, in absoluter Stille und Einsamkeit, wird der Mensch dorthin zurückgeworfen, wohin er gehört – zu sich selbst. Mit solchen für mich völlig neuartigen Erfahrungen, mit denen ich als junger Mensch unversehens konfrontiert worden war, kam ich zurück nach Deutschland, wo mir der Schulalltag fortan größte Schwierigkeiten bereitete. Manchmal konnte ich dem Unterricht kaum folgen. Zu sehr hatte die Wüste meine Phantasie beflügelt. Und zu sehr träumte ich von großen Reisen durch ferne Länder. Die Sehnsucht nach Weite und Abenteuer hatte mich gepackt, und ich wusste nicht, wie ich damit umgehen sollte.

In jenen Tagen lag ich oft stundenlang auf dem Fußboden meines kaum zehn Quadratmeter großen Zimmers im dritten Stock eines roten Klinkerwohnblocks in Hamburg-Bramfeld, der von Rasenflächen umgeben war, auf denen Kinder aber nicht spielen durften, und verschlang alle möglichen Reiseberichte von Forschern und Entdeckern. Ich las von Menschen, die erstaunliche Erfahrungen in der Wüste gemacht hatten. Diese Bücher las ich mit Ehrfurcht und Zustimmung, und manche davon sind mir – bis heute – regelrecht ans Herz gewachsen: T. E. Lawrence, Gerhard Rohlfs, René Caillié, Heinrich Barth, Mungo Park, Wilfred Thesiger, Gustav Nachtigal, Isabelle Eberhardt, Antoine de Saint-Exupéry, Albert von Le Coq, Arthur Rimbaud, Johann Ludwig Burckhardt, Charles Montagu Doughty, Ludwig Leichhardt, Théodore Monod, Sven Hedin und Marco Polo. Auch Karl May nahm ich immer wieder in die Hand. Mit ihm war ich »Im Sudan« unterwegs, »In den Schluchten des Balkan«, »In den Kordilleren«, »Im Reich des silbernen Löwen« oder »In Mekka«. Was habe ich damals nicht schon alles erlebt!

Zwischen all dem abenteuerlichen Lesefutter und der Schuhe verschleißenden Bolzerei auf dem Fußballplatz nahm ich neben der Schule hin und wieder unterschiedliche Arbeiten an, war als Verkäufer in Sportabteilungen tätig, kurvte nachts als Gabelstaplerfahrer durch die Lagerhallen eines großen Versandhauses, schleppte als Packer schwere Möbel oder trug Zeitungen aus – alles, um mir das nötige Geld für neue Reisen nach Afrika zu verdienen. Und diese Reisen, die ich während der Frühjahrs- und der Sommerferien unternahm, verlängerte ich schließlich »auf eigenen Wunsch« für mehrere Wochen, um mit arabischen Karawanenführern durch die Sahara zu ziehen. Als ich dann nach Deutschland zurückkehrte, kam, was kommen musste: Meine Zensuren wurden immer schlechter, und mehrere »Ehrenrunden« und sogar Schulwechsel waren unvermeidlich.

Gleichwohl hielt ich irgendwann mein Abschlusszeugnis des Fachabiturs in den Händen, was meine Mutter am meisten freute. Besonders ihr und ihren fortwährenden Ermutigungen habe ich es zu verdanken, dass ich meine »Schulkarriere« trotz vieler Eskapaden erfolgreich abschließen konnte. Selbst wenn mancher Lehrer ihr erklärte: »Achills Schulleistungen und Ferienverlängerungen sind nicht mehr tragbar«, blieb sie stets engagiert. »Du schaffst das schon!«, sagte sie immer.

Als ich mich nach der Schulzeit weder für eine Lehrstelle noch für einen Studienplatz begeistern konnte und stattdessen mit einem Freund in den Sudan und nach Ägypten wollte, um in einem Faltboot den Nil hinabzufahren, zögerte meine Mutter keinen Moment, mir zu helfen. Mir fehlten damals noch dreitausend Mark, und ich hätte die geplante Reise um ein Jahr verschieben müssen, wenn sie nicht einen Kredit bei der Bank aufgenommen hätte. Damit ermöglichte sie mir meine Flussreise durch Afrika, und das, obwohl sie über meine Pläne nicht gerade erfreut war und sich eine Menge Sorgen um meine Gesundheit und mein Leben machte. So war ich vor allem der Sohn meiner Mutter, ein Einzelkind, das in ihrer geschützten Sphäre aufwuchs.

Mein Stiefvater Erhard war dagegen ein ganz anderer Mensch, in dessen Einsamkeit niemand eindringen konnte. Nur selten hat er etwas von sich selbst erzählt. Sein Seelenleben und seine Vergangenheit – Schule, Berufsausbildung, Kriegsjahre mit schweren Verletzungen, Flucht aus der DDR und vieles mehr – hat er meist im Verborgenen gehalten, nur im Ausnahmefall erzählte er davon. Allem Anschein nach konnte er nicht darüber sprechen und ging deshalb mit Schweigen darüber hinweg. Wenn einer weitgehend schweigt und auch schweigen will, dann sollte man auch nicht allzu viele Worte über ihn machen. Dennoch gehören das Schweigen meines Stiefvaters, seine Gleichgültigkeit gegenüber anderen Menschen sowie seine Strafpredigten und gelegentlichen Ohrfeigen zum Alltag meiner Jugend. Das alles hat mich nicht nur beeinflusst, sondern auch verletzt. Oft sagte er zu mir: »Hör doch endlich mit der Schule auf. Du bist viel zu faul, ein Spinner und Versager!« Im Übrigen machte es ihm großen Spaß, meine Mutter aufzuziehen, was zu häufigen Streitereien führte, bei denen es oft um Lebensentwürfe und Finanzen ging. Diese Auseinandersetzungen waren für mich zum Fürchten und führten im Laufe der Zeit zu unlösbaren Konflikten.

Zum entscheidenden Bruch zwischen meinem Stiefvater und mir kam es, als ich vierzehn Jahre alt war. Wegen schlechter Schulzensuren durfte ich mehrere Wochen nicht Fußball spielen. Als ich eines Nachmittags dennoch klammheimlich in Trainingsanzug und Fußballstiefeln zum Vereinstraining ging, kam er wütend zum Sportplatz und kommandierte mich ins Auto. Kaum hatte er den Wagen in Bewegung gesetzt, brüllte er: »Ich hab die Nase voll von dir. Jetzt ist Schluss! Ich bringe dich zu deinem richtigen Vater in die DDR. Du wirst schon sehen, was du davon hast!«

Meinen leiblichen Vater kannte ich damals noch nicht. Meine Mutter hatte ihn mir nach ihrer Scheidung vorenthalten. Ich war damals erst zwei Jahre alt gewesen, und seit jenen Tagen hatte sie ein düsteres Bild von ihm gezeichnet – die Geschichte vom »schwarzen, bösen Mann«. Und an dieses Bild, das tief in mir verankert war, lehnte sich mein Stiefvater an, als er drohte, mich in die DDR zu bringen, jenes andere Deutschland, das für mich als Kind der sechziger Jahre eine Metapher des Schreckens war: ein Land, in dem Menschen hinter Stacheldraht, Selbstschussanlagen und hoher Betonmauer lebten.

Hinter diese Mauer wollte mich mein Stiefvater nun bringen, als er mit mir quer durch Hamburg fuhr, durch Stadtteile, die ich noch nie gesehen hatte, während ich am ganzen Leib zitterte und kein Wort herausbrachte. Was würde mir geschehen? Wohin würde ich kommen? Würde ich meine Mutter nie wiedersehen? Was sollte ich nur tun? Ich glaube nicht, dass mein Stiefvater ahnte, was in mir vorging.

Als plötzlich eine rote Ampel vor uns aufleuchtete, trat mein Stiefvater hart auf die Bremse, und unsere Fahrt stoppte. In diesem Augenblick war mir alles egal. Ich riss die Beifahrertür auf und sprang aus dem Auto, rannte zwischen hupenden, bremsenden Fahrzeugen über eine große Kreuzung und verschwand in einem Waldstück. Nur laufen wollte ich – weg, weg, weg. Irgendwann kam ich im Randgebiet Hamburgs zu einem S-Bahnhof, wo ich in einen Zug stieg, mit dem ich zu einer Station fuhr, an der ich hoffte, meine Mutter zu treffen – auf dem Nachhauseweg von ihrer Arbeit in einem Ingenieurbüro. Über eine Stunde wartete ich, ehe sie tatsächlich kam. Sie war völlig aufgelöst, hatte bereits von der Aktion meines Vaters erfahren und die Polizei eingeschaltet, die mich längst suchte.

Am Abend trafen wir auf einem Polizeirevier in Hamburg-Wandsbek alle zusammen: mein Stiefvater, meine Mutter und ich. Durch eine angelehnte Tür hörte ich, wie ein Polizist meinem Stiefvater ordentlich die Meinung sagte, doch geändert hat es ihn nicht. Niemals hat er sich für diese »Schreckensaktion« bei mir entschuldigt. Die Verweigerung jeglicher Selbstreflexion war typisch für ihn. Nie kam es ihm in den Sinn, dass er vielleicht etwas verkehrt gemacht hatte. Kritik duldete er nicht; was er sagte, war richtig und wurde gemacht. Bis heute weiß ich nicht, ob er mich überhaupt gern hatte; was ich spürte, war eher eine Art pflichtgemäßer Duldung. Selbst als ich Jahre später erstmals aus

Afrikas größter Wüste nach Hause kam und begeistert von Menschen und Natur erzählte, zeigte er keinerlei Interesse, sondern mutmaßte mit abfälliger Gestik: »Du hast doch nur Lebensangst!« – und meinte vermutlich sich selbst damit. Ich gab mich damit zufrieden, dass mir meine Mutter in solchen Situationen zur Seite stand und meine Ansichten zumeist teilte.

Es gab aber auch Tage, an denen mein Stiefvater freundlich sein konnte und wir in der Familie das kurze Aufblitzen von Großzügigkeit erlebten: bei einem Spaziergang über den Dom, wo es dann Zuckerwatte, Mandeln und eine Karussellfahrt gab, oder bei einem Besuch im Restaurant, wo es bei Steak und Salatteller zu einem fast unbeschwerten Beisammensein kam, das allerdings nur von kurzer Dauer war.

Als ich schließlich meine eigene Wohnung hatte, riss die Verbindung zu meinem Stiefvater mehr und mehr ab. Telefongespräche gab es nicht, nur drei oder vier Treffen im Jahr: zum Geburtstag, zu Ostern, zu Weihnachten, mehr nicht. Ich hatte genug von all den Kränkungen. Als meine ersten Bücher erschienen, schenkte ich ihm pflichtbewusst jeweils ein Exemplar. Ob er sie je gelesen hat, habe ich nie erfahren. Er sprach jedenfalls mit keinem Wort darüber. Das Schreiben von Reiseliteratur schien für ihn keine richtige Arbeit zu sein, bestenfalls war es ein Hobby. Viel lieber hätte er mich als Beamten gesehen, so wie er es war, tätig als Amtmann der Verwaltungsberufsgenossenschaft, immer korrekt und geprägt durch Ordnung und Pedanterie. Was Wunder, dass ich es mit Ende zwanzig als Triumph empfand, als zu meinen Vortragsveranstaltungen im Hamburger Congress-Centrum mehrere Tausend Besucher kamen und mein Stiefvater fragte: »Wohin wollen denn all diese Leute?« Er konnte sich einfach nicht vorstellen, dass so viele Menschen an meinen Diashows interessiert waren.

Manchmal hatte ich auch das Gefühl, dass er mich gar nicht richtig beachtete. Dabei wünschte ich mir damals mehr als alles andere, dass er Notiz von mir nahm, und ich bemühte mich immerzu, ihm zu gefallen und es ihm recht zu machen; selbst nach seinem Tod vor einigen Jahren, als meine Mutter und ich in das Kirchenbüro des Gemeindepastors kamen, der sich auf einem kleinen Zettelchen Notizen für die Trauerrede machte, ertappte ich mich dabei, dass ich ihn in einem viel positiveren Licht darzustellen versuchte. Doch Freundlichkeit und vor allem Hilfsbereitschaft waren nicht seine Sache. Bis heute bleibt er mir unergründlich, wenngleich ich wohl niemals aufgehört habe, mich nach der Zuneigung meines Stiefvaters zu sehnen. Manchmal denke ich sogar, dass eine einzige Umarmung von ihm viel mehr in meinem Leben bewirkt hätte als all meine Reisen durch die Wüste. Ich bin mir sicher, dass meine ersten Reisen auch eine Art Flucht aus dem Elternhaus waren, Flucht vor Demütigung und Herabsetzung und Flucht aus der Enge einer Gesellschaft, in der die Weichen meines Lebens schon gelegt schienen. Bewusst habe ich mich für das Unterwegssein nie entschieden. Ich habe es einfach geschehen lassen. Bei meiner Flucht gab es keine Entscheidung. Ich ließ sie passieren – mit der Hoffnung, dass von nun an alles besser würde, dass es doch irgendwo etwas geben müsse, das von mir gefunden werden will.

Nur zögerlich und mit einem gewissen Unbehagen begann ich nach meinen ersten Afrikareisen mit einem Studium. Doch was studiert man, wenn einem die Wüste und Weite ins Blut gefahren ist und man Freiheit und Unabhängigkeit geschnuppert hat? Ich studierte Betriebs- und Volkswirtschaftslehre in Hamburg. Allerdings nur als Alibi für meine Mutter, die damals noch hoffte, dass etwas Vernünftiges aus mir werden würde. Doch solch ein Leben hätte mich niemals glücklich gemacht. Also belegte ich heimlich noch einige andere Studienfächer, die mich sehr viel mehr interessierten: Afrikanistik, Arabisch und Anthropologie. Mit den Jahren füllte mich die Arbeit an der Universität aber nicht aus. Ich war enttäuscht über die Leere der Lernfabriken und lief nicht synchron mit den Lebensentwürfen jener, die Sprosse um Sprosse auf einer Karriereleiter hinaufwollten. So etwas kam mir seelenlos vor, denn allein im Vorwärtsstreben liegt für mich noch lange kein Sinn. Ich brauchte einen Grund, der den Einsatz rechtfertigte. Ich suchte nach anderen Lebensweisen, die vielleicht richtig für mich wären und meinem Wesen mehr entsprächen. Und ich suchte nach einem Gegenpol zum bürgerlichen Leben mit seinen einengenden Konventionen und abgesteckten Grenzen.

Also machte ich mich auf den Weg und unternahm eine Menge Reisen, die ich mir – neben dem Studium – mit verschiedenen Jobs und Beschäftigungen finanzierte. Diese Reisen, auf denen ich Lebenssinn und Perspektiven suchte, führten mich rund um die Welt: durch Wüsten und Urwälder, über Gebirge und Meere. Irgendwann wurden durch Zufall Magazine und Sponsoren aufmerksam, und aus meinen Träumen wurde nicht nur erlebbare Realität, sondern auch ein Beruf, der mich nun schon seit fast drei Jahrzehnten schreibend und fotografierend um den Erdball treibt.

Dieser neue Weg führte mich in ein vollkommen anderes Leben, in dem ich lernen musste, auf Dinge zu verzichten, die in unserem Hightech-Alltag selbstverständlich sind: Wohnung, Dusche, Telefon, Fernsehen, Auto, Gasherd. Ich lernte, ohne diese vermeintlich wichtigen Dinge auszukommen – und es gefiel mir. Hingerissen von der Widersprüchlichkeit der Wüste, dem ständigen Wechsel zwischen Faszination und Bedrohung, lernte ich die einfachen Dinge des Lebens zu schätzen und begriff, dass der Fortschritt der Menschheit nicht an technischen Errungenschaften bemessen werden sollte, sondern eher daran, wie wir miteinander umgehen und miteinander leben.

Von Reise zu Reise lernte ich rudimentäre Wortschätze verschiedenster Sprachen und passte mich immer mehr an die »nomadische Daseinsform« an. Ich lernte, wie man allein in der Wüste zurechtkommt, wie man dort lebt und überlebt, wie man sich in die Einöde einfügt, statt sie zu fürchten, wie man den richtigen Lagerplatz findet, wo man nach Wasser sucht und wie man seine Angst in den Griff bekommt. Ich lernte die Kunst des Kamelreitens, lernte, wie man ein Kamel aufrichtet, wie man es mit dem Kopfseil lenkt und welche Laute man ausstoßen muss, um das Tier vom Schritt in den Trab zu bringen. Ich ging zu Fuß oder begleitete kleine Karawanen, lernte die Sternennavigation, schlief im Zelt oder unter freiem Himmel, ernährte mich von Hirsebrei, Fladenbrot und Kamelmilch. Ich war zu Gast in unterschiedlichen Dorfgemeinschaften und nahm am kargen Leben der Wüstenbewohner teil, wobei ich allerdings nie in die Kleidung der Beduinen schlüpfte, um im »Outfit« eines landestypischen Nomaden zu reisen. Als Karikatur eines Wüstenbewohners wollte ich nicht unterwegs sein. Lieber trage ich ein etwas größeres Hemd, eine weite Trekkinghose mit mehreren Taschen und leichte Wanderstiefel oder Sportschuhe. Nur den »tagelmust«, den »Wüstenturban«, benutze ich auf fast allen Wüstenreisen: ein vier bis sechs Meter langes Tuch, das man um den Kopf wickelt zum Schutz vor Sonne, Sand und Staub.

Vor allem das »Mitleben« unter den Einheimischen war für mich der Schlüssel, um in eine geheimnisvolle Welt einzutauchen, die mir mehr und mehr zum Lehrmeister und zur »Heimat meiner Seele« wurde. Hinzu kam, dass ich das Gehen in der Wüste als einen Zugewinn an Lebensfreude empfand, das mich aus meinem gewohnten Leben heraus- und gleichzeitig in ein nomadisches Leben hineinführte. Wüstenwandern ist für mich

~ die Wahrnehmung grandioser Urlandschaften
~ der Abwurf von Sorgenballast
~ ein »himmelhochjauchzendes« Lebensgefühl
~ die Lust an der freien Bewegung
~ Entschleunigung in Zeiten größter Schnelllebigkeit
~ Besinnung auf alte und wesentliche Werte
~ Begeisterung am achtsamen Gehen
~ eine große Nähe zur Natur
~ eine Urform der Meditation
~ die Begegnung mit Einsamkeit und Unberührtheit
~ Selbstbeschränkung auf das Allernötigste
~ das Erkennen der eigenen Winzigkeit
~ die Möglichkeit, dem Leben einen neuen Sinn zu geben
~ eine Gratwanderung im eigenen Seelenlabyrinth
~ ein Allheilmittel gegen die Stressfaktoren der Zivilisation
~ eine Form der Glückssuche.

Darüber hinaus erlebte ich in den Einöden der Welt Tage voller irrwitziger Glücksvisionen, fühlte mich manchmal wie ein gottestrunkener Mystiker und war so nahe an den Träumen, dass mich das »Wüstengehen« fast süchtig machte. Auch änderten sich beim stetigen Unterwegssein nicht nur meine Wertvorstellungen, sondern es verschoben sich auch die Strukturen des gewohnten Denkens, denn in einer archaischen Wüstenlandschaft ist man ausschließlich auf sich selbst zurückgeworfen. Dort gibt es nichts, was einen ablenkt. Man ist sich selbst ausgeliefert und muss das eigene Ego aushalten, ob man will oder nicht. Doch wer kann schon über Wochen oder Monate nur sich selbst ertragen? An manchen Tagen war ich mir sogar mein ärgster Feind, und ich wäre am liebsten schreiend vor mir davongelaufen. Doch ich hielt stand und habe die Scham davor überwunden, der zu sein, der ich bin.

Überdies gewann ich bei den Nomaden die Erkenntnis, dass der Mensch nicht gegen alles ankämpfen muss. Im Gegenteil: Wer in einer Wüste leben und überleben will, kann dies nur, wenn er die archaische Natur akzeptiert, die das Maß des Daseins ist. So lernte ich bei den Nomaden, mich in ein größeres Ganzes einzufügen und erkannte, dass es in der Einöde nur wenig Vergangenheit und noch weniger Zukunft gibt. Was zählt, ist das »Jetzt«, wobei die Gedanken in der Wüste fast ausschließlich auf die Unmittelbarkeit der nächsten Schritte fokussiert sind – und auf die umgebenden Naturkulissen. Zudem zogen mich die Farben der Wüste immer wieder in ihren Bann: Goldgelb, Strohgelb, Hennagelb, Aschblond, Lindgrün, Olivgrün, Graugrün, Kastanienbraun, Mahagonibraun, Schokoladenbraun, Karminrot, Zinnoberrot, Orange, Mausgrau, Aschgrau und Tintenschwarz. Wie ein Chamäleon kann eine Wüste die Farbe wechseln, je nach Tageszeit und Lichtfülle. Manchmal, wenn gleißende Helligkeit die kargen Landschaften ausleuchtete, hatte ich sogar das Gefühl, auf einer imposanten Theaterbühne zu stehen, auf die grelle Lichtschächte fielen, als würden im Himmel von Geisterhand überdimensionale Scheinwerfer bewegt.

Wer solche Erfahrungen macht, der erfährt auch, dass sich beim stetigen Gehen in der Wüste nicht nur die Landschaft verändert, sondern auch der eigene Gedankenhorizont, und von Kilometer zu Kilometer, von Tag zu Tag wird die Einöde zur »Denklandschaft«. Somit erlebte ich die Wüste auch als untrügliches Spiegelbild meines Naturells, in dem ich mich immer wieder selbst betrachten konnte und über die Winzigkeit meines Menschseins nachdachte. Mir wurde klar: Wüsten zeigen, wer wir sind, geben Auskunft über unser Verhältnis zur Natur, bieten Antworten auf existenzielle Fragen und offenbaren einem, dass es keine größere und wichtigere Sache im Leben gibt als die Suche nach dem Sinn.

Wenn ich allerdings nach monatelanger Reise nach Hause kam, merkte ich, dass mich das emotionalisierte Unterwegssein gelegentlich zu einem Fremden werden ließ, der sich in der Großstadt oft fehl am Platz fühlte. In solchen Situationen, wenn der größte Teil von mir noch in der Wüste war und ich etwas Zeit brauchte, um von der einen Welt in die andere zu wechseln, zeigten meine Frau und meine Söhne Dirk und Aaron viel Verständnis. Vor allem dann, wenn mir im eigenen Haus zuweilen die Decke auf den Kopf fiel und ich mit Schlafsack und Isoliermatte im Garten verschwand, wo ich so manche Nacht in einem kleinen Zelt schlief, während meine Frau Rita lachte und zu den Kindern sagte: »Lasst Papa einfach ein paar Tage in Ruhe, der kriegt sich schon wieder ein!« Und so war es dann auch.

Manchmal kommt es mir noch immer wie ein Traum vor, dass mich das Schicksal aus dem regnerischen Hamburg in die hitzeflimmernde Weite der Wüste führte und ich im Laufe der Jahre zum Pendler zwischen den Welten wurde, zum Wanderer zwischen Sand und Stadt. Mal war ich wochen- oder monatelang in den Wüsten der Welt unterwegs, dann wieder genoss ich das Leben als Familienvater in Hamburg-Lokstedt, ging mit meinen Söhnen ins Kino und zum Minigolf und mit meiner Frau ins Theater und ins Ballett – oder kickte in der Kneipenmannschaft meines Stammitalieners. Dieses Doppelleben, das mir so gegensätzliche Lebensweisen bot, zerriss mich aber keineswegs, sondern machte mich zufrieden und glücklich. Möglich war es aber nur, weil meine Frau weiß, dass jeder Mensch sein eigenes Schicksal hat, und mir stets ebenso viel Freiheit zugestand wie ich ihr.

Mittlerweile habe ich auf mehr als dreißig Expeditionen von insgesamt fünfjähriger Dauer fünfundzwanzig Wüsten der Welt bereist, vor allem zu Fuß und mit dem Kamel. In einer Geschwindigkeit, in der die Seele Schritt hält, habe ich eine Strecke von fast zwanzigtausend Kilometern zurückgelegt. Wie ein Nomade folgte ich uralten Karawanenwegen, vergessenen Pilgerpfaden und historischen Entdeckerrouten, die mich auf fünf Kontinenten in eine ferne Vergangenheit führten – zu rätselhaften Klosteranlagen, uralten Felsmalereien, versunkenen Städten, versteinerten Wäldern, verborgenen Dinosauriergräbern und heiligen Kultstätten.

Diese fünfundzwanzig Wüsten haben sich in meine Erinnerungen eingebrannt. Mehrmals bin ich auf historischen Entdeckerrouten durch die Sahara gewandert, die größte Wüste der Welt. In der algerischen Tanezrouft-Wüste erlebte ich eine kiesig-sandige Ebene, die sich über Hunderte von Kilometern erstreckt und von den Einheimischen »Ebene des Schreckens« oder »Land des Durstes« genannt wird. Großartige Szenerien erlebte ich auch in der Namib-Wüste, einem eindrucksvollen »Nichts« aus Sand und Licht im Südwesten Afrikas, wo die einzigartige Pflanze »Welwitschia mirabilis« gedeiht, die über tausend Jahre alt werden kann und deren Wurzel bis zu einhundert Meter in den Erdboden reicht. Im »großen Durstland« der Kalahari (Botswana) lernte ich das uralte Sammler- und Jägervolk der Buschmänner kennen, die ihre Geschichten und Träume durch zahllose Zeichnungen auf Felswänden überliefert haben. Im Nordosten der Republik Niger reiste ich durch die Wüste Ténéré, die von den Tuareg »Land da draußen« genannt wird und wo sich noch vor dreitausend Jahren in großen Binnenseen dickhäutige Flusspferde tummelten. In der Nubischen und Ägyptischen (Libyschen) Wüste war ich auf den Spuren von Karawanen unterwegs, die einst zum sagenumwobenen Goldland »Punt«

zogen, um Gold und Gewürze an den Hof der Pharaonen zu bringen. Ebenso beeindruckend war auch der Norden Kenias, wo ich auf den Stammesgebieten der Samburu und Turkana durch die Kaisut- und Nachorugwai-Wüste lief, bis zum Turkana-See, wo einzigartige Hominidenfossilien gefunden wurden.

Auf den Spuren des deutschen Afrikaforschers Gerhard Rohlfs (1831–1896) durchquerte ich schließlich Marokkos Süden und das traumschöne Dünenmeer der Wüste Chebbi, in deren Nähe sich die Überreste der legendären Karawanenstadt Sijilmassa befinden. Durch Ägyptens Wüste Sinai ritt ich mit Kamelen auf der vermeintlichen Route des Moses, und in Israel begeisterten mich die Wüsten Negev und Judäa, deren Weiten aus Sanddünen und Gebirgszügen bestehen und die von antiken Straßen und fruchtbaren Oasen geprägt sind.

Ein vollkommen anderes Wüstenbild vermittelte sich mir auf Island, als ich durch die Sand- und Ascheflächen der vulkanischen Sprengisandur-Wüste sowie durch die Odadahraun-Wüste wanderte, die größte Lavawüste der Erde, wo sich zur Wikingerzeit die Vogelfreien verbargen, um der germanischen Rechtsprechung zu entgehen. Es folgten Spaniens Sierra Nevada, ein steiniges und sprödes Ödland mit Disteln und zwergwüchsigen Stechpalmen, sowie Alaskas Wüste Kobuk, das nördlichste Sandmeer der Erde, wo ich auf den Spuren der frühen Paläoindianer unterwegs war, die vor Tausenden von Jahren aus Asien nach Amerika kamen. Nicht zu vergessen die Große Victoria-Wüste im heißen Ödland Zentralaustraliens, wo sich der bekannteste Monolith der Welt befindet, den die Weißen »Ayers Rock« nennen und die Aborigines »Uluru« sowie die chinesischen Wüsten Gobi, Dsungarei, Badain-Jaran, Tengger, Ordos, Takla Makan und Turfan-Senke, die mich über viele Jahre in Bann zogen und wo ich die ganze Vielfältigkeit der Einöden erlebte: imposante

Landschaften, die einst zur transasiatischen Seidenstraße zählten, in denen Archäologen einzigartige Ruinenstädte, Klosteranlagen, Höhlentempel und Dinosaurierskelette fanden.

Je tiefer ich im Laufe der Jahre in die schier endlosen Einöden aus Sand und Stein eintauchte – wobei jede Wüste ihren individuellen Charakter hat –, desto mehr lüftete sich das Geheimnis der Wüste, das nicht nur in ihrer Schönheit, Abgeschiedenheit, Stille und landschaftlichen Vielfältigkeit liegt, sondern vor allen Dingen in ihrer Weite. In dieser Weite fühlte ich mich manchmal so einsam wie noch nie in meinem Leben; doch hier konnte ich auch sprachlos sein und lernte, die Dinge anders wahrzunehmen und zu empfinden. Diese ebenso betörende wie verstörende Weite offenbarte mir den Luxus der Leere, wenn ich mich darauf einließ, *mit* der Natur zu leben und nicht *gegen* sie. Sie öffnete meine innere Enge und Beschränkung und bescherte mir eine wunderbare Empfindung: das Glück der Weite.

Niemals hätte ich als Kind damit gerechnet, solche Weite zu erleben, die sich vor mir ins Endlose ausrollte, sich über den Horizont erstreckte und sich dahinter in noch größerer Weite verlor. Sie zog mich an, war magisch verlockend wie stürzende Tiefen und machte mich regelrecht süchtig. In der Weite der Wüste fand ich ein Glück, das ich in der Enge der Großstadt niemals erfahren habe, ein Glück, das mit Harmonie und Zufriedenheit zu tun hat und das mich Demut und Dankbarkeit spüren ließ. Zudem entdeckte ich, dass es auch eine Weite in meinem Inneren gab, die sich mir ebenso – Stück für Stück – öffnete, eine Weite, die mir eine satte Zufriedenheit und eine große Stabilität vermittelte und in die ich mich gelegentlich zurückziehen kann, völlig abgeschirmt von den widersprüchlichen Botschaften und dem Lärm unserer hektischen Zeit.

1 Sahara (Algerien)
2 Tanezrouft (Algerien)
3 Ägyptische Wüste (Ägypten)
4 Nubische Wüste (Sudan)
5 Chebbi-Wüste (Marokko)

6 Nachorugwai-Wüste
(Kenia)
7 Kaisut (Kenia)
8 Namib (Namibia)
9 Kalahari (Botswana)

10 Ténéré (Niger)
11 Sinai (Ägypten)
12 Negev (Israel)
13 Judäische Wüste
(Israel)

Jede Reise in die Weite aus Sand und Stein war für mich auch eine spirituelle Reise. Denn seit jeher gilt die Einöde als ein Quell religiöser Mystik. Für Religionsgründer wie Moses, Jesus, Buddha oder Mohammed wurde die Wüste sogar zu einem Ort der Verheißung, wo sie ihre Berufung und ihren Zugang zu Gott fanden. Und hier nahm das Göttliche einst Gestalt an, und es entstanden drei monotheistische Weltreligionen: das Judentum, das Christentum und der Islam. Auch ich kam in den ozeangleichen Räumen der Wüsten in Kontakt mit meinem Begriff von Gott und habe in der reglosen Stille entlegener Landstriche, wenn ich allein unterwegs war, einen Blick auf das Antlitz Gottes werfen können. Ich fand eine religiöse Kraft, die mich oft getragen hat – in Momenten der Einsamkeit und Entbehrung sowie in Momenten des Glücks und der Lebensfreude. Zudem wuchs in den Begegnungen mit den verschiedenartigen Wüstenbewohnern – Beduinen, Tuareg, Turkana, Samburu, Rendille, Berber, Peul, Tadschiken, Uiguren und Kasachen – mein Bewusstsein für das Wesentliche, und ich habe nicht nur den Sinn für das Natürliche wiederentdeckt, sondern auch erfahren, was wichtig und was unwichtig ist. Wichtig ist in der Wüste das Elementare: ein Fladen Brot, eine Handvoll Reis, ein Schluck Wasser, ein wärmendes Feuer und vor allem Hilfsbereitschaft.

Gleichwohl erlebte ich in den Wüsten der Welt auch Tage, an denen sich die unermessliche Einsamkeit als tiefer Abgrund offenbarte. Dann fühlte ich mich auf ein Kleinstmaß zusammengedrückt, sodass die Welt um mich herum zu einem übermächtigen, qualvollen Hindernis wurde. In solchen Lebenslagen erschienen mir meine Schritte wie ein »Auf-der-Stelle-Treten«. Schwermütig und melancholisch war ich der Allgewalt der Natur unterworfen. Besonders nachts im Biwak wurde ich mir der ungeheuren Aggressivität der Wüste bewusst, die wie ein lauerndes, gefährliches Tier dalag, zum

Sprung bereit, um mich mit Haut und Haaren zu verschlingen. Ich erlebte Augenblicke im Wechselbad der Gefühle, in denen mich vor allem Zweifel und Ängste quälten – und die Frage: Was mache ich eigentlich hier? – Ach ja, die Frage, was mich treibt, war in meinem Kopf noch immer nicht verstummt, auch wenn ich mir mittlerweile über manche Motivationen klar geworden war. Gleichwohl fehlten mir wichtige Antworten, die – so vermutete ich – mit meinen Wurzeln und meiner Herkunft zu tun hatten. Also fragte ich meine Mutter, ob es in unserer Familie früher Verwandte gegeben habe, die ähnliche Interessen hatten. Oder begeisterte sich vielleicht sogar mein leiblicher Vater für Reisen, Abenteuer und Literatur? Solche Fragen bedrängten mich regelmäßig, doch ich erhielt keine ausreichenden Antworten.

Erst im Alter von achtundzwanzig Jahren bekam ich Klarheit, als eines Abends das Telefon in meiner kleinen Wohnung in Hamburg-Bramfeld klingelte. »Guten Abend, Achill«, sagte eine tiefe Männerstimme, aus der leichte Unsicherheit und Unbehagen herauszuhören waren. »In einer Radiosendung des NDR habe ich heute Nachmittag das Interview über deine Reise durch Kanada gehört. Du hast ja wieder eine Menge erlebt …«

»Worum geht es denn?«, fragte ich und lauschte gespannt.

»Mein Name ist Harry Karsten«, fuhr die Stimme fort und zitterte plötzlich. »Ich bin dein Vater und habe deinen Weg schon seit Jahren verfolgt, aber mich nie getraut, mich bei dir zu melden. Als ich heute deine Stimme hörte, die sehr sympathisch klang, habe ich Mut gefasst – und einfach zum Telefon gegriffen … Ich wollte dich fragen, ob du vielleicht Lust hast, mich mal zu treffen. Ich würde mich sehr freuen.«

Im ersten Moment wusste ich gar nicht, was ich sagen sollte. Selbst denken konnte ich nicht. Stattdessen spürte ich eine große Leere, die sich schließlich mit lauter Fragen in eigener Sache füllte. Und mit einem Mal rückte mir all das, was in meiner Kindheit und Jugend verborgen gehalten wurde, zu Leibe, ein Stück Vergangenheit, die vor allem meine Mutter um jeden Preis abzuwehren versuchte. Aber warum? Offenbar weil sie mit meinem leiblichen Vater Erfahrungen gemacht hatte, die bei ihr zur Unversöhnlichkeit geführt hatten und vor denen sie mich bewahren wollte. All das leuchtete mir ein und machte seltsame Verhaltensmuster erklärbar. Aber hatte ich nicht dennoch ein Recht auf die verborgenen Seiten meiner Geschichte? Ein Recht auf meine Vergangenheit?

In den ersten Tagen nach dem Telefonat verstrickte ich mich in heillose innere Widersprüche. Zum einen war ich verwirrt und wie vom Donner gerührt, zum anderen freute ich mich, war neugierig und interessiert, wollte wissen, was mein Vater für ein Mensch war, und war gespannt, ob ich ihm vielleicht sogar ein bisschen ähnelte. Das erste Treffen war dann für uns beide eine Art Heraustreten aus der Schamzone der Vergangenheit, eine etwas ungelenke Begegnung, bei der jeder versuchte, Fehler zu vermeiden. Man war freundlich und distanziert, respektvoll und abwartend. Gleichwohl spürte ich sofort, welches signifikante Erbteil mir von meiner Mutter (und ihrer Familie) vorenthalten worden war. Schließlich lernte ich auch die Frau meines Vaters kennen und meine Halbbrüder Joachim und Gunther, die beide nur ein paar Jahre jünger waren als ich und von denen ich bislang nichts gewusst hatte.

In den darauf folgenden Begegnungen begriff ich sehr rasch, dass mit der Anknüpfung meines Vaters an mein Leben etwas passiert war, das mein Bewusstsein und Sensorium erweiterte. Mein Leben bekam eine völlig neue Wendung, und die Tatsache, dass er und ich nur wenig voneinander wussten, führte dazu, dass wir uns gegenseitig befragten. Am Anfang ging es um jede Menge Verlusterfahrungen: für ihn um den

Verlust des erstgeborenen Sohnes, für mich um den Verlust des leiblichen Vaters. Stück für Stück »arbeiteten« wir ganze Jahrzehnte auf, erkundigten uns jeweils nach dem Leben des anderen und versuchten, Vergangenes und Verdrängtes sichtbar zu machen, wobei die Erinnerungen meines Vaters auf mich übergingen und als Bilder in mein Bewusstsein fluteten. Endlich bekam ich ehrliche Antworten, bei denen mein Vater nichts im Verborgenen ließ, obwohl er dabei selbst nicht so gut wegkam. Und von Begegnung zu Begegnung gewann ich meinen biographischen Boden unter den Füßen zurück. Überdies erfuhr ich, dass sich mein Vater – ebenso wie ich – für fremde Länder und abenteuerliche Entdeckungsreisen interessierte, dass er in jugendlichen Jahren den schwedischen Forscher Sven Hedin in dessen Heimatland besucht hatte, dass er über Jahrzehnte vielfach die gleichen Bücher las wie ich, dass ich meinen Vornamen Achill seiner Begeisterung für die griechische Mythologie verdankte und dass er als leidenschaftlicher Bergsteiger sogar auf den Gipfel des Matterhorns und des Kilimandscharo gestiegen war. Und mit einem Mal wusste ich: »Der Apfel fällt nicht weit vom Stamm!«

Gleichwohl spürten wir im Laufe der Jahre, dass zwischen uns etwas stand, das nicht in Worte zu fassen war und das nicht wiedergutzumachen war. Also zogen wir – unausgesprochen – irgendwann einen Schlussstrich unter das Vergangene, und von heute auf morgen gab es keine Vorwürfe und keine Erklärungen mehr. Wir schlossen mit einigen Kapiteln unseres Lebens ab und begannen ganz neu. Aus Sympathie wurde Freundschaft, die unser beider Leben bereicherte. Wir spielten Fußball, schauten Filme und unternahmen Reisen. Schließlich begleitete er mich sogar auf eine Vortragstour durch Süddeutschland. Von ihm bekam ich all das, was ich zuvor bei meinem Stiefvater entbehrt hatte: Liebe und Zuneigung, Interesse und Anerkennung. Nie werde ich jene

Abende vergessen, an denen wir es uns in seinem Reihenhaus in Hamburg-Glinde gemütlich machten; ich auf einem Sessel und mein Vater auf der Couch, die Beine auf einer Wolldecke leicht ausgestreckt. Auf einem kleinen Tablett hatte er zuvor etwas Kuchen mit Sahne aus der Küche geholt, dazu gab es Milch, später Bier oder Rotwein. Dann sprachen wir über Literatur, Kinofilme, Reisen, Politik – und über Gott und die Welt, klönten zuweilen bis früh in den Morgen. Und wenn die ersten Vögel zu zwitschern begannen, nahmen wir uns noch einmal in den Arm, ehe jeder hinauf in sein Schlafzimmer ging, ganz beseelt vom gegenseitigen Austausch.

Beim Blick in die Erinnerungen habe ich all meine Reisen durch die Wüsten der Welt noch einmal Revue passieren lassen. Allein oder mit Nomaden wanderte ich in einem Zeitraum von dreißig Jahren fast zweitausend Tage durch unterschiedlichste Ozeane aus Sand und Stein, die zu den am wenigsten erforschten Regionen der Erde gehören und in denen nach wie vor jede Entdeckung möglich ist. Hautnah erlebte ich schier unermessliche Wüstenräume, die noch heute ein Drittel unseres Planeten prägen und die gemeinhin als Inbegriff von Lebensfeindlichkeit und Leere gelten. Ich erlebte Ehrfurcht gebietende Regionen, wild und archaisch, wo zwischen eisiger Kälte und unerbittlicher Sonne nicht nur unterschiedlichste Völker leben, sondern auch verschiedenste Tiere und Pflanzen, die durch perfekte Anpassung zu wahren Überlebenskünstlern wurden: Gazellen und Antilopen, Wildkamele und Reptilien, Wüstenspringmäuse und Geckos, Dornschwanzagamen und Fenneks, Schwarzkäfer und Warane, beißende und stechende Spinnen, die sich mit behaarten Beinchen krabbelnd dem Feind »Mensch« nähern und ihn piesacken, Heuschrecken und Dutzende Arten von Vipern, blutsaugende Fliegen, Mücken, Ameisen und Moskitos, die meinen schwitzenden Körper plagten, sowie verschiedene Vogelarten und Skorpione mit gefährlichem Stachel, die während der Nacht in die Stiefel krochen.

Ebenso abweisend oder giftig ist auch die Wüstenflora, die zumeist aus knorrigen und borstigen Pflanzen besteht. Manche enthalten eine giftige Flüssigkeit, die lokale Hautreizungen hervorrufen kann. Andere Pflanzen oder Kräuter enthalten Alkaloide und Blausäure, hochgiftige Substanzen, die den Tod bringen können. Vor allem die Schwalbenwurz- und Wolfsmilchgewächse lösen mit ihren Milchsäften nicht nur allergische Reaktionen aus; manchmal reicht schon ein Same, um einen Menschen zu töten. Andere Gewächse haben sich hingegen auf Salz spezialisiert. So kann zum Beispiel die gestrüpppartige Tamariske mit ihren Wurzeln Salzwasser aufnehmen und die hohe Salzkonzentration über ihre feinen Blätter wieder ausscheiden. Zu den klassischen Wüstenpflanzen gehören überdies die Bittergurke mit ihren gelb-grünen Kürbissen, die Akazie, deren Pfahlwurzel in eine Tiefe von bis zu fünfunddreißig Metern reicht, sowie der blassbeige Kugelbusch, der Rutenginster, das typische Dünengras und unzählige Arten von Dornen, die einen heftig ärgern können: mit kleine Spitzen, die sich in der Kleidung festsetzen, oder mit Monsterstacheln, die sich wie Nägel in die Stiefel bohren.

Man mag die Wüste lieben oder sie ganz schnell wieder verlassen – aber man muss sich entscheiden. Ich entschied mich, trotz aller Widrigkeiten und Gefahren, für die Wüste und habe auch nach mehr als drei Jahrzehnten noch immer nicht genug von ihr. Denn keine andere Region der Erde löst so viele Emotionen in uns Menschen aus, von rauschhaften Glückszuständen bis zu abgrundtiefer Angst.

Für dieses Buch habe ich die Höhepunkte meiner Wüstenreisen zusammengetragen; wie fliehende Geschichten habe ich sie aufgelesen und festgehalten, wohl wissend, dass mir in der

Rückschau nicht alles gleich wichtig war. Manche Reisen oder Begegnungen sind eben bedeutungsvoller als andere; und da so vieles einen derart bleibenden Eindruck auf mich gemacht hat, sind meine Wüstenerinnerungen weder chronologisch noch vollständig. Auch habe ich die Auswahl weder systematisch noch nach Themen geordnet. Stattdessen habe ich mich eher von meinen Gefühlen leiten lassen, zumal bestimmte Wüsten nicht nur zu persönlichen Erfahrungen führten, sondern auch zu wichtigen Erkenntnissen, die mein Leben markierten und die ich auch weiterhin nicht missen möchte. Ohne die Möglichkeit, irgendwann erneut in eine Wüste aufzubrechen, um in der Weite unterwegs zu sein, könnte ich nicht leben. Schließlich ist die Geschichte unserer Erde eng mit dem Dasein umherziehender Jäger und Nomaden verbunden, auch wenn die stetig wachsende Erdbevölkerung einen natürlichen Wandertrieb gar nicht mehr zulässt. Wir sind zur Sesshaftigkeit gezwungen worden, wenngleich die Existenz des Nomaden in vielen von uns noch längst nicht verschwunden ist. Sven Hedin (1865–1952), der große Erforscher der asiatischen Wüsten, sagte einmal: *Jedermann braucht eine Wüste*. So geht es auch mir. Hin und wieder brauche ich einfach ein Stückchen Einöde, in der ich mich völlig frei bewegen kann und wo ich Gedanken habe, die ich niemals woanders denken würde und wo ich ganz nahe daran bin, einen Zipfel des Erkennens zu packen, um einen Sinn in dieser manchmal doch ziemlich absurden Existenz zu sehen. Ohne die »Erlebniswelt Wüste« würde ich vermutlich eingehen wie ein Fisch auf dem Trockenen, denn zwischen windgeformten Sanddünen, bizarren Felsformationen und dem von Horizont zu Horizont reichenden Himmelsblau fühle ich mich einfach wohl. Die »Droge Wüste« hat mich fest im Griff.

# Teil 2

*Durch die Wüsten der Welt*

*Und auf einmal war rundum kahle Unendlichkeit, die Wüste in der Dämmerung, von heftigem kalten Wind durchfegt; die Wüste von neutraler und lebloser Farbe, die sich unter einem noch dunkleren Himmel ausdehnt, der an den Grenzen des kreisförmigen Horizonts sich mit ihr zu vereinen und sie zu erdrücken schien. Uns ergriff ein berauschendes und furchterregendes Gefühl der Einsamkeit; ein Bedürfnis, noch tiefer hineinzudringen, ein unbedachtes Bedürfnis, ein physisches Verlangen, im Wind bis zur nächsten Anhöhe zu laufen, um noch weiter sehen zu können, noch weiter in die verlockende Unermesslichkeit …*

Piere Loti, Die Wüste

# Der lange Marsch durchs wilde Turkestan

*Wüste Dsungarei und Turfan-Senke ~ China ~ 1991*

Im äußersten Nordwesten Chinas erstrecken sich die wüsten Weiten der Dsungarei und der Turfan-Senke – lebensfeindliche, aber faszinierende Welten, in denen die Natur großartige Wunder bietet. Überdies gilt die Turfan-Senke auch als »archäologische Schatzkammer« Innerasiens.

*Die Landschaft, durch die wir marschieren, ist bei all ihrer trostlosen Einsamkeit und Ärmlichkeit eine der großartigsten, die ich in Asien kenne. Sie ist voller Trotz und Stolz.*

Sven Hedin, Auf großer Fahrt

$A$uf einmal ist der Horizont wie ausradiert, verschluckt von einer immer breiter werdenden Wand aus Sand, die wie ein verrückter Derwisch tanzt und aus dunkler Ferne auf mich zutreibt. Mit unglaublicher Geschwindigkeit rückt eine mächtige Staub- und Sandwalze heran, Hunderte von Metern hoch, sodass sie die Sonne verdunkelt. Das Licht wird schwach und diffus. Die Luft ist erfüllt von einem Sausen und Fauchen, von einem Knistern, als seien die Überlandleitungen von Telefondrähten defekt. Mir stockt der Atem. Die Kompassnadel dreht sich wie ein Karussell, und meine Haare stehen zu Berge. Was ich anfasse, sprüht Funken. Der Wind zerrt an den Kleidern und schleudert mir spitze Sandkörner ins Gesicht. Ich sehe nur noch Sand, höre nur noch Sand, spüre nur noch Sand, sodass die Haut brennt, als würde sie mit Tausenden von Stecknadeln bearbeitet. Kasachen und Uiguren nennen diese gelb-braune Wand »Säule des wirbelnden Todes«.

In Minutenschnelle häuft sich der Sand um meine Stiefel. Ich versuche, das Biwak zu errichten, schiebe die Fiberglasstäbe des Gestänges durch die Halteschlaufen, als sich mein Zelt auch schon zu einem Ballon aufbläht. Wie ein wild gewordener, vom Wind gebeutelter Drachen flattert die Plane. Ich kann sie kaum bändigen, stürze zu Boden und halte mich an der Biwakhaut fest. Sie zieht mich mit sich, und ich werde über den aufgewühlten Erdboden geschleift. Fauchende Sandkaskaden stürzen über mich her. Die trockene Luft schnürt mir die Kehle zu, würgt mich. Es ist, als ob mir jemand mit fester Hand den Mund zuhält. Ich ringe nach Luft.

Doch woher soll sie kommen, inmitten von wirbelndem Staub und Sand?

Endlich gelingt es mir, das Zelt im Boden zu verankern. Fast blind vor lauter Sand krieche ich auf allen vieren ins Biwak, schließe den Reißverschluss und binde mir ein feuchtes Tuch vor den Mund. Jedes Mal, wenn die Sturmböen meine kleine Kunststoffbehausung niederboxen, klammere ich mich an das rüttelnde Gestänge, während mein Herzschlag wie ein Gong im Schädel dröhnt und die Angst tief in mich hinein kriecht. Plötzlich gibt es einen Ruck. Heringe und Halteleinen flutschen aus der Erde wie Sektkorken aus einer Flasche. Ankerlos schwimmt mein Biwak im losen Sand, schwankt wie ein Boot auf hoher See, droht im aufgewühlten Sandmeer zu versinken. Ich fühle mich eingeschlossen, gefangen im Sand, vielleicht für immer.

Es erscheint mir wie eine Ewigkeit, bis die dröhnende Sandwalze weiterrast. Dann herrscht auf einmal Stille. Kein Laut ist zu hören. Nur in meinen Ohren ertönt ein seltsames Summen. Nach dem wilden Getöse des Sturms empfinde ich das Schweigen der Wüste fast als surreal. Ich genieße die Geräuschlosigkeit und lasse die Stille in mich hinein, während ich einfach nur daliege und irgendwann erschöpft in einen traumlosen Schlaf falle.

Als ich mich am nächsten Morgen wie in Trance aus dem Flugsand grabe und vor das Zelt trete, hängt noch immer aufgewirbelter Staub in der Luft. Alles ist grau in grau. Sandnebel verschleiert die Weite. Nirgendwo erkenne ich den Horizont. Orientierung ist unmöglich. Sechzig Stunden bin ich im Sandnebel gefangen, ehe die Grauschwaden ganz langsam zu Boden sinken und die Wüste wieder Formen und Konturen annimmt. Ich sehe eine Landschaft aus Sand und Stein, menschenleer, grenzenlos. Der Himmel changiert von milchigem Grau zu seidigem Blau, dehnt sich über ein Wirrwarr aus Hügeln und Trockenebenen, hinter denen ich die Unendlichkeit ahne. Endlich kann ich wieder Strecke machen, zu Fuß durch die Wüste, angelockt von grandioser Weite.

Ich befinde mich in der Mitte Asiens, wo sich drei Welten treffen: Im Osten liegt die Mongolei, im Norden Kasachstan und im Westen Kirgisistan, dessen Grenze zur chinesischen Provinz Sinkiang (früher Turkestan) von berittener Volksmiliz kontrolliert wird. In diese ferne Weltecke, die für die meisten Europäer als »Terra incognita« gilt, als unentdecktes Land, bin ich gekommen, um die Wüsten Dsungarei und Turfan-Senke zu erwandern, allein und zu Fuß, bis zu den legendenumwobenen Höhlen von Bezeklik, die mit ihren phantastischen Wandmalereien als kostbare Heiligtümer Asiens gelten. Ich will eine Strecke von achthundert Kilometern zurücklegen, in einer entlegenen Region, die chinesische und mongolische Karawanenführer seit frühester Zeit »Hanhai« nennen – »trockenes Meer«.

Monate der Planung und Organisation liegen hinter mir, in denen ich mir auch einen umfangreichen Wortschatz in Chinesisch und Uigurisch angeeignet habe. Schließlich fliege ich nach Beijing (Peking), wo ich ein paar Tage später in den »Gobi-Express« steige, der im Volksmund »Seidenstraßen-Express« genannt wird. Es ist ein Zug, der der Natur trotzt, er durchquert den Süden der Wüste Gobi. Seit 1962 verbindet er Chinas Hauptstadt mit der Uigurischen Autonomen Region Sinkiang. Ich will nach Urumtschi, der Hauptstadt von Sinkiang, wo zwischen den Schneegipfeln des Tianshan-Massivs und grün glänzenden Weinbergen unermessliche unterirdische Schätze lagern: Öl, Gas, Gold, Kupfer, Eisen, Uran und Kohle. Bis nach Urumtschi sind es 3700 Kilometer. Die Fahrt dauert drei Tage und drei Nächte. Kein Zug, der in Peking abfährt, ist länger unterwegs. China ist groß, und Sinkiang ist

Chinas größte Provinz, so groß wie die Bundesrepublik, Dänemark, Österreich, die Schweiz, die Beneluxstaaten, Frankreich, Spanien und Portugal zusammen oder halb so groß wie Indien, eine schier unendliche Weite, die, eingefasst von mächtigen Gebirgen, deren Ströme im Sand verrinnen, auch riesige Wüsten birgt: die Dsungarei, die Turfan-Senke und die Takla Makan. Nur 17 Millionen Menschen leben in dieser abgelegenen Region. Stärkste Volksgruppe sind die Uiguren, ein Turkvolk, dessen Sprache mit dem Türkischen eng verwandt ist. Eine Legende erzählt, dass die wahren Uiguren die Nachfahren einer uralten Rasse sind, die schon über Turkestan herrschte, als die Wüsten Chinas noch ein fruchtbares Paradies mit breiten Flüssen und sagenumwobenen Städten waren. Zudem bevölkern sieben Millionen Han-Chinesen die Oasen Sinkiangs. Der Rest verteilt sich auf Minderheiten wie Kirgisen, Kasachen und Mongolen.

Drei Stunden stehe ich auf dem Hauptbahnhof von Beijing in der Warteschlange, ehe ich eine Fahrkarte in der Hand halte. Alle Plätze für die erste Klasse sind allerdings ausverkauft. Also verbringe ich achtundvierzig Stunden in überfüllten Mittelgängen und auf harten Holzbänken, die unzählige Passagiere glatt gesessen haben, ehe ich eines der begehrten Zweierabteile bekomme, die mit Polsterliegen, Klapptisch, Häkeldeckchen und Teekanne ausgestattet sind. Wie ein schnaufendes Reptil aus frühgeschichtlicher Zeit stampft die schwere Lokomotive unbeirrbar durch Tag und Nacht. Der Zug ist so lang, dass die Lok nur vom hintersten Wagen aus zu sehen ist, wenn sich der Express durch eine langgezogene Kurve bewegt. Stunde um Stunde überlasse ich mich dem monotonen Rattern der Räder, dem Klappern von Kisten und Koffern, Tellern und Tassen, während meine Gedanken in der Zeit zurückschweifen. In den sechziger und siebziger Jahren verkehrte der »Gobi-Express« zwischen Beijing und Urumtschi einmal die Woche. Damals war es nicht ungewöhnlich, dass Räuberbanden den Zug überfielen und die Passagiere – meist Kaufleute und Opiumschmuggler – als Geiseln nahmen, um Lösegeld zu erpressen. Heute verkehrt der Zug täglich. Doch frei von Gefahren ist die Strecke noch immer nicht: Hinter Lanzhou, wo die Lok von Diesel auf Dampf umgestellt wird und in die südlichen Bereiche der Wüste Gobi vordringt, ist die Bedrohung durch Sandstürme allgegenwärtig. Es heißt, die Wüstenorkane hätten schon einen ganzen Zug aus den Gleisen geworfen. Darum fährt die Lok aus Sicherheitsgründen kaum schneller als fünfzig Kilometer in der Stunde – und das auf einer Strecke von rund tausend Kilometern.

In meiner dritten Nacht auf dem Schienenstrang kommt es zu einem schweren Sandsturm. Anfangs weiß ich das gefährliche Schwanken des Zuges gar nicht zu deuten. Erst als schwirrende Kieselsteine und riesige Flutwellen aus Sand über die Wagen stürzen, die zu heulenden Resonanzkästen werden, wird mir klar, dass die entfesselte Natur mit all ihrer Kraft gegen den »Gobi-Express« drückt. Es ist wie auf hoher See, wenn aufgewühlte Brecher über ein Schiff hinweggehen. Und während draußen die Landschaft in einer einzigen zischenden, schwarzen Wolke verschwindet und die wilden Böen unentwegt an den Fenstern rütteln, kämpft sich die Lok Kilometer für Kilometer voran, bis der Sturm in der aufziehenden Dämmerung zurückbleibt.

Stunden später reißt mich ein heftiger Ruck vom Sitz. Ich suche nach Halt und ergreife das dunkelrote Gewand eines buddhistischen Mönchs, der mir gegenübersitzt. An einem hölzernen Fensterrahmen stoße ich mir die Schulter, falle und lande bäuchlings zwischen den Polsterbänken. Mit kreischenden Bremsen kommt der Zug zum Stehen. Aufgebrachte Menschen, die sich in den Gängen durch Berge von Koffern,

Körben und Kisten wühlen, schreien durcheinander. Kinder weinen. Hühner gackern. Hunde kläffen, und irgendwo grunzt ein Schwein. Als ich mich endlich aufrappele, an einer Sitzlehne hochziehe und das Fenster halb öffne, sehe ich, was los ist: Auf dem Schienenstrang steht ein vollbeladener Eselskarren. Ein alter Chinese mit dunkler Jacke, weiter Hose und hohen Stiefeln stemmt sich gegen den schweren Holzkarren, der bei der Überquerung des Gleises stecken geblieben ist. Zum Glück hat der Zugführer rechtzeitig die Bremse gezogen.

Als das Gleis geräumt ist, rollt der »Gobi-Express« weiter nach Westen. Erneut höre ich auf das Rauschen der Fahrt, mal stärker, mal schwächer, erneut spüre ich die Kurven, wenn der Zug sich in die Schienen legt, und erneut fliegt die Landschaft vor dem Fenster vorbei. Ich sehe Landstriche, die geradezu Hymnen an den Überfluss pittoresker Schönheit sind. Was in anderen Klimazonen unter Humus und Vegetation verborgen liegt, kommt hier durch den stetigen Wind zutage: die Schöpfungskruste der Erde, die der Geowissenschaft, mit Hilfe vielfältiger Methoden, Aufschluss über die komplexe Entwicklungsgeschichte der Wüste Gobi gibt. So wissen wir mittlerweile, dass sich vor Jahrmillionen in dieser kargen Region ausgedehnte Meere und Sümpfe befanden. Es herrschte ein tropisches Klima mit üppiger Vegetation und großen Feuchträumen, die ebenso für Dinosaurier wie auch für Krokodile und Schildkröten geeignet waren. Doch als Indien, damals noch eine selbständige Landmasse, gegen China vorrückte und es zu einer Kollision zweier Kontinente kam, türmten sich in der Knautschzone beider Erdteile imposante Gesteinsschollen zu einem gewaltigen Wulst auf: Es entstand der Himalaya, das höchste Gebirge der Erde, das seit jenen fernen Tagen als Barriere wirkt, die die Zufuhr regenträchtiger Luftschichten verhindert und dadurch die Entstehung von

Wüsten begünstigt. Während sich an der einen Seite dicke Regenwolken ansammeln und entladen, verdorrt die Landschaft auf der anderen Seite, die im Regenschatten liegt. Selbst tropische Tiefdrucksysteme, die gelegentlich weit bis in die Gobi vordringen, können der ariden Wüste kaum noch Feuchtigkeit bringen. Zu heiß sind die Luftschichten, die über dem kargen Erdboden liegen, sodass die Regentropfen bereits in der Luft verdampfen. Dieses für viele Wüsten typische Phänomen wird als »Geisterregen« bezeichnet.

Auf dem Bahnhof von Urumtschi, was »liebliche Weide« bedeutet, dränge ich in einem bunten Völkergemisch zum Ausgang. Ein kalter Wind bläst mir ins Gesicht, und aus dem Lautsprecher ertönen die fremdartigen Laute von Worten, die mit zahllosen Ü und Ö über die Zunge rollen. In einem Taxi fahre ich durch die Stadt und fühle mich wie im Orient: Hunderterlei Gerüche, Peitschenknallen und erstickender Staub, der über den Märkten hängt. Ich sehe betagte Kasachen auf schwer beladenen Pferde- und Eselskarren, junge Tadschiken mit pelzbesetztem Samthut und abgenutztem Mantel, winkende Dunganen mit Kaftan und Turban, weißbärtige Uiguren mit bunt bestickter Kappe und speckigen Schaftstiefeln – und überall uniformierte Chinesen mit Stahlhelm und Sturmgewehr.

Lange Zeit war das von Aufständen und Unruhen zerrissene Sinkiang für Ausländer Sperrgebiet. Noch Mitte der achtziger Jahre, als ich zum ersten Mal in den »Wilden Westen Chinas« reiste, galt diese Region als touristisches Niemandsland. Immer wieder kam es hier zu blutigen Auseinandersetzungen zwischen Chinesen und den islamischen Turkvölkern. Besonders zur Zeit der Kulturrevolution, als die Roten Garden Einzug in die Nordwestecke Chinas hielten und die allgemeine Rassenvermischung forderten, erhoben sich die Turkvölker – die eine ihnen unumgängliche Apartheid einhalten – und setzten sich mit der Waffe in der Hand zur Wehr. Zudem starben vor und während des Zweiten Weltkriegs, als die Turkvölker einmal für die Kuomintang-Regierung kämpften, ein andermal gegen sie, einmal für die Sowjetunion, ein andermal gegen sie, Hunderttausende von Menschen. Nur in dem Streben nach Unabhängigkeit, das den Turkvölkern mittlerweile weitgehende Selbstverwaltungsrechte eingebracht hat, waren sich die etwa dreizehn Völkerschaften Sinkiangs fast immer einig. Trotz starker Gegenwehr waren die chinesischen Besatzer 1949 schließlich in die westlichste Provinz Chinas vorgedrungen und nannten die eroberten Gebiete »Sinkiang«, was auf Chinesisch »Neue Grenze« bedeutet. Davor, als sich die Großmächte England und Russland lange Zeit um das Land stritten, hieß es »Unabhängige Republik Uiguristan«. Und ganz früher berichteten die Karawanenführer der Seidenstraße vom »wilden Turkestan«, wenn sie abends am Lagerfcuer saßen. Als Mao Zedong seinerzeit den Befehl zum Ausbau der Hauptstadt Sinkiangs gab, machte er dies aus gutem Grund: Urumtschi gilt als wichtiger Brückenkopf in Zentralasien, wobei Sinkiang nicht nur an Russland und die muslimisch geprägten Staaten Kasachstan, Kirgisien, Tadschikistan und Afghanistan grenzt, sondern auch das Territorium der Atommächte Indien und Pakistan berührt. Bis Islamabad sind es vom Südzipfel Sinkiangs weniger als vierhundert Kilometer, bis Neu-Delhi nur rund siebenhundert Kilometer. Auf diese Weise können Chinas rote Generäle eine gigantische Pufferzone ins Auge fassen und sich auch eine wichtige Position in dem Konflikt zwischen Hinduismus und Islam sichern.

Anderntags lerne ich in einem kleinen Hotel beim Frühstück Ismail kennen, einen jungen Uiguren mit hoher Stirn, braunen Augen und gebogener Nase, der in einen grünen Kaftan gekleidet ist. Die bunten Stickereien an seiner Kappe blitzen im Sonnenlicht. In seinem Gesicht liegt etwas Jungenhaftes und zugleich etwas frühzeitig Gealtertes. Mit knapp dreißig Jahren arbeitet Ismail im neu aufkommenden Tourismus und bietet mir seine Fahrdienste an. Zwei Tage lang kutschiert er mich durch Urumtschi und zeigt mir, was den Charakter von Sinkiangs Hauptstadt besonders prägt: verwitterte Wohnsilos, graue Fabrikfassaden, Stahlschmelze, Kohleflöze, Eisenerzlager, Ölraffinieren, Baumwoll-, Chemie- und Zementwerke.

»Seit die Chinesen hier sind, hat sich viel verändert. Es gibt viel zu viele Chinesen in Urumtschi, und sie mögen uns Muslime nicht«, erzählt Ismail. »Für uns Uiguren gibt es nur wenig Hoffnung, dass Sinkiang unabhängig wird. Es ist ein großes Land. Viel größer als viele Länder der Welt, die unabhängig geworden sind. Warum kann nicht auch unser Land, unser Sinkiang, unabhängig werden?«, sprudelt es aus ihm heraus. Und fast kämpferisch fügt er hinzu: »Doch einfach aufgeben werden wir nicht.«

Dann zeigt er mir das Wahrzeichen Urumtschis: den steil aufragenden »Roten Felsen«, der von einer Aussichtspagode gekrönt wird. Einst, so erfahre ich, soll hier ein mächtiger Drache gewohnt haben, der durch Überschwemmungen Elend und Schrecken über die ganze Stadt brachte, bis die daoistische Göttin Xi Wang Mu das Untier vertrieb. Mit einer silbernen Haarnadel, die sie in das sumpfige Erdreich steckte, beruhigte und kanalisierte sie die brodelnden Fluten des Urumtschi-Flusses. Bis heute erinnert der »Rote Felsen« an dieses mythische Ereignis aus uralter Überlieferung.

Aus einer Höhe von hundertfünfzig Metern sehe ich über ein ausgedehntes Häusermeer, aus dem nicht weniger als dreißig Moscheen aufragen. Doch kein öffentlicher Gebetsruf erklingt von den Minaretten. Zu viele Uiguren fürchten die

Drohungen des chinesischen Staatsfernsehens, das ein »unbarmherziges Vorgehen gegen kriminelle Elemente« ankündigt, »die den muslimischen Nationalismus und das religiöse Gefühl steigern«. Nach wie vor bringen die Chinesen den muslimischen Gläubigen kein Vertrauen entgegen. Und auch in Tibet und der Inneren Mongolei versuchen sie das Erstarken der Religion zu unterbinden.

Anfang April fahre ich von Urumtschi nach Norden. Ismail bringt mich im Wagen zur Oasenstadt Fukang, die am Fuße des fünftausend Meter hohen Bogda Shan (»Berg Gottes«) liegt. Hier erzählen mir Einheimische, dass ich mich in der Dsungarei, was im Mongolischen »Land des linken Heerflügels« bedeutet, vor stechenden Spinnen, Insekten und Vipern aller Art hüten muss. Überdies gibt es wieselflinke Eidechsen, aggressive Mücken und giftige Skorpione.

Am Tag des Aufbruchs trage ich in meinem Rucksack, der achtzehn Kilogramm wiegt, nur das Notwendigste: Sturmzelt, Schlafsack, Isoliermatte, Kleidung aus Faserpelz, Kompass, Kartenmaterial, eine kleine Fotoausrüstung. Zudem habe ich eine Notapotheke dabei und natürlich Verpflegung: vitaminreiche Fleisch- und Gemüseextrakte, Trockenobst, Räucherschinken, Streichkäse, Traubenzucker und Fladenbrot. Vor allem aber zehn Liter Wasser, die ich in mehreren Aluminiumflaschen in meinem Gepäck verstaut habe. Dieser Wasservorrat muss bis zur nächsten Oase oder bis zum nächsten Brunnen reichen. Denn den vereinzelten Flussläufen, die nach der Schneeschmelze wie mäandernde Adern vom Gebirge in die Wüste strömen und die auf meiner Karte blau gestrichelt sind, traue ich nicht. Zu schnell versickern sie irgendwo im Sand.

Mit den ersten Schritten hinaus ins Weite fühle ich mich herrlich frei und völlig losgelöst von allem. Es ist schon ein ganz eigenes Gefühl, mit dem Rucksack in eine Wüste hinauszuwandern und das unwegsame Gelände unter die Füße zu nehmen. Von nun an geht es nicht nur ums Laufen, sondern auch um eine Haltung, eine Einstellung, die mich durch die Weite trägt. In mir ist viel Lust und Freude, als ich meine Route im Unwegsamen suche. Kompass und Spezialkarte sind mir wichtige Stützen gegen aufkommende Zweifel. Während ich in einen gigantischen Raum hineinwandere, spüre ich angesichts der großen Leere ein vertrautes Kribbeln. Es ist ein Ausblick, der mich nicht nur in seinen Bann zieht, sondern auch leicht erschreckt. Denn diese Leere wird mich in den nächsten Tagen und Wochen von der normalen Welt vollkommen abschneiden. Sie wird alles um mich herum ersticken, was nicht Wüste ist, alles auslöschen, was nicht hierhergehört.

Ich wandere nicht besonders schnell; ruhig und gleichmäßig tauche ich Kilometer für Kilometer in die Monotonie des Gehens ein. Das Maß meiner Schritte bestimmt das Vorankommen von Sonnenaufgang bis Sonnenuntergang, während ich die Landschaft mit den Augen, den Ohren und der Nase intensiv in mich einsauge, bis ich sie regelrecht fühlen kann. Zudem ist das Wetter auf meiner Seite. Die Temperaturen erreichen tagsüber kaum fünfzehn Grad Celsius, sodass ich mit einem Liter Wasser pro Tag gut auskomme. Meine Schultern brauchen allerdings noch etwas Zeit, um sich an das Gewicht des Rucksacks zu gewöhnen. Und auch Seele und Körper müssen erst den richtigen Gehrhythmus finden, sodass ich zu Beginn kaum mehr als zwanzig bis dreißig Kilometer pro Tag marschiere, je nach Beschaffenheit des Geländes. Der Durst ist mein größter Feind. Also achte ich darauf, dass mein Körper beim Gehen nur wenig Schweiß produziert. Wenn ich schwitze, muss ich viel trinken. Das will ich verhindern. Nur mit Genügsamkeit und Verzicht werde ich mein Ziel erreichen, wobei ich dem Spruch »Der Weg ist das Ziel« schon seit längerem nicht mehr beipflichten kann. Natürlich ist der Weg wichtig, den man sich ausgesucht hat. Doch ohne die Vorgabe eines Ziels würde ein Weg seine Bedeutung verlieren. Der Weg braucht das Ziel – das ist in der Wüste nicht anders als im Alltag. Nur durch das Ziel bekommt ein Weg seinen Wert, und durch die Fixierung auf ein Ziel kann ich viel besser auf all die tausend Wichtigkeiten und Unwichtigkeiten achten, die mir am Wegesrand begegnen.

Abends, wenn ich meinen müden Körper im Schlafsack ausstrecke, glitzert über mir die Milchstraße. Hell leuchtende Sterne durchlöchern die Dunkelheit, und nirgendwo gibt es eine größere Lichtquelle, die den Sternenglanz stört. Ich liege im Sand neben einem kleinen Lagerfeuer, genieße die Stille und das Flüstern des sanften Windes. Selbst im April sind die Nächte in der Wüste Dsungarei noch eisig kalt. Oft fällt die Temperatur bis auf vier oder fünf Grad. Und wenn sich noch dichte Wolkenbänke über mir zusammenziehen, die den Sternenhimmel verfinstern, wird das Alleinsein hin und wieder zur Beklemmung. An manchen Abenden schnürt mir die Dunkelheit regelrecht die Kehle zu. Selbstzweifel und Angst steigen dann in mir auf: Habe ich mir zu viel zugemutet? Was ist, wenn mein Körper den Anstrengungen nicht gewachsen ist? Ich erlebe Augenblicke und Nächte im Wechselbad der Gefühle, in denen ich meist zum kleinen CD-Player greife, der einzige Luxus im Rucksack, und den wunderbaren Klängen von Neil Young, Sting, Joshua Kadison oder Hélène Grimaud lausche. Die Musik dient mir als Therapie, um auf einem Klangteppich allen trübsinnigen Gedanken und Grübeleien zu entfliehen. Auch Hörbücher tun mir gut; vor allem mit den Stimmen von Thomas Bernhard, Günter Grass oder Siegfried Lenz im Ohr bekomme ich meinen Weltschmerz fast immer in den Griff.

Beim allerersten Dämmern, wenn sich am frühen Morgen wechselnde Farben wie endlose Tücher über den Horizont spannen, bin ich schon wieder unterwegs. Mit jedem Kilometer dringe ich tiefer in die wüste Weite vor, die sich in unterschiedlichen Szenerien präsentiert. Nichts können meine Augen nur mit einem Blick abtun: Abschüssige Berghänge wechseln mit ausgedörrten Salzseen und staubigen Steppen. Bizarr geformte Hügelketten gehen in windmodellierte Sandebenen und heimtückische Lößflächen über. Manchmal rollen Felsblöcke von Kieshügeln herab, fallen ausgedörrte Uferböschungen von Wadiläufen in sich zusammen, werden Grasbüschel vom Flugsand bedeckt. Diese Landschaft befindet sich in einem unablässigen Wandel. Und jeden Tag muss ich mich diesen Szenerien aufs Neue nähern. Jeden Tag erfahre ich, dass es keine gleichbleibende Formel gibt, mit der ich mir diese archaischen Landstriche erschließen könnte, die ideale Schlupfwinkel für ruhelose Dämonen wären.

Nach elf Tagen Wüstenmarsch, in denen ich keinen einzigen Menschen treffe, empfinde ich so etwas wie Erleichterung, als ich das Band des Ulungur-He-Flusses erblicke. Kasachen führen hier mit viel Geschrei ihre durstigen Ziegen, Schafe, Esel, Pferde und Kamele zur Tränke. Auch ich suche mir zwischen dampfendem Tiermist einen Weg zum Flusslauf und fülle meine Wasserkanister auf. Schwärme von Fliegen und anderen Insekten umtanzen meinen Körper. Sie kriechen in jede Öffnung, piesacken und stechen mich.

Am Abend gewährt mir ein grünäugiger Kasache mit einem Gesicht wie Dschingis Khan an seinem Feuer ein Lager für die Nacht. Zu einigen Schalen turkestanischem Tee gibt es Nudeln mit scharf gewürztem Fleisch und reichlich »Nang«, dem flachen Weizenbrot der Nomaden. Bis spät in die Nacht muss ich von Deutschland erzählen, vom Kochen auf dem

Elektroherd, vom Eis aus der Kühltruhe und von der Wärme aus Röhren. Das alles ist zu komisch für die Kasachen und klingt für sie wie ein Märchen.

Vier Tage lang folge ich dem Lauf des Ulungur-He-Flusses, lasse die Dsungarei hinter mir und bringe erneut Aufregung unter die Menschen, als ich die Oase Ertai erreiche. Einheimische fragen: »Amorchen beinoh?« (Wie geht es dir?) Und meine Antwort lautet: »Mandu sain beina!« (Frieden ist in meiner Seele!) Dann werde ich zum Festmahl geladen. Es gibt in der Glut gebratene Eidechsen. Nur widerwillig verzehre ich das Echsenfleisch, als mein Gastgeber plötzlich aufspringt, mich zur Seite reißt und mit dem Stiefel beherzt auf die Decke tritt, auf der ich eben noch gesessen habe. Opfer der Fußtritte sind zwei große Skorpione, die wahrlich angsteinflößend wirken.

Früh am nächsten Morgen holpere ich mit einem vorsintflutlichen Pkw über einen Teilabschnitt der legendenumrankten Seidenstraße. Davosan, ein uigurischer Viehhändler, der zur Oasenstadt Turfan fährt, um Einkäufe zu erledigen, nimmt mich bis zur Turfan-Senke mit, wo ich meine Wanderung durch die Wüsten Sinkiangs fortsetzen will. Vor dem Wagenfenster fliegt die Landschaft vorbei, die sich von Kilometer zu Kilometer kaum verändert: zerklüftete Berge, schrundige Hügel, weite Steppen. Wenn mich Schläfrigkeit umhüllt und ich beim monotonen Singen der Räder eindöse, ziehen Bilder der Seidenstraße durch meinen Kopf, und in Gedanken reise ich in der Zeit zurück.

Noch heute zählen die Routen der berühmten Seidenstraße, die vom chinesischen Chang'an (Xi'an) durch Zentralasien, den Mittleren Osten bis ans Mittelmeer und nach Rom verlief, zu den bedeutendsten Handelswegen der Erde. Bereits ab dem dritten vorchristlichen Jahrhundert wurde die Seidenstraße als wichtiger Transportweg bekannt; eine gewaltige transkontinentale Fernstraße, die im Laufe der Jahrhunderte auch zu einer wichtigen Kulturachse wurde, die Umbruch und Völkerwanderung mit sich führte, die die Besiedlung der Oasenstädte vorantrieb und die mit den verschiedensten Waren auch Lebensweisen und Religionen in ferne Länder brachte: den Buddhismus, den Islam und den Manichäismus. Ihren Namen erhielt die transasiatische Handelsverbindung erst im 19. Jahrhundert durch den deutschen Geographen Ferdinand von Richthofen. Als geographisch feststehende Route hat die Seidenstraße allerdings niemals existiert. Vielmehr war sie ein verzweigtes Straßen- und Weggeflecht, das über die größte zusammenhängende Landmasse der Erde führte. Ob Kaufleute aus Rom oder Persien, ob indische Handwerker, chinesische Teppichknüpfer oder buddhistische Mönche, sie alle reisten mit Kamelen, Maultieren, Pferden, Yaks oder einachsigen Ochsenkarren, um auf den zahllosen Pfaden und Trassen der Seidenstraße ihre vielfältigen Handelsgüter auf den Weg zu bringen: Gold, Silber, Edelsteine, Elfenbein, Porzellan, Glas, Wolle, Leinen, Teppiche, Pelze, Gewürze, Tee, Medikamente – und natürlich die im Abendland so hoch geschätzte Seide, die, so hieß es seinerzeit in Europa, von einem sagenumwobenen Volk stammte, den sogenannten »Seidenleuten« (Serern), womit die Chinesen gemeint waren, die sich über Jahrhunderte das Seidenmonopol erhalten konnten, bis Nestorianermönche einige Seidenkokons – in einem hohlen Stab – nach Byzanz schmuggelten.

Jeder Reisende, der sich damals auf die 14000 Kilometer lange Reise entlang der Seidenstraße machte, wusste natürlich, dass es reichlich Gefahren und Widrigkeiten gab: wilde Tiere und Räuberbanden, Unwetterkatastrophen und schwindelerregende Bergpässe, Wassermangel und Proviantknappheit. Zudem waren da noch die lebensfeindlichen Wüsten, die umgangen werden mussten, während Sandstürme, Hitze und Durst die Karawanen bedrohten. Gleichwohl nutzten Kaufleute und Handwerker, Priester und Botschafter jahrhundertelang diese transkontinentale Handelsroute zum Austausch von Waren und Kulturgütern, bis der Handel zwischen Ost und West zunehmend auf dem Seeweg abgewickelt wurde.

Plötzlich reißt mich Davosans Warnruf aus meinen Gedanken. »Posch, posch!« (Weg da, weg da!) brüllt er und zieht das Steuer herum. Zu spät: Vor uns kippt ein riesiger Lkw, vom Wind gebeutelt, auf die Seite und verliert seine Fracht. Unser Wagen gerät ins Schleudern, bricht aus und rammt Kisten und Säcke. Mit den Köpfen knallen wir gegen die Windschutzscheibe. Sekunden später endet unsere Fahrt in einem Sandgraben. Wir hängen fest, einige Meter abseits der Straße. Nur der Pufferwirkung des Sandes verdanken wir es, dass wir mit heiler Haut davonkommen. Außer ein paar Schürfwunden und Prellungen gibt es keine Verletzungen. Dennoch bin ich wütend. »Was soll diese Raserei?«, brülle ich. Widerspruchslos lässt Davosan meine Beschimpfungen – mit sichtbar schlechtem Gewissen – über sich ergehen, während der Fahrer des umgestürzten Transporters fluchend die Straße entlangläuft, um aus dem nächsten Dorf Hilfe zu holen.

Erst nach fünf Stunden haben Davosan und ich den festgefahrenen Wagen freigeschaufelt und können die Fahrt fortsetzen. Über Geröll- und Sandpisten geht es nun durch ausgebrannte Landstriche, die sich in einer schwarz-braunen Einöde verlieren. Stoisch kämpft sich der Wagen unbefestigte Asphaltstraßen hinauf. Wenn er in ein Schlagloch gerät, schüttelt er sich wie ein mürrisches Maultier. Jede Erschütterung spüren wir im verlängerten Rückgrat, während draußen, vor den verschmierten Scheiben, bruchartige Senken mit großen Felsblöcken vorbeifliegen. Hin und wieder kommen uns mit Melonen beladene Lastwagen aus Turfan entgegen oder abgemagerte Esel, die unter dem gekreuzten Joch zweirädriger Karren – natürlich vollbeladen – schnaufen. Manchmal treffen wir auch zu beiden Seiten der Piste einige Frauen und Männer in staubiger Kleidung, die große Steine zu Schotter zerklopfen und wie vor hundert Jahren den Straßenbau noch per Hand ausführen. Und im Dunst der Weite kann ich die schimmernden Schneefelder des mächtigen Tianshan-Massivs (7000 m) erkennen, das die Einheimischen »Himmelsgebirge« nennen.

Am südlichen Hang des Tianshan-Gebirges steige ich anderntags mit Rucksack und Wasserkanister in die Turfan-Senke hinab. Die 78 000 Quadratkilometer große Erdsenke, 154 Meter unter dem Meeresspiegel, ist einer der am tiefsten gelegenen Flecken unseres Planeten. Es ist eine hellbraune Welt kärgster Einöde. Hier, im »Keller der Erde«, liegen die sinnbildlichen Spuren der beiden deutschen Asien- und Altertumsforscher Albert von Le Coq und Albert Grünwedel vor mir, die zu Beginn des 20. Jahrhunderts vier große Asienexpeditionen leiteten, die vom Berliner Völkerkundemuseum ausgerüstet wurden.

Neben dem Venezianer Marco Polo, dem Schweden Sven Hedin, dem Engländer Aurel Stein und dem Franzosen Paul Pelliot zählen die Deutschen Albert von Le Coq, Orientalist und Sohn eines Weinhändlers, sowie Albert Grünwedel, der seinerzeit als Leiter der indischen Abteilung des Völkerkundemuseums in Berlin ein bedeutendes Werk über buddhistische Kunst verfasst hatte, noch heute zu den bedeutendsten Entdeckern der wüsten Weiten Sinkiangs. Zwischen 1902 und 1914 leiteten sie die vier »Preußischen Turfan-Expeditionen«, die an der Nordroute der Seidenstraße vergessene Ruinenstädte und Klosteranlagen vom Wüstensand freilegten und erforschten. Während Grünwedel, mit großem malerischen Talent ausgestattet, kostbare Höhlenfresken der buddhistischen

Heiligtümer sorgfältig kopierte und sie mit detaillierten Orts- angaben und Beschreibungen versah, sägte Le Coq viele Wand- gemälde mit einem Fuchsschwanz rücksichtslos von den Lehmwänden der Tempelanlagen, verpackte die Kunstschätze bruchsicher in Kisten und transportierte sie auf einer zwan- zigmonatigen Reise nach Berlin. Ein großer Teil dieser phan- tastischen Malereien wurde dort im Zweiten Weltkrieg durch Bombenangriffe vernichtet.

Nach zwei Tagen in der Turfan-Senke befinde ich mich im Sturmzentrum Sinkiangs und muss einen Orkan »abwettern«, der häufig im Jahr mit Stärke acht bis zwölf über das Land braust und alles zerstört, was sich ihm in den Weg stellt. Wilde Böen prügeln auf mein Biwak ein. Die dünnen Nylonwände knattern ohrenbetäubend. Nähte reißen, und der Sand ver- stopft die Nase, brennt in den Augen, verklebt die Ohren. Mein Hals ist so wund, als wäre jemand mit einem Raspeleisen hineingefahren. Erst im Morgengrauen zieht der Sturm wei- ter, und die Welt um mich her verharrt in Grabesstille. Wie ein Maulwurf wühle ich mich aus Zelt und Sand und genieße die blau-weißen Farben am Himmel, die sich wie endlose Tücher über der Wüste ausbreiten. Es ist einer dieser Augenblicke, in dem ich deutlich spüre, dass das wilde Sturmgetöse der Nacht mir einmal mehr gezeigt hat, wie wenig wir Zivilisationsmen- schen von der Natur wissen, von der wir uns in den vergange- nen Jahrzehnten immer mehr entfremdet haben, während un- ser Leben stattdessen vom Überfluss an Verbrauchsgütern und Mangel an Zeit geprägt wird.

An diesem Morgen packt mich endgültig das Übernatür- liche dieses archaischen Landes, und als ich zwei Stunden spä- ter aufbreche, flattern Stirnband und Socken an meinem Rucksack. Bunte Tücher, so habe ich von einigen Kirgisen er- fahren, sollen die bösen Geister und Dämonen vertreiben.

Doch statt Geistern treffe ich am Abend des dreiundzwanzigsten Tages im weiten Nichts einen chinesischen Militärkonvoi. Die Soldaten, die Mund und Nase mit weißen Binden gegen den Staub geschützt haben, nehmen ihre Kalaschnikows schussbereit an die Hüfte. Sie durchsuchen mich, stellen mir Fragen, als wäre ich ein Spion. Nicht ohne Grund, denn etwas weiter südlich, in der Salzwüste Lop Nor, liegt Chinas Atomzentrum, wo 1964 die erste chinesische Atombombe und 1968 die erste Wasserstoffbombe explodierte. Nur wenige Nomaden wissen, in welcher gefährlichen Umgebung sie hier leben.

Trotz zahlreicher Demonstrationen in Urumtschi haben die Chinesen mittlerweile ohne jede Erklärung oder Warnung in der Region Lop Nor Hunderte von Atombomben gezündet. Bis zu 200000 Strahlenopfer soll es rund um die Oasenstadt Turfan geben, der am nächsten gelegenen größeren Stadt in der Wüste. Nicht wenige Exil-Uiguren sprechen sogar von einer atomaren Verseuchung der Gegend. Doch der tatsächliche Schaden für Menschen und Umwelt ist bis heute nicht ermittelt worden.

Mit einem mulmigen Gefühl im Bauch erzähle ich den Soldaten von meiner Wanderung in der Wüste, zeige Reisepass und Travel-Permit, ein mit reichlich Stempeln versehenes Schreiben des chinesischen Innenministeriums, das mir erlaubt, zu Fuß durch Westchinas Einöden zu reisen. Schließlich senken die Soldaten ihre Gewehre, und ein Offizier wünscht mir »Zayagan!«. Das ist mongolisch und bedeutet: »Glück auf deinem Weg!«. Glück kann ich gebrauchen. Denn je tiefer ich in die Turfan-Senke eintauche, desto beschwerlicher wird das Vorankommen. Leichte Schmerzen schleichen sich beim stetigen Laufen in die Muskulatur, während sich Kilometer an Kilometer reiht. Werden die Beine das Tempo halten? »Es wird schon gehen«, denke ich. Und jeder Schritt ist ein Stück vom ganzen Weg.

Umgeben von wild zerklüfteten Bergketten und unfruchtbarer Wüste, in der es keinerlei Leben gibt, liegt die alte Oasenstadt Turfan. Hier, an der Nordroute der Seidenstraße, herrscht ein Extremklima: eisige Kälte im Winter und im Sommer Temperaturen bis zu siebenundvierzig Grad Celsius. Die Erdoberfläche erhitzt sich sogar zuweilen bis auf siebzig Grad, sodass die 20000-Einwohner-Oase zu den heißesten Orten Chinas zählt und nicht ohne Grund »Flammenoase« genannt wird. Gleichwohl befinden sich in dieser regenlosen Landschaft einige der fruchtbarsten Oasendörfer von ganz Sinkiang. Üppige Wäldchen wechseln hier mit Rebstöcken, Baumwoll-, Mais- und Melonenfeldern, die sich über eine Fläche von hundertfünfzig Kilometern erstrecken. Zudem wurden 16 Millionen Bäume in über dreihundert Waldstreifen angepflanzt, die mehr als neunhundert handgegrabene Brunnen und lebenswichtige Bewässerungskanäle vor Sandstürmen schützen.

Bereits zur Blütezeit der Seidenstraße belieferten die Bauern von Turfan den kaiserlichen Hof in Chang'an (Xi'an) mit Melonen, frischen Trauben und Wein. Das Geheimnis dieser üppigen Fruchtbarkeit liegt in einem kunstvoll angelegten Bewässerungssystem, das die Schmelzwasserströme aus den Gebirgsmassiven des Nordens zu den weitflächigen Oasenstädten bringt. Bereits vor zweitausend Jahren wurde dieses 630 Kilometer lange Kanalsystem mit Hacke und Schaufel in den Wüstenboden gegraben, seitdem sorgt es unterirdisch für die lebenswichtige Wasserzufuhr.

Schon in den zwanziger Jahren berichtete Professor Albert von Le Coq in seinem Buch »Auf Hellas Spuren in Ost-Turkestan« über die Erlebnisse und Entdeckungen der zweiten und dritten deutschen Turfan-Expedition, wobei er auch vom Besuch in der Oase Turfan erzählte, in der die grünen Gärten und üppigen Weinreben wie ein paradiesisches Wunder erscheinen: Turfan, so schreibt er, *ist umgeben von kahlen roten Hügeln von seltsamer Zerrissenheit; die Namen dieser Höhenzüge, Kum Tagh oder Sandgebirge, Tschöl Tagh, oder Wüstengebirge, bezeichnen deutlich den Charakter dieser Berggegenden. In diese Depression sendet die mittelasiatische Sonne ihre unbarmherzigen Strahlen. Das rote Gestein sammelt sie und gibt sie bei Sonnenuntergang wieder ab. Kein Wunder, dass hier eine tropische Hitze herrscht – unser Thermometer verzeichnete oft 130 Grad Fahrenheit. (...)*

*Um der Hitze zu entgehen, haben die wohlhabenderen Einwohner von Turfan unterirdische Gemächer, wo die Temperatur allerdings erheblich niedriger ist als im übrigen Haus. Der Aufenthalt in diesen Räumen ist aber – mir wenigstens – immer unerträglich gewesen, denn die Luft drückt mich gewissermaßen und zahlreiche Moskitos und Sandfliegen plagten jeden, der dort zu ruhen versuchte. Das Ungeziefer spielt hier eine große Rolle. Es gibt Skorpione, die sehr empfindlich stechen, und ferner eine große Spinnenart, die trotz eines taubeneigroßen, haarigen Körpers mit ihren langen, haarigen Beinen große Sätze auszuführen vermag. Sie hat große Kiefern, mit denen sie ein knirschendes Geräusch hervorbringt, und soll giftig sein. Ich habe aber nie erfahren, dass jemand von ihr gebissen worden sei. Eine andere Spinne, sehr viel kleiner und schwarz gefärbt, ebenfalls haarig, wohnt in Erdlöchern. Sie wird außerordentlich gefürchtet und ihr Biss gilt für, wenn nicht tödlich, doch außerordentlich schwächend und gefährlich. Eine widerwärtige Plage waren die Schaben. Sie waren gut daumenlang mit großen, roten Augen und langen Fühlern. Wenn man morgens erwachte und solch ein Tier einem auf der Nase saß, mit den großen Augen herabstierte und mit den Fühlern nach den Augen des Opfers suchte, so packte einen ein unwillkürlicher Ekel. Angstvoll ergriff man das Tier und zerquetschte es, worauf es einen höchst unangenehmen Geruch von sich gab. Wanzen fehlten zum Glück, Flöhe kamen überall vor, waren aber nicht sehr aufdringlich. Dagegen ist die Laus das Haustier von ganz Turkistan. (...)*

*Wir haben niemals unter diesem Ungeziefer zu leiden gehabt, da ich mich mit grauer Salbe versehen hatte. Die graue Quecksilber-Salbe wurde auf Löschpapier geschmiert, ein anderer Bogen Löschpapier darüber getan und dann das Doppelblatt, in lange Streifen geschnitten, in die äußeren Taschen unserer Kleider verteilt. In der Hitze verflüchtigt sich das Quecksilber und tötet Nissen und Läuse. Jeder Diener, den wir neu ins Lager aufnahmen, musste sich erst mit Quecksilberseife waschen. Während dieses Vorganges wurden seine Kleider, mit solchen Streifen Quecksilber-Löschpapiers zusammengerollt, in die Sonne gelegt. Bis der Mann mit seiner Waschung fertig war, waren unter den glutheißen Strahlen der Sonne und den Einflüssen des Quecksilbers sämtliche Läuse tot. Der reiche Lößboden der Turfan-Oase trägt überall die üppigsten Ernten, wo ihm genügend Wasser zugeführt wird. Besonders berühmt sind die Melonen, Trauben und Granatäpfel. Mais, Durra und ausgezeichnet guter Wein gedeiht reichlich; letzterer soll zweimal im Jahre eine Ernte geben. (...)*

*Auch Baumwolle von besonderer Güte wird hier kultiviert. Aber zum Ackerbau ist in diesem Lande vor allem Wasser nötig. Freilich kommen einige Ströme geringer Größe von dem Höhenzug im Norden zu Tal. Ihre Wassermengen können indessen, da es fast nie regnet, nur einen Teil der Felder mit dem kostbaren Nass versehen, obwohl die Türken es verstehen, ohne jedes Messinstrument und nur mit ihrer schweren, breiten Hacke (ketmän) die Gräben, unter intelligentester Berechnung des Gefälles, so einzurichten, dass die äußerste Ausnutzung der vorhandenen Menge erzielt wird. Diese staunenswerten Leistungen sind eine Folge tausendjähriger Übung*

*und Erfahrung. Diese zeigt sich auch in einer höchst zweck-*
*mäßigen Einrichtung, die diese Leute benutzen, um die im*
*Berge vorkommenden Quellen in die Ebene zu leiten. Diese*
*Kariz (pers.) genannten Leitungen werden folgendermaßen*
*hergestellt. Nach Feststellung der genauen Lage der Quelle*
*werden eine große Menge von Schächten in einer langen gera-*
*den Linie in dem ansteigenden Gelände angebracht. Diese*
*Schächte sind oft sehr tief. Nach ihrer Fertigstellung werden sie*
*unten durch einen Tunnel miteinander verbunden, die Quelle*
*wird in den obersten Schacht geleitet, fließt durch den Tunnel*
*und tritt, da dieser eine geringere Senkung als das ansteigende*
*Gelände besitzt, an der gewünschten Stelle in die Ebene ein.*
*Alle diese schwierigen Arbeiten führen die Leute ohne gelehrte*
*Hilfsmittel aus. Die ganze Gegend zwischen dem Gebirge und*
*der Oase ist von solchen Kariz durchzogen. Sie bilden für den*
*des Nachts reitenden Fremden eine Gefahr, denn ihre krater-*
*artigen Mündungen sind nie verschlossen. Die Verteilung der*
*Wasser ist Aufgabe des Mirab (Herr des Wassers, pers.). Man*
*nennt ihn auch (türkisch) su nung bägi, was dasselbe bedeutet,*
*oder auch, wieder persisch, barandad oder Regenspender. Er*
*muss regelrechte Register führen und man nimmt gewöhn-*
*lich nur die intelligentesten, redlichsten und wohlhabendsten*
*Leute für dieses Amt. (…)*

*Die Straßen von Turfan ziehen sich entweder zwischen*
*hohen Garten- oder Hofmauern einher – oft sind sie auch*
*von fensterlosen Häusern eingefasst – oder sie verbreitern sich*
*und bilden eine Bazarstraße. Hier findet man Ladengebäude,*
*ärmliche Lehmhäuschen mit einer Lehmplattform auf jeder*
*Seite der Tür, um die Waren dort auszustellen. Um die allzu*
*starke Wirkung der Sonnenstrahlen abzuhalten, sind rechts*
*und links in die Straße Stämme von Pappel- oder Weiden-*
*bäumchen eingerammt, die ein Gerüst von starkem Rohr oder*
*dünnen Zweigen tragen. Auf dies Gerüst werden Schilfbündel*

*und dergleichen gelegt, sodass man im Schatten den Handels-*
*geschäften nachgehen kann.* Keine hundert Jahre nachdem Le Coq diesen Bericht verfasst hat, treffe auch ich in Turfan auf einen grünen Ulmen-
und Pappelwald. Bäche plätschern unter Bäumen, Kinder
spielen in Wassergräben, und Esel saufen aus hölzernen Trän-
ken. Auf der Suche nach einer Übernachtungsmöglichkeit
komme ich an einigen Minaretten und Pagoden vorbei, passiere aneinandergereihte Hütten und Häuser aus luftgetrock-
neten Lehmziegeln, die neben Weinlaubpergolen und kleinen
Zaubergärten stehen. Kein Wunder, dass Turfan einst für die
Karawanen der Seidenstraße etwas Erlösendes hatte! Für die
Einheimischen hat sich daran bis heute nichts geändert. Trotz
aller Atomtests in der Lop-Nor-Region gilt Turfan weiterhin
als Paradies in der Wüste – unberührt, zeitlos, uigurisch.

Das Zentrum von Turfan bildet ein enges Gassenlabyrinth.
Auf schattigen Hinterhöfen stapeln Kinder Maiskolben, alte
Männer mit weißen Bärten trinken Tee, rauchen und schwat-
zen. Auf dem Basar sehe ich Gemüse und Obst in allen nur
erdenklichen Farben: Melonen, Datteln, Aprikosen und zu-
ckersüße Weintrauben, natürlich kernlos. An Ständen mit fri-
schem Falafelbrot, Hammel- und Kamelfleisch, Bohnen und
Weizennudeln, Quark und Käse, Eiern und Schaschlikspie-
ßen, Schafs- und Ziegenmilch feilschen Uiguren und Tataren,
Mongolen und Mandschu, Russen und Chinesen. Nur hier
und da stören Fernsehbilder das orientalische Flair. China
modernisiert sich, auch in Sinkiang, und die Fernsehwelle
schwappt bis in die Wüste.
Am Abend bin ich Ehrengast einer Hochzeitsfeier: Festlich
gekleidete Uiguren essen und trinken. Es gibt gesalzenen Reis,
höllisch scharfes Fleisch und gebratene Hühnchen. Gegessen
wird mit den Fingern oder mit hölzernen Essstäbchen, den so-

genannten »Kuaizi«, was so viel wie »Beschleuniger« bedeutet. Getrunken wird Tee, der aus gepressten Teeziegeln zubereitet wird, und vor allem Milch – auch alkoholhaltige Stutenmilch, denn allen Milcherzeugnissen kommt wegen der weißen Farbe, die als makellos und gottgeweiht gilt, Glück verheißende Symbolbedeutung zu. Dazu bietet eine uigurische Musik- und Tanzgruppe ihre Künste dar. Nach einigen Gläsern Mou-tai, einem berüchtigten chinesischen Schnaps, tanze auch ich zu rhythmischem Händeklatschen. Wie ein Derwisch hopse ich in dicken Socken über einen großen Teppich, stolpere über die eigenen Füße und ernte schallendes Gelächter.

Im ersten Morgengrauen verlasse ich Turfan. Vom vierundvierzig Meter hohen Imin-Minarett der Suleiman-Moschee, einem prächtigen Lehmbau aus dem Jahr 1776, erklingt der Ruf des Muezzin. Gebete und Lobpreisungen Allahs geleiten mich aus der Oase. Sechsundvierzig Kilometer weiter südöstlich ragen windzernagte Lehmruinen von Tempeln, Moscheen und Wohnhäusern wie Geistersilhouetten aus dem Sand. Das sind die Überreste von Karachodscha, auch Gaochang genannt. Es fällt schwer, sich in diesem Trümmerfeld der Geschichte den einstigen Trubel exotischer Händler und rastender Karawanen vorzustellen. Zu zerstört wirken die Gebäudereste der ehemaligen Handelsmetropole, die auch Produktionsstätte für Seide war und im 8. Jahrhundert das Zentrum des Manichäer-Reiches »Kocha« bildete. Diese eigenartige Religionsgemeinschaft mit ihrem asketischen Glauben war einst von dem Künstler Mani gegründet worden, der im Jahr 215 in Mesopotamien zur Welt kam und seine religiöse Botschaft von Babylon bis Indien verbreitete. Mani verstand sich als Nachfolger von Zarathustra, Buddha und Jesus. In seiner Lehre stehen sich zwei gegensätzliche Wesensarten gegenüber: Gut und Böse, Licht und Dunkel. Ihr zufolge kann nur der strenge Asket, der niemals ein böses Wort sagt und vollkommen enthaltsam lebt, zur ursprünglichen Reinheit zurückkehren. Mani, der sich selbst als den letzten Propheten betrachtete, stand unter dem Schutz der persischen Könige Schapur und Hormizd, ehe er im Jahr 277 von ihrem Nachfolger gekreuzigt wurde. Seine Anhängerschaft wurde fast vollständig ausgerottet, nur rund fünfhundert Manichäer konnten damals nach Osten entkommen, wo sie in Samarkand Zuflucht fanden. Von dort aus verbreitete sich ihr Glaube im Römischen Reich sowie in Südeuropa und Nordafrika. Im Osten gelangte die Lehre des Mani bis in die Turfan-Senke und wurde zur Staatsreligion der Uiguren, bis der Buddhismus sie im 11. Jahrhundert schließlich verdrängte und der Manichäismus zu einer vergessenen Religion wurde.

Das Fehlen jeglicher Zeugnisse der entschwundenen Kocha-Kultur machte die Wiederentdeckung Karachodschas so bedeutsam, als sich Albert von Le Coq vor achtzig Jahren an diesem abgeschiedenen Ort mit seinen Gefährten und einheimischen Helfern daranmachte, den Überresten der vergessenen Ruinenstadt die Geheimnisse ihrer Geschichte zu entlocken: *Endlich (...) langten wir am Orte unserer Grabungen, der alten Ruinenstadt Chotscho, heute Karachodscha, an. (...) Die alte Stadt ist ein ungeheures Viereck, das etwa 1 qkm umfasst. Die mächtige alte Mauer ist heute noch an vielen Stellen gut erhalten. Sie hat eine Höhe von ungefähr 20 m und ist in der von Persien nach China hinein heute noch üblichen Art aus gestampftem Lehm aufgeführt. Zahlreiche Türme – es stehen deren noch einige siebenzig – verstärken diese nach oben sich verjüngende Mauer, die in ihrem unteren Teil so dick ist, dass ganze Zimmeranlagen, besonders in der Nähe der Tore, von den Erbauern angebracht werden konnten. (...)*
*Die starke Zerstörung der Gebäude ließ die Straßenfluch-*

ten nicht mehr deutlich erkennen. *Aber zwei große Hauptstraßen, die eine von Norden nach Süden, die andere von Osten nach Westen, schienen sich in der Mitte der Stadt gekreuzt zu haben, bei jener Ruine K, die wir als Heiligtum der manichäischen Könige der uigurischen Türken erkannt haben. Der Stadtplan dürfte daher dem Vorbilde des römischen castrum folgen. Die Gebäude in der Stadt sind samt und sonders Tempel, Klöster, Grabmäler, kurz, lauter religiöse Bauten. Es ist uns nicht gelungen, einen einzigen Profanbau zu entdecken. Die Architektur ist in allen Gebäuden entweder iranisch (Kuppelbau) oder indisch (stupa); chinesische Bauten kommen weder in der Oase von Turfan noch in den übrigen von uns besuchten alten Siedlungen vor. Es war eine Tempelstadt und Nekropole, deren starke Befestigungen in Kriegszeiten den vor den Toren in einfachen Lehmhäusern wohnenden Einwohnern als Zufluchtsort dienten. (...)*

*Wir stiegen in dem Serai des Bauern Saut (Sabit) ab, bei dem schon die erste Expedition gewohnt hatte und der uns mit ungeheuchelter Freude empfing. Es war ein außerordentlich pfiffiger Mensch, den man nur als einen großen Spitzbuben bezeichnen kann, aber seine Spitzbübereien vollführte er mit solcher Grazie und soviel Geist, dass es schwer war, ihm lange zu zürnen. Seine Familie wurde ausquartiert und uns das schönste Zimmer, ein Raum von etwa 5 m im Quadrat, zugeteilt, der mit alten, in der Stadtmauer angebrachten Gängen und Räumen in Verbindung stand. Hier sollten wir 11 Monate hausen.*

*Das Verhältnis zu den Eingeborenen gestaltete sich vom ersten Tage an außerordentlich freundschaftlich (...)*, und als die Ausgrabungsarbeiten schließlich begannen, *brachte* man *uns sofort einige schöne, antikisierende Köpfe aus geformtem Lehm und bald darauf führten einige Bauern mich in das Zentrum der Stadt, wo sie in einem großen hallenartigen Raum eine dünne, jüngere Mauer abgerissen hatten. Hinter dieser Mauer, auf der älteren Wand, erschien der Rest eines großen Wandgemäldes, welches einen Mann, überlebensgroß gemalt, in manichäischer Priestertracht darstellte, umgeben von ebenfalls in weiße Ritualgewänder gekleideten manichäischen Mönchen (electi) und Nonnen (electae). Jeder dieser in kleineren Ausmaßen gemalten Religiosen trug seinen schönen persischen Namen in soghdischer Schrift auf seiner Brust. Wir haben Grund anzunehmen, dass wir hier ein traditionelles Bildnis des Religionsstifters Mani vor uns haben. Das Bild bildet eines der Hauptstücke unserer Sammlung. Der Fund dieses Bildes zerstört die Anschauung, dass die Manichäer keine mit Malereien verzierten Kirchen besaßen; dieser Saal, der einen Teil einer mehrere ähnliche Hallen umfassenden Anlage bildete, war wahrscheinlich eine der »Fastenhallen« der merkwürdigen Religion. Unsere Expeditionen sind zu spät nach Chotscho gelangt; wären sie früher gekommen, so hätten sicherlich mehr dieser merkwürdigen, sassanidisch-hellenistischen Malereien geborgen werden können. Aber auch von der für die Religions- und Sprachgeschichte gleich wichtigen Literatur der Religionsgemeinschaft wäre sehr viel mehr gerettet worden: einer der Bauern sagte mir, fünf Jahre vor dem Kommen der ersten Expedition habe er in einem der zur Anlage von Feldern niedergelegten Tempel fünf große Karren (araba) voll der von uns so gesuchten Handschriften mit der »kleinen Schrift«, nämlich der manichäischen, gefunden. Viele seien mit Bildern in Farben und Gold verziert gewesen. Er fürchtete aber, einmal, den unheiligen Charakter der Schriften, und zweitens, dass die Chinesen den Fund als Vorwand zu Erpressungen benutzen könnten und warf kurzerhand die ganze Bibliothek in den Strom! (…)*

*Überhaupt waren in der Zeit, die seit der ersten Expedition verstrichen war, durch das fortwährende Graben der Einge-*

borenen große Zerstörungen angerichtet worden. *Die Ruinenstadt enthält nämlich mancherlei, das den heutigen Bewohnern nützlich ist. Da ist zunächst der im Laufe der Jahrhunderte in den Ruinen durch die Frühjahrsstürme aufgehäufte Lößstaub, der mit den darunterliegenden zertretenen und zerschlagenen Resten von Statuen usw. ein wertvoller Dünger ist. Noch kostbareren Dünger bilden die auf dem Lehmverputz der Wände aufgemalten Wandgemälde, die dem Muslim an und für sich ein Greuel sind und daher überall, wo er sie antrifft, wenigstens am Gesicht, beschädigt werden. Herrscht doch der Glaube, dass die gemalten Menschen und Tiere, wenn man nicht wenigstens Augen und Mund zerstört, des Nachts sich beleben, heruntersteigen und allerhand Unfug an Menschen, Vieh und Ernten verüben! Aber in der Nähe der Siedlungen schlägt man diese mit bunten Temperafarben gemalten Bilder von den Wänden, um erschöpfte Felder damit zu düngen. Die Chinesen, die als Beamte im Lande sitzen, bekümmern sich nicht um diesen Unfug; sie sind alle Confuzianer und verachten den Buddhismus als Religion der »kleinen Leute«. (...)*

*Ferner sucht man besonders nach den Türbalken und dergleichen der alten Tempel; Brennholz und Bauholz ist selten in der Niederung von Turfan. Sehr begehrt waren auch die schönen gebrannten Fliesen, die die Fußböden mancher Tempel bedeckt hatten. Früher suchte man auch nach Schätzen; man soll manchmal wertvolle Funde gemacht haben, Münzen, goldene und silberne Statuetten und so weiter. Endlich, bei zunehmender Bevölkerung, setzte der Landhunger der Bauern ein. Ganze Quartiere der Stadt wurden allmählich der Ruinen durch Abtragen beraubt, der Grund und Boden geebnet, Bewässerungskanäle hereingezogen und so die zerstörende Feuchtigkeit in die Ruinenstadt eingeführt. An vielen Stellen war das Wasser in den Lößmauern in die Höhe gestiegen und hatte unter den dort ruhenden Altertümern verheerenden Schaden angerichtet. (…)*

In einem der geheimen *Kuppelräume* unter der Erde machte Albert von Le Coq schließlich *eine grauenhafte Entdeckung. Die äußere Tür dieses Gebäudes war vermauert. Die Kuppel war zum Teil eingestürzt, man hatte aber einen neuen, gewölbten Fußboden darüber errichtet und auf diesem Fußboden einen spätbuddhistischen Tempel erbaut, dessen Wände nur noch in geringer Höhe erhalten waren. Jedoch erkannten wir noch Reste buddhistischer Wandgemälde auf diesen Mauern; dargestellt waren in der Hauptsache Dämonen der lamaistischen Epoche. Wir brachen, nachdem wir alles durchsucht hatten, den Fußboden auf, fanden Reste der alten Wölbung und stießen dann auf die im wirren Durcheinander aufgetürmten Leichen jedenfalls einiger Hundert Erschlagener. Es waren der Kleidung nach zu urteilen buddhistische Mönche; die oberste Schicht war vollkommen erhalten, die Haut, die Haare, die eingetrockneten Augen und die furchtbaren Wunden, denen sie erlegen waren, waren in vielen Fällen noch erhalten und kenntlich. Ein Schädel besonders war durch die Stirn bis auf die Zähne mit einem furchtbaren Säbelhieb gespalten.*

Dieses vor mehr als tausend Jahren angerichtete Massaker schrieb Le Coq der religiösen Verfolgung durch die Chinesen zu. *Es ist wahrscheinlich, dass die Katastrophe, der augenscheinlich die alte Stadt unterlag, in die Mitte des 9. Jahrhunderts anzusetzen ist,* schreibt Le Coq in seinem Buch, *denn um diese Zeit hatte die chinesische Regierung, um dem Überhandnehmen der Mönche zu steuern, einen Befehl erlassen, alle Mönche, Christen, Manichäer und Buddhisten sollten wieder in das bürgerliche Leben zurücktreten, praktische Arbeit treiben, heiraten, Kinder zeugen, Steuern bezahlen und Soldaten werden, wie es die Staatsraison erfordere. Im Falle des Nichtgehorchens war der Tod angedroht.*

Überdies legte Albert von Le Coq mit seinem Ausgrabungsteam kostbare Fresken und Hängebilder frei, die eine Verschmelzung des Buddhismus mit dem Hellenismus offenbarten. Viele Bildnisse von Menschen mit blauen Augen und rotem Haar belegen diese ethnologische Vermischung, an der Alexander der Große nicht ganz unschuldig war, als er mit seinem Heer durch die persische Wüste und weiter nach Osten zog. Zudem fand Le Coq in Karachodscha uralte Manuskripte und Schriftrollen, die jahrhundertelang unter dem Sand der Wüste begraben lagen und die der Wissenschaft noch heute manche Rätsel aufgeben.

*Unsere Arbeit*, notierte Le Coq damals, *vollzog sich unter den allerschwierigsten Verhältnissen; denn im Winter pflegte ein unglaublich scharfer, durchdringender Wind aus dem Nordosten durch die Stadt zu fegen. Im Sommer aber war die Hitze in der Niederung von Turfan so groß, dass die leichteste Kleidung zu schwer wurde. Dennoch mussten wir meist an schattenlosen Stellen den ganzen Tag in der Sonne zubringen. Und auch die Verpflegung war außerordentlich einfach, es gab Reis mit Hammelfett oder Hammelfett mit Reis. Im Sommer wurde das Hammelfett in sehr kurzer Zeit ranzig, und obwohl der Palao, der mit diesem Fett gedämpfte Reis, an sich ein nahrhaftes und wohlschmeckendes Gericht ist, wurden wir bei der großen Hitze (…) der immer etwas anrüchigen Speise im allerhöchsten Grade überdrüssig. Melonen und Trauben gab es das ganze Jahr, auch getrocknete Früchte; das Brot war vortrefflich und wurde von unserer Wirtin in dem landesüblichen Ofen, tonur (oder tanur) genannt, gebacken. (…) Ohne Brot und Tee wären wir sicherlich zugrunde gegangen, denn der übermäßige Fruchtgenuss, besonders der der Aprikosen und Pfirsiche, bringt leicht Darm- und Magenverstimmungen hervor, die bei der großen Hitze schwer zu beseitigen sind und oft gefährliche Formen annehmen.*

Karachodschas Blütezeit erlosch im 13. Jahrhundert völlig unerwartet, als die Wasserströme ihren Lauf änderten und die Brunnen versiegten. In kürzester Zeit verließen die Menschen ihre Häuser, folgten dem Wasser und siedelten sich bei dem heutigen Turfan an, sodass Karachodscha zu einer toten Stadt wurde, in der das Sandstrahlgebläse über Jahrhunderte alle Gebäude annagte und zerschliff.

Einige Kilometer weiter treffe ich auf den Salzsee Ayding-kol-Hu (Mondscheinsee). Das fast ausgetrocknete Gewässer, das wegen intensiver Verdunstung einen hohen Salzgehalt aufweist, erstreckt sich über eine Fläche von 150 Quadratkilometern. Seine Halbmondform gab dem See seinen Namen, dessen Wasseroberfläche 154 Meter unter dem Meeresspiegel liegt. Das ist die am tiefsten gelegene Stelle in China und die zweittiefste Stelle der Erde – nach dem Toten Meer in Israel und Jordanien. Hier, rund um den Aydingkol-Hu, glüht die Sonne in einer bleiernen Atmosphäre, und ich weiß nicht, wo die Wüste aufhört und der Himmel beginnt. Dazwischen zittert die Luft über einer ausgedörrten, grau-gelben Weite, in der ab und an ein graublauer See flimmert, der gar kein See ist. Es sind gefährliche Sinnestäuschungen und Trugbilder, die meinen Weg kreuzen. Das Phänomen der Fata Morgana gaukelt mir unwirkliche Bilder vor. In diesem Feuerbecken der Sonne kocht im Sommer die Hölle. Bis auf sechzig Grad Celsius steigt die Temperatur dann an, und der Sand heizt sich bis siebenundachtzig Grad auf. Kein Wunder, dass die Uiguren diesen Teil der Turfan-Senke »Land des Feuers« nennen.

Vorbei an terrassenartigen Felsabstürzen, kupferfarbenen Bergflanken und bizarren Sandsteingebilden wandere ich tags darauf über großflächige Schotter- und Lehmebenen mit aufgewehten Sandwellen, deren ästhetische Reduktion die elementare Gegenwärtigkeit verstärkt. Dann steigt die Turfan-Senke zum Gebirge an. Es sind die Huoyan Shan, die »Flammenden Berge«, die mir wie ein purpurrotes Felsenreich erscheinen. Diese faltenartige Gebirgskette aus rotem Sandstein erstreckt sich von Ost nach West über hundert Kilometer und ragt an ihrem Scheitel bis zu 1825 Meter hoch auf. Durch feinen roten Sand wate ich in das bizarre Bergmassiv, dessen ausgewaschene Sandsteinflanken im gleißenden Sonnenlicht und in der Abenddämmerung wie ein Flammenmeer leuchten. Schrundige Hänge ohne jegliche Vegetation gehen hier in fast senkrecht abfallende Felswände über. Es heißt, hier sei die Hitze zuweilen so groß, dass kein Vogel über diese Gebirgskette fliegt, aus Angst, seine Flügel könnten versengen.

In einem schaurigen, abseits gelegenen Seitencanyon stehe ich unvermittelt vor einem halben Dutzend mumifizierter Wölfe. Die grotesken Kadaver mit ausgedörrter Pergamenthaut sind von rotem Flugsand überzogen. Sind diese Tiere in einen Sandsturm geraten und erstickt? Oder ist dies jener legendenumwobene Wolfsfriedhof, von dem mir Uiguren erzählten, an den sich alte Wölfe zum Sterben zurückziehen und wo ein verborgener Schatz liegen soll? Doch zur Schatzsuche fehlt mir die Kraft – und auch die Zeit, wenn ich das Ziel meiner Wanderung, die Höhlen von Bezeklik, bald erreichen will, wo Albert von Le Coq eines Nachts von den *schauerlichen Lauten* eines riesigen Wolfrudels geweckt wurde. Es war, *als ob hundert Teufel auf einmal losgelassen seien*, schreibt Le Coq, der mit seinen Gefährten sofort zu den Gewehren griff und ins Freie lief. Und *da sahen wir zu unserem Schrecken* einen *hufeisenförmigen* Felsausschnitt *mit Wölfen besetzt, die, die Nase in die Luft gehoben, mit langgezogenem Geheul den Mond begrüßten. Unsere Diener eilten herbei und beruhigten uns: »Herr, Herr, Ihr braucht Euch nicht zu fürchten, die tun Euch nichts!« Und so war es auch. Nach einigen Schüssen, von denen einer einen der Besucher traf, verließen uns die Tiere, nachdem sie ihren angeschossenen Kameraden verzehrt hatten. Dies Ereignis hat sich noch einmal wiederholt, uns aber das zweite Mal nicht mehr aus der Fassung gebracht. Der Wolf (...) ist eben in diesem Lande ein relativ harmloses Geschöpf. Nur ein Fall wurde mir erzählt, wo ein Mensch durch Wölfe sein Leben verloren hat; es ist die tragische Geschichte eines hübschen, zwölfjährigen Mädchens aus Karachodscha – wir haben das Kind noch gekannt –, die gegen ihren Willen einem sechzigjährigen Greise vermählt werden sollte. Sie flüchtete nach Luktschun durch die Sandwüste, kam aber nur bis zum halben Wege, wo eine ungeheure Ulme an einem Quell eine Raststatt in der Wüste gewährt. Hier legte sie sich zur Ruhe und wurde im Schlaf von Wölfen überfallen. Man fand bloß noch die blutigen Fetzen ihrer Kleider und die langen Schaftstiefel, in denen die Beine noch steckten.*

Als ich in der Nacht des gleichen Tages mein Biwak in dem schaurigen Felscanyon aufschlage, bebt die Erde. Es ist, als ob ein D-Zug vorbeirast. Ich bin sofort hellwach und springe aus dem Zelt. Nicht weit von meinem Lagerplatz poltern kantige Brocken durch eine breite Felsrinne, schlagen irgendwo in der Tiefe berstend auf. Nur wenige Minuten lang ist die Steinlawine in Bewegung, dann ist der Spuk vorbei. Und dort, wo die Gesteinsblöcke einen steilen Hang hinunterstürzten, wogt eine dicke Staubwolke.

Nach mehr als vier Wochen in den archaischen Wüstenlandschaften Westchinas treffe ich in einer rotbraunen Filmkulissenlandschaft auf einen gewaltigen Erdriss, der einer Schlucht gleicht. Mittendrin fließt ein glänzendes schmales Band: der Murtuk-Fluss. Weit darüber, am oberen Rand einer achtzig Meter hohen Steilwand, kleben dunkle Tempelgrotten wie Bienenwaben am Fels. Das ist die Klosteranlage von Bezeklik, in der Künstler verschiedener Nationalität phantastische Höhlenfresken schufen. Der Zugang zu den Tempelhöhlen ist nur über einen gewundenen, schmalen Pfad möglich, der zunächst zum oberen Rand der steilen Felswand hinauf- und dann an ihr entlangführt. Schon der Name »Bezeklik« weist darauf hin, was ich in den Felshöhlen sehen kann: Es ist »der Ort, an dem es Gemälde gibt«.

Zur Blütezeit der Seidenstraße, zwischen 420 und 1400 nach Christus, schufen hier Pilger und Missionare über viele Generationen bis zu tausend Mönchszellen und Felsgrotten, von denen heute – aufgrund natürlicher Erosion und mutwilliger Zerstörung – nur noch rund sechzig Höhlen existieren. Die Wände und Decken der Tempelhöhlen wurden über viele Generationen mit farbenprächtigen Malereien und formschönen Skulpturen ausgeschmückt. Die Kosten wurden von einheimischen Adelsfamilien übernommen oder von Kaufleuten, Gesandten und Karawanenführern, die auf der Seidenstraße reisten.

Mitte des 14. Jahrhunderts, als der Handel entlang der transasiatischen Fernstraßen zum Stillstand kam, drang der Islam immer weiter nach Osten vor. Missionare und Händler aus dem fernen Arabien suchten ihren Glauben mit dem Schwert zu verbreiten, was zum Niedergang der buddhistischen Kultur in Zentralasien führte. Als Folge dieser Entwicklung verloren viele Bewohner wichtiger Oasenstädte, die vom Ost-West-Handel lebten, ihre Haupteinnahmequelle. Kultur und Zivilisation zerfielen. Und als in manchen Oasen auch noch die Brunnen und Wasseradern versiegten, verließen die Menschen nicht nur ihre Wohnstätten, sondern auch die Klosteranlagen von Bezeklik, und der Sand der Wüste hielt Einzug. Noch zu Beginn des 20. Jahrhunderts, als Albert von Le Coq mit seinen Gefährten in die unfruchtbare Gegend der Turfan-Senke kam, konnte man in unmittelbarer Nähe der Klosteranlage vorüberziehen, ohne die Felstempel zu bemerken.

*Man nähert sich dem Kloster (...) bis in die allernächste Nähe, ohne dass die große Anlage vom Wege aus je sichtbar würde,* schreibt Le Coq. *Nur an einer Stelle gibt es einen Blick auf die Tempel, aber dort haben die alten Mönche eine noch teilweise stehende Mauer errichtet, welche die Siedlung den Blicken der Wanderer entzieht. Überall begegnet man dem Bestreben der Klosterleute, sich einen möglichst großen Abstand von der Welt und ihrem Treiben zu sichern. Plötzlich erweitert sich der Weg und mündet auf eine breite, sandige Ebene, hinter der große und phantastische Hügel sich erheben. Auch von hier aus ist das Kloster nicht zu sehen, denn es liegt auf einer Terrasse, welche etwa zehn Meter über dem Bett des Baches und ebenso tief unterhalb des steil abfallenden Randes der Ebene, in einer hufeisenförmigen Krümmung der Ufer eingeschnitten ist. Nur wenn man dicht an diesen Rand heranreitet, sieht man die Gebäude auf ihrer Terrasse. Zwei kleine Kuppelbauten stehen, eine am oberen, eine am unteren Ende der Anlage. (...) Der nördliche Teil der Anlage ist die Hauptterrasse. Dort befand sich ein großes Kloster mit Zellen für die Mönche. Daran schloss sich, stromabwärts nach Süden, eine lange Reihe von Tempeln, die samt und sonders mit dem Sand des dahinterliegenden Gebirges und dem überall gegenwärtigen Lößstaub des Landes zugedeckt waren, sodass man nur hier und da eine Mauerkante oder die rundliche Kuppel eines Tempels aus diesen Anhäufungen hervorragen sah. (...) Im Ganzen sind dort einige hundert Tempel erhalten. Viele Tempel des Südteils waren indes von Ziegenhirten bewohnt worden, die Gemälde waren durch ihre Lagerfeuer verräuchert. Nur in jenen Tempeln, die ganz und gar verschüttet waren, war eine Ausbeute zu erwarten. Nach dieser Erkundung beschlossen wir, einige der von den Ziegenhirten beschädigten Tempel zu säubern und dort unsere Wohnung aufzuschlagen. Dann begannen wir die Arbeit.*

Viele Felshöhlen schaufelte Albert von Le Coq mit seinen Gehilfen frei und fand dabei phantastische Malereien in einzigartiger Farbenvielfalt: sechshändige Dämonenfratzen, groteske indische Götterbilder, riesenhafte Buddhas aus verschiedenen Zeitaltern, Geschenke darbringende Männer in Landestracht, Brahmanen mit Tigerfell und Wadenstrümpfen, Perser mit Adlerfittichmützen und merkwürdigen Hüten, Weltenhüter in Panzern, Frauen des fürstlichen Geschlechts, Garudas (Fabelwesen) mit Menschenkörpern und Vogelköpfen, kniende Teufelchen mit Schweins- und Elefantenköpfen sowie sonderbare Menschenköpfe mit eindeutig europäischem Charakter. Zudem fand man farbenfrohe Motive, die in bescheidener Form das Alltagsleben der Gläubigen zeigen und die die Erkenntnis vermitteln, dass in den Wüsten Westchinas schon seit alters her ganz andere Gesetze und Wertigkeiten existieren.

Abends, nach der Arbeit in den Felshöhlen, saß Le Coq oft vor der Klosteranlage von Bezeklik und genoss die großartige Landschaft: *Der Berg, der sich hinter der Siedlung erhebt, ist von schneeweißer Farbe, wird aber von der Morgen- und Abendsonne regelmäßig wie mit Karmin übergossen,* schreibt er in seinem Buch. *Vor diesem Berg liegt eine scharfgeschnittene Anhäufung von schwarzem Bergsand; darunter breitet sich die Ebene aus, die, wie die Ruinen der Bauten selbst, die goldgelbe Farbe des Löß zeigt. Wenn wir dann den Mond aufgehen sahen, der groß wie ein Heuschober am Firmament erschien, so änderte sich die Färbung der Berge und des Löß in überraschender Weise. Der Berggipfel wurde violett-blau, die Anhäufung schwarzen Bergsandes grün mit goldenen Reflexen, der Löß aber nahm, je nachdem er beschattet war, die wunderbarsten und gespenstischsten Färbungen an, hier karminrot, dort violett, dort blau, dort dunkelschwarz, kurz, nirgends habe ich eine derartige phantastisch-wunder-*

*volle Farbensymphonie gesehen, wie sie uns dort jede Mond-
nacht bescherte. Legte man sich dann auf sein Lager, so schlief
man doch zunächst trotz aller Ermüdung nicht ein; die Eindrücke des Tages mit ihren Erlebnissen waren zu mächtig, um
den Geist schnell zur Ruhe kommen zu lassen. In der Toten-
stille, die stets dort herrscht, hört man dann das Plätschern des
Baches, der unten am Fuß des Ausschnittes in schnellem Gefälle einherbrauste, wie ein verspottendes Lachen. Wenn auch
die Landschaft von fabelhafter, unbeschreiblicher Schönheit
war, so entbehrte sie, zumal wenn dieses gespenstische Lachen
an das Ohr drang, nicht eines gewissen Elements des dämo-
nisch Unheimlichen. Man begriff, warum überall in diesen
Tempeln die Dämonenfratzen an den Wänden erschienen.*

Viele Stunden verbringe ich in den Höhlen von Bezeklik
und mache mir bewusst, dass meine Reise durch die horizon-
talen Weiten der Dsungarei und der Turfan-Senke hier zu
Ende ist. Ich bin an dem Ort angekommen, zu dem ich wollte,
überglücklich, doch wie sich diese Glückseligkeit anfühlt,
kann ich niemandem beschreiben. Es ist einer dieser Momente,
in dem man mit etwas Größerem rechnet, doch man erfasst
den Punkt nicht, an dem sich das Glück aufschwingt, ehe sich
die Welle wieder verläuft und zu einem ganz normalen Augenblick wird, weil man das Glück nicht festhalten kann.

Als ich am späten Nachmittag die Höhlenräume verlasse
und nach draußen in das gleißende Licht der Sonne trete,
kneife ich die Augen zu. Für einen kurzen Moment schmerzt
die grelle Helligkeit. Dann sehe ich auf der gegenüberliegenden Seite der Murtuk-Schlucht eine Gruppe Nomaden mit
schwer beladenen Kamelen Richtung Norden ziehen. Wie in
einem Traum steigt die Karawane langsam und lautlos einen
langgestreckten Hang hinauf, durch Fluten aus rotbraunem
Sand. Männer und Frauen des Windes, des Lichts und der
Nacht, eingehüllt in lange Mäntel. Feiner Sandnebel wirbelt

zwischen ihren Beinen auf, während leichte Böen über sie hinweg und durch sie hindurch gehen. Es ist, als würden sie unsichtbaren Spuren folgen, hinaus ins Nichts, zum unerreichbaren Horizont, dem sich die Sonne abends nähert. Weite ist es, denke ich, die diese Menschen zum Leben brauchen – und die auch mich immer wieder lockt.

# In der Wüste der Missetäter

*Odadahraun-Wüste ~ Island ~ 1983*

Im Nordosten Islands erstreckt sich eine schwarze, von Kratern übersäte Mondlandschaft, die den Namen »Odadahraun« trägt – »Wüste der Missetäter«. Noch heute ranken sich viele Sagen um diese größte Lavawüste der Erde, in der sich zur Zeit der Wikinger Geächtete und Vogelfreie verkrochen.

*Island heißt Eisland und versteht sich aus der Lage dieser Insel zwischen 63 24' und 66 33' nördlicher Breite, 300 Kilometer von Grönland entfernt. Nur 42 068 Quadratkilometer von den 104 785 Quadratkilometern Gesamtfläche sind bewohnbar. Im Westen und Norden schneiden tiefe, im Osten kleinere Fjorde in das Land ein und bilden bisweilen ausgezeichnete Häfen. An der Südküste steigen die Gletscher fast unmittelbar aus dem Meer. Mit Ausnahme schmaler Küstenstriche und der ausgedehnten Flachlandsbucht Faxa vor Reykjavík ist die Insel ein Gebirgsland schauderhaft vulkanischer Natur, eine Fläche mit aufgesetzten Bergmassen, Kegeln und Kuppen.*

Jules Verne, Reise zum Mittelpunkt der Erde

Nebelfetzen fliegen wie gigantische Fledermäuse über eine von Stürmen gezeichnete Weite, die aus schwarzem, staubfeinem Aschensand, mannshohen Felsblöcken und schorfigen Schneebuckeln besteht. Zerklüftete Vulkankrater, schroff und abweisend, wechseln ab mit skurrilen Formationen erstarrter Lavaströme, die einst glühend heiß aus den Basaltvulkanen hervorgeschossen sind. Nur im Schneckentempo bewegt sich unser Geländewagen über die geborstene Erdkruste, die mit Buckeln und Querrillen durchsetzt ist. Wie in einem Fischkutter auf hoher See schaukeln wir durch eine von Kratern übersäte Mondlandschaft, die den Namen »Odadahraun« trägt – »Wüste der Missetäter«. Es ist eine unwirtliche Vulkanlandschaft, die fünfhundert bis achthundert Meter über dem Meeresspiegel liegt und sich über eine Fläche von rund 5500 Quadratkilometer erstreckt – mehr als sechsmal so groß wie Hamburg.

Diese Landschaft, die die erstarrte Glut aus dem Erdinneren mit dem kalten, diffusen Licht des Nordens vereint, erscheint uns wie die Kulisse eines Science-Fiction-Films. Seit undenklichen Zeiten wird diese Region von der Askja beherrscht, einem imposanten vulkanischen Einsturzkessel, der nach der letzten Eiszeit entstand. Am 26. Oktober kam es zur bislang letzten Eruption. Bis zu 400 Meter hohe Lavafontänen schossen damals aus einer 750 Meter langen Feuerspalte, ehe die Lava- und Schlackeströme zu phantastischen Bizarrerien erstarrten. Kein Wunder, dass die NASA, die amerikanische Raumfahrtbehörde, in den sechziger Jahren diese Gegend als

Übungsgelände für ihre Astronauten auswählte. Kein anderes Gebiet der Erde ist der Mondoberfläche so ähnlich. Selbst der Amerikaner Neil Armstrong, der am 21. Juli 1969 um 3 Uhr 56 Minuten mitteleuropäischer Zeit im Mare Tranquillitatis, dem »Meer der Ruhe«, als erster Mensch den Mond betrat, trainierte hier mit seinen Astronautenkollegen Edwin Aldrin und Michael Collins, ehe sie gemeinsam mit Apollo 11 zum Erdtrabanten flogen und auf der kraterübersäten Mondoberfläche landeten.

Wir – Christopher Landerer, Fotograf und guter Freund, und ich – sind seit dem frühen Morgen mit dem Geländewagen im Nordosten Islands unterwegs, wo sich die größte Lavawüste der Erde erstreckt. Die menschenleere Region gilt als mythisches Atlantis der germanischen Götterwelt, um die sich noch heute viele Sagen ranken. Zur Zeit der Wikinger, vor vielen Jahrhunderten, galt dieses geheimnisvolle Gebiet noch als Zufluchtsstätte von gesetzlosen Verbrechern. Viele Geächtete und Vogelfreie, die damals der germanischen Rechtsprechung entgehen wollten, flohen in diese Zone aktiver Vulkantätigkeit, wo sie in Höhlen und Grotten Unterschlupf suchten und sich von Moosen, Gräsern und eisigem Flusswasser ernährten, bis Hunger und extreme Naturgewalten ihrem Leben ein Ende setzten. Noch heute gilt die Odadahraun-Wüste als eine der lebensfeindlichsten Regionen der Erde. Die dahingeschmolzenen Lavaströme auf dieser mit Brocken übersäten Naturbühne gleichen kunstvoll angelegten Irrgärten. Gelb-rote Liparitberge ragen aus schwarzen Ebenen, auf denen eigentümlich gerundete Steinblöcke zerstreut sind, als habe jemand prall gefüllte Säcke ausgeschüttet. Hinzu kommen der eisige Nordwind, der von Horizont zu Horizont braust, sowie Islands berühmt-berüchtigte Zwischentiefs, die mit ungeheuren Regenfluten jede noch so herrliche Landschaft in triste Düsternis verwandeln.

Wie jede andere Wüste ist auch die Odadahraun-Region arm an Vegetation. Gleichwohl unterscheidet sie sich von vielen anderen Wüsten. Denn hier sind es nicht Hitze und Trockenheit, die zur charakteristischen Wüstenbildung führen, sondern ein raues ozeanisches Klima sowie häufige Niederschläge, die fast alle mineralischen Nährstoffe, die für den Pflanzenwuchs notwendig sind, aus dem Lavagestein herausgewaschen haben. Überdies versickern die Regen- und Schmelzwasserfluten in dem durchlässigen vulkanischen Boden derart tief, dass sie für die meisten Pflanzen unerreichbar bleiben. Aus diesem Grund gilt das Odadahraun-Gebiet als »edaphische Wüste«: eine Ödnis, die durch vorherrschende Bodenbedingungen entsteht, während ein kühles Klima dafür verantwortlich ist, dass nur äußerst anpassungsfähige oder langwurzelige Pflanzen existieren können, zum Beispiel Leimkräuter (Silene martima, Silene acaulis), Arktische Weidenröschen (Epilobium latifolium), Grasnelken (Armeria vulgaris) und schmächtige Polarweiden (Salix arctica).

Wir sind in die Odadahraun-Wüste gekommen, um diese einsame Region hautnah zu erleben und den Flusslauf des Jökulsá á Fjöllum mit einem Faltkajak zu befahren, den »Gletscherfluss aus den Bergen«, wie ihn die Isländer nennen. Es ist der wildeste Fluss Islands, ein tobendes Ungetüm mit atemberaubenden Stromschnellen, Wirbeln und Wasserfällen, dessen Weg mitten durch die größte Lavawüste der Erde führt und dessen Fluten täglich mehr als 100000 Tonnen Sand und Geröll durch die Einöde transportieren. Diesem ungestümen Fluss wollen wir über eine Strecke von 206 Kilometern folgen, was bislang noch niemandem gelungen ist; von der Quellregion im eisigen Gletscherreich des Vatnajökull bis zur Mündung im Nordmeer.

Zwölf Tage vor unserer Abreise nach Island bricht die Grimsvötn aus, ein 1658 Meter hoher Vulkan unter dem Eis des Vatnajökull, was so viel wie »Wassergletscher« bedeutet. Mit einer Fläche von 8456 Quadratkilometern gilt der Vatnajökull als mächtigster Eisberg Islands – und ist zugleich der größte Gletscher Europas. Der Westteil dieses zerklüfteten Gletschermassivs zählt zu Islands aktivster Vulkanzone. Bis zu einem halben Dutzend Vulkane liegen hier unter dem Eis verborgen, die im Laufe der Jahrhunderte oft in Bewegung waren und verheerende Überschwemmungskatastrophen verursachten. Nun also ist die Grimsvötn, die seit 1934 nicht mehr aktiv war, wieder explodiert. Telefonisch informiert mich ein Vulkanologe über die dramatischen Geschehnisse auf Island: Wie ein überdimensionaler Schneidbrenner hat sich die Glut aus dem Erdinnern durch eine dreihundert Meter dicke Eisschicht gefressen, Dampfwolken und Schlackefontänen quellen aus einer Erdspalte hervor, und alle zehn Minuten wirbelt ein Ascheregen fünfhundert Meter hoch in den Himmel. Für einen subglacialen Vulkan ist diese Art von Eruption ungewöhnlich. In der Mehrzahl der Fälle beginnen vulkanische Ausbrüche unter dem Eis mit enormen Schmelzungen und anschließenden Überschwemmungen. Erst später kommt es zum Ascheregen. Diesmal ist die Asche der Eisschmelze zuvorgekommen. Isländische Wissenschaftler befürchten, dass es wegen der starken Eruptionsschmelzungen zu ausgedehnten Überschwemmungen in der Odadahraun-Wüste kommen könnte. Menschen und Orte sind zum Glück nicht bedroht. Die nächste Siedlung liegt sechzig Kilometer entfernt. Nur ein holländisches Archäologenteam, das südlich des Vatnajökull nach einem im 17. Jahrhundert gestrandeten Frachtschiff und der Goldladung gräbt, ist in Evakuierungsbereitschaft.

Anfang Juni fliegen wir trotz Vulkanausbruch und drohenden Überschwemmungen nach Island. Im Gepäck haben wir ein Faltkajak, denn nur während der sechs bis acht Wochen im Sommer, wenn dem Jökulsá á Fjöllum vom Vatnajökull genügend Schmelzwasser zuströmt, ist der Fluss zu befahren. In Reykjavík, der nördlichsten Hauptstadt der Erde, wo die Wellblechdächer der Häuser in farbenfrohem Gelb, Grün, Blau und Rot leuchten, erhält unsere Stimmung einen gehörigen Dämpfer: Die Grimsvötn kommt einfach nicht zur Ruhe, und rund um die Odadahraun-Wüste liegt noch immer hoher Schnee. Wir müssen abwarten und uns gedulden, was nicht gerade einfach ist. Jeden Tag erkundigen wir uns beim Wetteramt nach den neuesten Prognosen, doch Islands Sommer will nicht kommen, und der Vulkan unter dem Eis hört nicht auf zu grollen. Gegenseitig halten wir uns bei Laune, gehen wieder und wieder die Ausrüstungsliste durch, checken Proviant- und Foto-Equipment, trinken in gemütlichen Restaurants literweise Tee, essen quarkähnlichen »Skyr«, philosophieren über all das, was uns in die Wüste treibt, und lesen in der »Edda«, jener Sammlung alter germanischer Sagen, die aus dem 13. Jahrhundert stammt und uns von Göttern und Göttinnen erzählt, von Zwergen und Riesen, von Helden und Dämonen, von Weltanfang und Weltuntergang. Zudem faszinieren uns die nordischen Dichtungen und Sagenlieder der kühnen Nordlandmänner, in denen die Wikinger, deren Name sich von dem Wort »vik« ableitet, was so viel wie »Bucht« bedeutet, meist als tapfere Helden und edle Krieger leben. Mit den echten Wikingern, die in der Zeit vom 9. bis 11. Jahrhundert mit ihren schnellen und hochseetüchtigen Drachenbooten raubend, plündernd oder Handel treibend die Meere und Flüsse Europas beherrschten und die bis Amerika und Mexiko segelten, hat das nichts zu tun.

Noch im 9. Jahrhundert, als der Norweger Naddodur Islands Ostküste erreichte, war die entlegene Atlantikinsel nur von einigen irischen Mönchen bewohnt, die bereits hundert Jahre zuvor ihren Fuß auf das urwelthafte Eiland gesetzt hatten. Naddodur und seine Gefährten konnten damals weder eine Hütte noch Rauchfahnen ausmachen, die auf etwaige Siedlungen hingewiesen hätten. So blieb er in dem Glauben, abgeschiedenes Neuland entdeckt zu haben, das er nach einem schweren Schneesturm an der Ostküste »Schneeland« nannte. Seinen eigentlichen Namen erhielt Island aber erst Jahre später vom Norweger Flóki Vilgerdarson, der aus dem norwegischen Ryvarden kam. Im Westen Islands segelte er weit über Snaefellsnes hinaus, um im Vatnsfjördur am Bardaströnd anzulanden. Dort errichtete er ein Gehöft und gab der abgeschiedenen Insel ihren heutigen Namen, was überlieferte Schriften aus dem »Landnámabók« (Buch der Islandbesiedlung aus dem 17. Jahrhundert) belegen: *Da war der Fjord voll von Fischen, deshalb unterließen sie das Heusammeln, und im nächsten Winter starb ihnen der ganze Viehbestand. Der Frühling war recht kalt. Da stieg Flóki auf einen recht hohen Berg und sah gegen Norden über die Berge hin ein Fjord voll Meereis: Deshalb nannten sie das Land Island, wie es seither geheißen hat.* In alten Chroniken ist auch die Geburtsstunde Reykjavíks nachzulesen, die ebenfalls auf die Wikingerzeit zurückgeht: Anno 870 steuerte der Wikinger Ingolfur Arnarson, ein Widersacher des norwegischen Königs Harald Schönhaar, der wegen einer Fehde in seiner norwegischen Heimat ins Exil gehen musste, sein Schiff in die Bucht von Reykjavík, wo er die Dämpfe heißer Quellen für Rauchfahnen menschlicher Siedlungen hielt. Angesichts des gastlich wirkenden Ufers warf der nordische Kolumbus die hölzernen Bildpfeiler seines Hochsitzes über Bord, damit die Götter ihm einen sicheren Weg in eine neue Heimat weisen sollten. Und dort, wo die Brandung die geschnitzten Pfeiler Anarsons ans Ufer spülte, wurde er mit seinen Leuten tatsächlich sesshaft – in der »Rauchbucht«, dem späteren Reykjavík. Von den ehemals dampfenden Quellen ist heute in der Hauptstadt nicht mehr viel zu sehen, aber dafür zu spüren. Ganz Reykjavík wird aus heißen Schwefelquellen beheizt, einem nahezu unerschöpflichen Wasserreservoir. Überall kommt aus den Heißwasserhähnen eine siedende Brühe, die in Bad und Küche einen muffelnden Dunst verbreitet: natürliche Energie aus dem Bauch der Insel, die über Pipelines nicht nur kostenlos alle Haushalte versorgt, sondern auch städtische Schwimmbäder und Treibhäuser.

In einem kleinen Buchladen von Reykjavík lernen wir Karin aus Deutschland kennen. Vor einigen Jahren ist sie nach Island gekommen, hat sich in einen Lehrer verliebt und bald darauf geheiratet. Viele Kilometer von Reykjavík entfernt lebte sie längere Zeit auf dem Land mit ihrem Mann, der tagsüber in der Hauptstadt im Schuldienst tätig war. Bei heftigen Schneefällen im Winter kam es nicht selten vor, dass ihr Mann in der Stadt übernachten musste, während Karin sich in Islands einsamer Weite ziemlich verlassen fühlte, vor allem, wenn draußen tiefste Dunkelheit herrschte. Erst im Laufe der Zeit lernte sie, was auch mir in der Einsamkeit oft zu Hilfe kommt, nämlich die Erkenntnis: »Du musst es dir in deinem Inneren schön machen, wenn die Welt um dich herum abweisend ist!«

Nach einer Woche in Reykjavík beruhigt sich die Grimsvötn, und auch das Wetter wird frühlingshaft. Im Überlandbus fahren wir in den Norden Islands: Vor dem Fenster ziehen archaische Landschaften vorbei, und wir bekommen einen Eindruck davon, wie gewaltig jene Kräfte sind, die hier unter der verkrusteten Erdhaut schlummern und sich in periodischen Abständen durch Eruption Luft verschaffen. Zweihundert Vulkane sind seit der Besiedlung Islands mehr als hundertfünfzigmal explodiert. Zudem bietet die ehemalige Insel der Wikinger nicht nur imposante Gletschermassive und mondähnliche Basaltwüsten, sondern auch tosende Wasserfälle, glasklare Flussläufe und märchenhafte Kraterseen, in denen sich bei herrlichstem Wetter die Wolken spiegeln. Manche Naturphänomene muten sogar wie ausgeklügelte Zirkusnummern an: Da gibt es zum Beispiel die brodelnden Schwefelquellen von Namaskard, aus denen vielfarbig blubbernde Dämpfe aufsteigen, oder die berühmt-berüchtigten Geysire, heiße Springquellen, die sich laut zischend und dampfend in Szene setzen. Schade nur, dass der »Große Geysir« mittlerweile unter Ermüdungserscheinungen leidet. Sein kleiner Bruder »Strokkur« – das Butterfass – ist indessen noch immer aktiv und schleudert seine kochenden Wassermassen zehn bis zwanzig Meter hoch in die Luft. Darüber hinaus ist Island ein Terrain für Limnologen, Ornithologen, Geomorphologen und Hobbyurgeschichtler, das für seine Ponys berühmt ist, die in spezifischer Gangart, dem »Tölt«, scheinbar schwerelos über das wilde Gelände »trappeln«. Man sagt, sie hätten einen »siebten Sinn«, ahnten Gewitter und Schneestürme voraus, wüssten, wo schäumende Flussläufe zu durchqueren sind, und riechen jene Stellen, wo erstarrte Lava zu Schwefelbrei wird.

In Reinhlyd, einem kleinen Ort am Myvatn-See, der Myriaden von Mücken und verschiedenste Wasservögel beherbergt, treffen wir Jean-Paul, einen jungen, lebenslustigen Franzosen mit mächtigem Schnauzbart, Khakihose und Jeanshemd, der mit seinem Geländewagen unterwegs ist, um Islands Einsamkeiten zu erleben. Als Jean-Paul erfährt, dass wir in die Odadahraun-Wüste wollen, bietet er auf der Stelle seine Hilfe an. Tags darauf holpern wir – südlich des Myvatn-Sees – ins unbewohnte Inselinnere, schaukeln über geborstene Erde und lockeren Schotter. Wir holpern über eine Direttissima aus erstarrten Lavaströmen, bewegen uns zwischen dichten Grauschwaden durch eine gespenstische Hexenküche, oft an der Grenze der Balance, während Achsen und Federn laut knarren. Wenn wir den Wagen gelegentlich verlassen, ist es ein seltsames Gefühl, mit den Stiefeln über die scharfkantigen Lava- und Schlackeströme zu gehen, die nach der Erstarrung eine widerborstige Kruste gebildet haben. Wo wir auch hinsehen, nirgendwo gibt es Büsche oder Bäume. Nur hier und da krallen sich ein paar Moose, Gräser oder kümmerliche Pflanzen an das schrundige Lavagestein.

Immer wieder zerbricht Lavagestein knirschend unter der Last des Fahrzeugs, und die auffliegenden Brocken schlagen wie Geschosse in die Karosserie. Mal versinken die Reifen in der Sandflut, als würden wir einen Fluss durchfahren, mal tastet sich der Landrover mit dem Licht der Scheinwerfer durch trübe Nebelteppiche. Schließlich bleiben wir in einem riesigen Schneefeld stecken, das wie von Geisterhand hineingeworfen in der erstarrten Lavalandschaft liegt. Wir brauchen mehrere Stunden, um das Fahrzeug mit Hilfe von Klappspaten und dem eingebauten Abschleppseil aus dem Schneeloch zu befreien. Eine mühsame Plackerei, die wir kein zweites Mal erleben wollen. Also beschließen Christopher und ich, dass wir unsere Reise durch die Odadahraun-Wüste zu Fuß fortsetzen.

»Da werdet ihr aber ganz schön schleppen müssen«, meint Jean-Paul, als er unsere Entscheidung hört. Wir nicken wortlos und wissen: Vor uns liegen hundertzwanzig Kilometer mit schwerem Gepäck. Sechzig Kilogramm wiegt die Ausrüstung samt Lebensmitteln und Kamera-Equipment, weitere vierzig das Faltboot.

»Ich hoffe, ihr schafft es. Ich drücke euch die Daumen«, sagt Jean-Paul zum Abschied.

Dann spuckt der Auspuff des Wagens auch schon fettige, schwarze Wolken, und er rattert davon. Das Letzte, was wir von Jean-Paul sehen, ist seine knallrote Schirmmütze, die er wedelnd aus dem Seitenfenster hält.

Noch eine ganze Weile stehen wir einfach nur da und schauen dem Wagen hinterher, der schließlich hinter hohen Gesteinsbrocken verschwindet. Nun sind wir allein – zu zweit. Alles um uns herum ist still. Wir genießen diese Augenblicke, in denen uns die völlige Abgeschiedenheit bewusst wird – dann atmen wir tief durch und rüsten zum Aufbruch.

Erstarrte Lava, so weit das Auge reicht: Wir wandern auf Lava, sitzen auf Lava, schlafen auf Lava. Monatelang habe ich geglaubt, vom Wundersamen dieser isländischen Lavawüste genug gehört zu haben. Ich habe gedacht, ich weiß, was uns erwartet. Aber nun selbst hier zu sein, ist etwas ganz anderes – und je mehr wir uns diesen unverfälschten Naturkulissen anvertrauen, desto geheimnisvoller werden sie. Je weiter wir in die kohleschwarze Missetäterwüste eintauchen, desto schwieriger wird es, die gewaltigen Eindrücke zu verkraften. Auch der Blick, merken wir, muss sich erst umgewöhnen. Zu fremdartig ist die Landschaft, zu urwüchsig, zu schroff, zu schön. Immerzu muss ich hinsehen, kann den Blick nicht lassen von der unberührten Weite mit ihrer bizarren Unwirklichkeit, die manchmal wie hingeschmolzene, schwarz glänzende Lederhaut wirkt. Diese Wildnis ohne Weg und Steg lässt uns an die Landschaften aus Tolkiens Fantasybuch »Der Herr der Ringe« denken: »Mordor« und »Mittelerde« auf Island.

Tag für Tag wechseln schwarze Sandflächen mit gigantischen Kugellagern aus Steinschotter ab, die unter unseren Füßen regelrecht zerbröckeln. Ständig müssen wir achtgeben, um auf den Schlackeströmen nicht das Gleichgewicht zu verlieren, wenn rissige Lavabrocken unter unserem Gewicht brechen. Zudem erstrecken sich weite Ebenen mit lockerem gelbem Bimssand vor uns. In weichen Senken und tiefen Rinnen versinken unsere Stiefel bis zu den Knöcheln. Hin und wieder müssen wir auch kleine Gletscherflüsse queren, balancieren mal barfuß, ein anderes Mal in Wanderstiefeln, den Körper immer seitlich zur Strömung, damit die rauschenden Fluten möglichst wenig Angriffsfläche haben.

Trotz aller Widrigkeiten beim Gehen sind wir uns einig: Diese fremde Welt kann man nicht intensiver erleben als zu Fuß. Nur beim langsamen und achtsamen Unterwegssein kann die Seele Schritt halten und mir das Gefühl vermitteln, am richtigen Ort, zur richtigen Zeit zu sein, um alles, was Weite ist, in mich aufzusaugen. Es ist eine Weite ohne Maß, in der etwas Fremdes und gleichsam Beglückendes auf mich einwirkt. Manchmal weiß ich nicht, wie ich – nach der Reise – ohne diese Weite leben soll. Dann möchte ich am liebsten hier verloren gehen.

Einfach weg sein.

Nach jeder Stunde Fußmarsch machen wir eine Verschnaufpause. Der Zweck ist weniger eine allgemeine Regeneration, sondern vor allem Erholung für Füße und Fußgelenke, die auf dem zerrissenen Lavaboden arg strapaziert werden. Bei jeder zweiten Rast ziehen wir die Stiefel und Strümpfe aus, um zu verhindern, dass die Haut in den Schuhen feucht und weich wird. Auf diese Weise wollen wir Blasenbildungen verhindern. Wenn Christopher in den Pausen die Kameras und Objektive seiner Fotoausrüstung säubert, verliere ich mich gern in Tagträumereien und lasse meine Gedanken ganz zwanglos mit einem Blick zum Himmel treiben. Dort beobachte ich phantastische Teppiche aus Schäfchenwolken, so zart und fein wie Aquarellfarben auf einem feuchten Blatt Papier, dann sehe ich glühende Wolkenbänder, die gegen Abend im tiefsten Violett leuchten, oder zerfledderte Federwolken, tief hängende Quellwolken und blumenkohlförmige Haufenwolken, die uns immer wieder Aufschluss über das herannahende Wetter geben. Was wäre Island ohne Wolken!

Als sich eine Unwetterfront über uns auftürmt und schwere Wolkenbüschel die Wüste verschatten, fauchen ohne Vorankündigung heftige Böen heran, die sintflutartigen Regen bringen. An Zeltaufbau ist nicht zu denken. Blind vor Nässe stolpern wir über glitschiges Gestein und entdecken einen Felsüberhang, unter dem wir Schutz finden. Wenig später entlädt sich ein Gewitter von urzeitlicher Gewalt. Blitze zucken als blendende Lichtexplosionen übers finstere Gewölk, kleiden die Weite in gespenstische Farben und schlagen in eine nahe Kraterburg. Die Erde zittert, und der Donner grollt. Es ist, als würde Gewittergott Thor, gemäß den mythischen Religionsvorstellungen der alten Germanen, mit seinem Kampfwagen über den dunklen Himmel galoppieren und seinen Hammer Miölnir schwingen. Die ganze Nacht wütet das Unwetter. Dann, am frühen Morgen, ist es wie im Kino, wenn der Vorhang aufgeht: Milchige Nebelschwaden lichten und zerstreuen sich, fliegen als Schattengestalten in den Lüften davon, und aus grauem Wolkengebräu bricht quittengelbes Licht. Ganz allmählich nimmt die Landschaft wieder Konturen an, und am Himmel zeigt sich ein Blau, das fast trunken macht.

Gleichwohl ist uns immer wieder der Nebel auf den Fersen. Urplötzlich wirft er seinen grau-weißen Mantel über die Wüste und erweckt bizarre Gesteinsbrocken zum Leben, die in unserer Phantasie die Gestalt von Trollen und Kobolden annehmen. Und wenn die Stimmen des Windes noch hinzukommen und zwischen den zerschliffenen Lavabrocken wispern, ist es, als würde die karge Weite von Fabelwesen bevölkert, deren flüsternde Laute spukhaft durch den Nebeldunst dringen. Kein Wunder, dass an solchen Grauschleiertagen rasch Gruselstimmung aufkommt, die erst entschwindet, wenn die Gespenster des Nebels im Schein der Sonne wieder zu Stein erstarren.

Über den noch recht jungen Lavastrom Vikrahraun, der 1961 durch einen Ausbruch des Askja-Vulkans entstand, machen wir einen Abstecher zum Dyngjufjöll-Gebirge, das neben Hekla, Katla und Krafla zu den aktivsten Vulkanmassiven Islands zählt. Die Struktur des jungen Lavafeldes ist äußerst brüchig und mit Spalten und Verwerfungen übersät. Jeden Schritt tun wir auf der zerborstenen Erde mit größter Vorsicht, um nicht zu stürzen. Schließlich haben wir in den vergangenen Tagen eine Ahnung davon bekommen, wie sich die Odadahraun-Wüste anfühlt: grob, schroff und scharfkantig.

Die schwereren Packstücke, in denen das Faltkajak steckt, haben wir für den Abstecher unter einigen Felsbrocken deponiert; so sind wir beweglicher und können die 1510 Meter hohe Dyngjufjöll-Bergkette noch am gleichen Abend erreichen. Bei heißem Beuteltee blicken wir über eine grandiose Vulkanlandschaft, die bereits zur Eiszeit durch zahlreiche Eruptionen entstand. Zentrum dieses Kratergebirges ist die Askja-Caldera, die aus eigenem Ausbruchsmaterial besteht. Der fünfundvierzig Quadratkilometer große Einsturzkessel hat sich durch Bodeneinbrüche eines unterirdischen Magmareservoirs gebildet.

Nach ein paar Stunden Schlaf steigen wir weiter bergan. Über eine Erosionsrinne, in der einst glühende Magmaströme flossen, geht es zum Vulkan Askja, »Schachtel«. Der Name bezieht sich auf die Einsenkung des Kraterberges, die einer schachtelförmigen Vertiefung gleicht. Am 28. und 29. März 1875 kam es hier zu einem verheerenden Ausbruch. Gewaltige Explosionen führten zu einer Eruptionssäule, die bis zu dreißig Kilometer in den Himmel stieg. Über dem hundert Meter breiten Kraterloch »Viti« (Hölle) ballten sich riesige pechschwarze Dampfwolken. Noch zwei Tage nach dem Ausbruch gelangte das ausgeworfene Material über höhere Atmosphäreschichten bis nach Schweden und Norwegen, wo es als Ascheregen niederging. Noch heute sind große Flächen um den Askja-Vulkan von dem Ausbruch vor mehr als hundert Jahren geprägt. Besonders am kreisrunden Caldera-Kessel findet man Unmengen von tiefschwarzem Obsidian, einem Halbedelstein, der erst nach Abkühlung der kieselsäurehaltigen Lava sichtbar wird und den die Wikinger einst als Schmuckstück oder Orakelstein nutzten. Isländer nennen ihn heute »Hrafnttinna« (Rabenstein).

Von den Rändern der Kraterkessel sehen wir, dass die Schüsselböden in der Tiefe mit feinem Sand und grobem Schotter bedeckt sind. Die fast senkrechten Kraterwände, mit Nischen und Halbhöhlen durchzogen, wirken im Gegensatz zu den weichen, sanft abfallenden Außenwänden eher zerklüftet und rissig. Anhand geologischer Landkarten versuchen wir, geotektonische Vorgänge nachzuvollziehen, und stellen uns vor, wie das glühende Magma aus der Erde brodelte und sich riesige, kreisförmige Kessel bildeten, ehe alles erstarrte.

Nach fünf Anmarschtagen erreichen wir jenen Ort, an dem die schäumenden Fluten des Jökulsá á Fjöllum unter dem Eispanzer des Vatnajökull hervorkommen und sich mit Getöse einen Weg durch die Lavawüste bahnen. Erschöpft, aber glücklich werfen wir das Gepäck zu Boden und stecken zaghaft eine Hand ins Gletscherwasser. Es ist eiskalt. Ohne Schutzanzüge, die wir zum Glück dabeihaben, ist dieser Sturzfluss nicht zu befahren.

Die ganze Nacht hören wir durch die Zeltbahnen unseres Biwaks am Fuße des Vatnajökull das Getöse des kalbenden

Gletschers. An Schlaf ist kaum zu denken, wie sollen wir auch, wenn unsere Phantasie mit den Gefahren spielt, die da draußen in der lärmenden Dunkelheit auf uns warten: das ewige Eis mit seinen tückischen Spalten und Rissen, die Lawinen, der Nebel, der Sturm. Und könnte die Grimsvötn nicht jederzeit wieder ausbrechen?

Unruhe und Neugier treiben mich am frühen Morgen aus dem Zelt. Es ist erst kurz vor sechs. Draußen beißt mir eisiger Wind ins Gesicht und lässt die Augen tränen. Die Konturen der schwarzen Wüstenlandschaft Odadahraun zerfließen in milchigen Grauschleiern und hartnäckigem Nieselregen. Sorgenvoll schaue ich zum Dyngjujökull hinauf, eine Gletscherzunge des Vatnajökull, die als Quellregion des Jökulsá á Fjöllum gilt und die wir ausfindig machen wollen. Nur: Im Moment schwimmen die Eisbarrieren in einem dichten Grau, hinter dem ungeheure Dinge zu passieren scheinen. Manchmal höre ich es krachen und dröhnen. Manchmal zischt und gurgelt es wie bei einer überdimensionalen Kaffeemaschine, und hin und wieder klingt es wie das tosende Grollen einer fernen Brandung. Die Geräusche, kein Zweifel, stammen von dem kalbenden Gletscher, aber ich kann ihn nicht sehen. Alles ist grau in grau.

Enttäuscht krieche ich ins Zelt zurück. Christopher hat inzwischen Tee gekocht. Die Stimmung ist schlecht, denn der Tag, den wir uns zum Gletscheraufstieg so sonnig, klar und windstill vorgestellt haben, ist düster und verregnet. Wir können nur auf einen Wetterwechsel hoffen, gemäß einem isländischen Wahlspruch: »Wenn Ihnen das Wetter bei uns nicht gefällt, warten Sie bitte ein paar Minuten.« Doch diesmal dauert es länger. Für zwölf Stunden ist unser Bewegungsradius auf die Fläche eines Zweimannzeltes reduziert. Zwölf Stunden, in denen wir uns wie eingesperrt fühlen und die Enge bedrückt. Zwölf Stunden, in denen ich spüre, dass das Unterwegssein zu zweit auch seine Grenzen hat, und ich zur Schnecke werde, die sich in ihr Haus zurückzieht.

Tags darauf ist alle Tristesse verflogen, und die Gletscherläufe des Vatnajökull dehnen sich in einen strahlend blauen Himmel. Durch das Fernglas sehe ich zerklüftete Eisbrüche mit riesigen, zerworfenen Korridoren, wo alle paar Minuten Eismauern mit Klippen und Kuppen einbrechen, Lawinen neue Spalten aufreißen, manche so groß, dass ein ganzer Zug darin Platz finden könnte. Angesichts der gigantischen Gletscherbarriere, deren Schatten im wechselnden Licht wie Chimären wirken, ist unsere Furcht plötzlich so groß, dass sie nur durch Handeln zu ertragen ist. »Jetzt oder nie!«, sagen wir uns und packen die Rucksäcke für den Aufstieg.

Zwei Stunden später sind wir mit Steigeisen, Pickel und Rucksack unterwegs, steigen über ausgedehnte Eisteppiche, auf denen sich filigrane Ornamentik abzeichnet, während das Eis unter den Schritten ächzt und knirscht. Wir passieren markante Eiswälle, die steilen Kirchendächern oder Burgtürmen gleichen, staunen über kleine Seen, die wie blaugrüne Augen leuchten, und können uns nicht satt sehen am Panorama des Vatnajökull-Gletschers, dessen höchster Gipfel zweitausend Meter erreicht. Während Christopher begeistert fotografiert, gehe ich allein weiter, zwänge mich behutsam durch einen engen Schlund, als plötzlich der Boden unter meinen Füßen bricht. Wie ein Reißverschluss öffnet sich das Eis, und ich stehe am Rand einer Gletscherspalte, in deren Tiefe Schmelzwasserströme zum Gletscherrand rauschen. Von nun an bin ich in fortwährender Alarmbereitschaft.

Um Mitternacht liegen wir eng zusammengekauert im Biwak, das wir mit Eisschrauben am Gletscherboden festgezurrt haben. Für einige Stunden brausen heftige Sturmböen über uns hinweg. Es pfeift von allen Graten, und die bedrohlichen Klangfetzen fügen sich zu einem schaurigen Geheul zusammen. Eisnadeln kratzen an den Zeltbahnen. Schneestaub sprüht durch Nähte, und die Kälte des Gletschers dringt durch Schlafmatte und Schlafsack. Unsere Nerven werden derart strapaziert, dass das Getöse des Sturms und die nächtliche Helligkeit ein tückisches Reizvakuum hervorrufen. Trotz großer Erschöpfung versuchen wir, die Muskeln zu entspannen, was uns aber nicht gelingt. Die Balance von Gefühl und Verstand ist gestört. Und unsere verknäulten Gedanken, die sich wieder und wieder um die zerstörerische Kraft der Außenwelt drehen, können wir nicht bezwingen. Das wird wohl so bleiben, bis sich der Sturm beruhigt.

Am nächsten Tag zwingen wir unsere Gedanken in die Spur und erreichen den Gletscherpanzer des Kverkfjöll-Berges. Am Saum eines gewaltigen Schachtes, den heiße unterirdische Dämpfe in das Eis geschmolzen haben, schauen wir zum Grund eines siebzig Meter tiefen Gletscherloches, in dem Schmelzwasserbäche zusammenfließen und den Jökulsá á Fjöllum bilden. Am liebsten würden wir vor Freude losschreien, doch völlig geschafft sitzen wir nur da und blicken in die Tiefe, in der sich die Fluten des Gletscherflusses einen Weg hinaus in die Missetäterwüste suchen.

Zurück im Basislager setzen wir das hölzerne Skelett des Faltbootes wie ein Puzzle zusammen. Spanten und Leisten befestigen wir mit Lederriemen, ziehen den PVC- und Stoffmantel über das Gerüst und lassen das Kajak zu Wasser. Sobald wir das Gepäck im Boot verstaut haben, gleiten wir über den türkisfarbenen Quellsee des Jökulsá á Fjöllum, der von abfließendem Schmelzwasser und von den Eisblöcken genährt wird, die aus der gewaltigen Gletscherzunge des Dyngjujökull brechen, aufs Wasser hinaustreiben und allmählich schmelzen. An der Abbruchkante des Gletschers vorbei ergreift uns schnell der Sog des Flusses, der im Sommer pro Kubikmeter durchschnittlich zwei Kilogramm Sand und Schlamm mit sich führt. Unsere Körper stecken in wasserdichten Trockenanzügen, die uns vor dem eisigen Wasser schützen. Gleichwohl spüren wir das Strömen der Fluten durch die dünne Bootshaut. Wir fühlen jeden Impuls des Flusses, jede noch so kleine Regung. Und unsere Nerven enden nicht mehr an der Hautoberfläche, sondern setzen sich durch die Kleidung und die Außenhaut des Bootes fort. Halb dem Wasser ausgesetzt und halb dem Wüstenland, fühlen wir uns wie Amphibien.

Mehr als zweihundert Kilometer weit führt unsere Flussreise in Richtung Norden. Es geht durch enge Canyons und tiefe Schluchten, in denen die Fluten des Jökulsá á Fjöllum über stufenartige Felstreppen stürzen – erodierend, sedimentierend. In Wirbeln und Stromschnellen leisten wir Schwerstarbeit mit dem Doppelpaddel, und die Unberechenbarkeit des Flusses zwingt zu totaler Konzentration, wenn wir versuchen, das Boot im richtigen Winkel in die weiß schäumenden Wellenherden hineinzumanövrieren, in deren Zentrum ein beständiges An- und Abschwellen herrscht. Wenn die Strömung gleichmäßiger und ruhiger wird, wandern unsere Blicke über schroffe Felswände und grau-schwarze, verworfene Uferstreifen, in deren Gleichförmigkeit sich unsere Fortbewegung verliert. Dann wieder dehnt sich der Jökulsá á Fjöllum in eine weite Lavaebene. Ganz friedlich und still werden die Fluten auf einmal, und der Fluss »bereist« uns, zieht mit unseren Gedanken auf und davon. »Treibendes Denken« nenne ich diese Erfahrung, treibendes Denken über sich selbst, über Sinn und Unsinn des Lebens. Das wird respektieren, wer Verständnis dafür hat, dass Leben nicht nur aus Zweckerfüllung irgendwelcher Art bestehen kann.

Weiter flussabwärts kommen wir zum schönsten Vulkanberg Islands, dem Herdubreid, was so viel wie »breite Schulter« bedeutet. Und so sieht er auch aus: ein trapezartiger Tafelvulkan, der, einer mächtigen Trutzburg gleich, aus einer endlosen schwarzen Lavaebene ragt. Schon während der Eiszeit entstand dieser 1692 Meter hohe Vulkanberg durch eine Eruption inmitten eines Gletschers. Später setzten Basaltergüsse dem Berg eine Kappe auf, die heute von Firneis bedeckt ist. Seit der Zeit der Wikinger gilt der Gipfel dieses Berges in der germanischen Sagenwelt als Götterthron. Es ist der Hochsitz des nordischen Gewittergottes Thor. Völlig klar: Dort muss ich hinauf.

Während Christopher im Camp bleibt, wandere ich zur ringförmigen Felsbastei und suche eine Möglichkeit zum Aufstieg. An den Westwänden des Vulkans, den der deutsche Geologe Hans Reck 1908 erstmals erstieg, mache ich halt. Hier verläuft ein schräger Felseinschnitt zum Gipfelplateau hinauf, eine ehemalige Abflussrinne kochender Lava, deren schmalste Stelle achtzig Meter breit ist. In einem Winkel von bis zu fünfunddreißig Grad kraxele ich über loses Bruchgestein, das sich teils bis zur Hälfte der Felswand auftürmt. Mächtige Schutthalden sind hier im Laufe der Jahrhunderte herabgestürzt und liegen noch immer in dicken Schichten übereinander. Gleichwohl ist der Aufstieg nicht schwer, aber mühsam und schweißtreibend: drei Schritte bergauf, einer zurück. Schnaufend stolpere ich in schwarz-grauem Geröll. Am Gipfel entschädigt mich dafür ein phantastischer Ausblick. Ich sehe Labyrinthe aus Lavabrocken und ringförmige Felsrücken, die wie Schildkrötenpanzer wirken, blicke auf Gegenden mit ewig rollenden Namen wie Hljodaklettar, Raudhólar, Hafragilsfoss, Réttarfoss, Kollóttadyngja und erahne die ungefähren Grenzen der größten Lavawüste der Erde: Im Westen ist es der Fluss Skjálfandafljot, im Osten der Jökulsá á Fjöllum, im Süden der Vatnajökull-Gletscher und im Norden die Tafelvulkane Blafjáll und Sellandafjáll.

Einige Tage später, als wir hinter dem Selfoss-Wasserfall unser Kajak wieder ins Wasser setzen, treibt uns vermutlich Übermut und Abenteuerlust – denn nicht weit entfernt lauert eine unkalkulierbare Gefahr: der Dettifoss, einer der mächtigsten Wasserfälle Europas, der fast fünfzig Meter in die Tiefe stürzt. Ganz plötzlich wird hier der Fluss nach einer langgezogenen Biegung zu einem Ungetüm. Was wir sehen, erschreckt uns: Wirbelnde Schaumflocken liegen wie ein weißer Mantel über den brodelnden Fluten, und dort, wo sich die Fallkante vage in der weißen Gischt der Wasserschwälle abzeichnet, schillert eine Dunstwolke in allen Regenbogenfarben.

Im Zickzackkurs bugsieren wir das Kajak durch einen Steinfriedhof, Felsen mit scharfen Kanten schießen bedrohlich nahe an uns vorbei wie schwarz-braune Schatten, die wir nur aus den Augenwinkeln sehen. Und dann passiert es: Ein immenser Klotz wächst vor uns aus dem Wasser, und wir können ihm nicht mehr ausweichen. »Festhalten«, schreie ich noch, dann kippt das Kajak, schlägt um und legt sich quer. Die Wucht des Aufpralls reißt uns für Sekunden das Boot aus den Händen. Wellen schlagen über uns zusammen. Wir schnappen nach Luft und suchen Halt an dem Felsen, unter dem sich das Kajak verkantet. Als wir endlich – mitten im Fluss – festen Stand haben, binden wir uns ein Seil um die Hüften, mit dem wir uns, nach Art der Bergsteiger, gegenseitig sichern. Ein Fehltritt würde ausreichen, um von der reißenden Strömung mitgerissen zu werden. Ich möchte schreien, meine Ängste, meine Vorwürfe und meine Wut befreien. Wie, in Gottes Namen, soll es jetzt weitergehen? Wie kommen wir ans Ufer? Und: Ist das Faltboot überhaupt noch zu retten? Während die wilden Fluten uns unablässig an den Felsblock fesseln, füllt sich das Kajak immer mehr mit Wasser, sackt weiter und weiter ab. Uns bleibt schließlich keine Wahl: Wir müssen die Kunststoffhaut mit einem Messer aufschneiden und das Holzgerüst an einigen Stellen zerbrechen. Nur so können wir den Druck des Wassers auf das Boot verringern. Vage registriere ich Christophers skeptischen Blick, als ich mit einem Taschenmesser in die Bootshaut schneide und einige Holzspanten im Kajak löse. Äußerste Vorsicht ist geboten, denn der Fluss zerrt mit all seiner Wildheit an uns. Zwei Stunden stemmen, drücken und ziehen wir aus Leibeskräften an Bootshaut und Holzgerüst, das wir auf der flachen Oberfläche des Felsblocks ablegen, als plötzlich am Ufer eine hochgewachsene Gestalt auftaucht – mit roter, zerzauster Haarmähne und in braunem Schaffell. Der Mann sieht wie ein Wikinger aus. Nur die zerschlissenen Jeans lassen erkennen, dass er aus unserem Jahrhundert stammt. Ist es ein Schäfer oder ein Wanderer? Was auch immer ihn hierher verschlagen hat: Er ist für uns ein Geschenk des Himmels. Rasch werfen wir dem Rotschopf ein Seil zu, das er an einem Felsblock befestigt; und wenig später balancieren wir, eine Hand am Seil, unter dem anderen Arm alles, was wir an Bootsteilen retten können, ans Ufer. Dreimal gehen wir am Seil durch den weiß schäumenden Fluss hin und her, dann haben wir alle wichtigen Gerüstteile sowie die Bootshaut auf dem Trockenen, wo wir total verausgabt in den schwarzen Lavasand fallen, todmüde und unfähig, einen klaren Gedanken zu fassen. Alles ist nass, das Zelt, die Schlafsäcke, unsere Kleider. Selbst die wasserdichten Lebensmittelbeutel sind zerrissen. Ringsum liegen Haferflocken, Tütensuppen, Backobst und Teebeutel. Unsere Arme und Beine sind von Prellungen und Schürfwunden gezeichnet. Vor allem Christophers Hinterteil schmerzt so sehr, dass er die folgenden Nächte wohl nur auf dem Bauch verbringen wird. Und unser Retter? Wo ist er? Wir schauen uns um, können ihn aber nirgendwo entdecken, sehen nur Lava und Felsklötze, hören nur das Getöse des Flusses. Nie haben wir erfahren, wem wir unsere Rettung eigentlich verdanken.

Am nächsten Morgen beginnen wir gleich mit der Reparatur des Kajaks. Die gebrochenen Holzteile werden verschraubt, geleimt oder mit Lederriemen verknotet. Die beschädigte Außenhaut nähen wir mit Angelsehne zusammen. Bis spät in die Nacht arbeiten wir, ohne dass einer von uns es so recht bemerkt, weil die andauernde Helligkeit des isländischen Sommers einmal mehr die Nacht zum Tag macht.

Erst Tage später kommt es zur Fortsetzung unserer Flussfahrt, denn unterhalb des Dettifoss klafft ein gigantischer Erdspalt: der Canyon Jökulsárgljúfur. Fünfundzwanzig Kilometer zieht sich die »Gletscherflussschlucht« durch die Odadahraun-Wüste, bahnt sich der Jökulsá á Fjöllum seinen Weg an sechzig Meter hohen Felswänden vorbei, stürmt über zahllose Katarakte. Mit unserem beschädigten Boot ist diese Schlucht nicht zu befahren. Also treten wir zur »Portage« an, nehmen Kajak und Ausrüstung auf die Schultern und wandern über zerklüftete Blockmeere, bis sich der Canyon zu einem Tal mit terrassenförmig abgestuften Hängen weitet, in dem sich der Wind zwischen burgenartigen Felssäulen heulend verfängt. Diesen ungewöhnlichen Landstrich nennen die Isländer »Hljóðaklettar«, »Echofelsen«. Hier kam es vor achttausend Jahren zu heftigen Explosionen, durch die eine Vulkanspalte aufriss. Glühende Magmaströme stießen mit den Fluten des Ur-Jökulsá á Fjöllum zusammen, sodass es zu extremen Schmelzprozessen kam und sich phantastische Schlackekegel bildeten, die noch heute festungsartigen Gebilden gleichen.

Jenseits der »Echofelsen« verflacht die Lavawüste. Des Stürmens müde, schieben sich die graubraunen Fluten des Jökulsá á Fjöllum nur noch träge nach Norden und verästeln sich auf dem letzten Teilstück in ein Labyrinth mäandernder Flussläufe, bis hin zum Nordmeer. Dort angekommen, sitzen wir bis spät in die Nacht am Strand und schauen hinaus in die Weite der See. Keiner sagt ein Wort. Schweigend lauschen wir dem Rhythmus der Wellen. Es ist ein stetiges Kommen und Gehen, Einatmen und Ausatmen. Morgen wollen wir zum nächsten Bauernhof, der nur zwanzig bis dreißig Kilometer entfernt sein kann. Von dort geht es dann weiter im Bus nach Reykjavík und in ein paar Tagen nach Deutschland. Dort wird mich das Leben in der Großstadt bald wieder voll in Besitz nehmen und auch mein Handeln und mein Bewusstsein beeinflussen. Doch heute gehören wir noch dem Fluss, dem Meer und der Wüste.

# Von Timbuktu ins Land der Dogon

*Süd-Sahara ~ Mali ~ 1980*

Im westafrikanischen Staat Mali, wo Dünen,
Sand und Trockensteppen den Süden der Sahara
bilden, liegen drei phantastische Forschungsziele, die
seit Beginn der Entdeckungsreisen Wissenschaftler
und Abenteurer angezogen haben: der Niger,
Afrikas drittgrößter Strom, der in einem weiten
Bogen durch die größte Wüste der Erde fließt, das
sagenumwobene Timbuktu und das Gebirgsmassiv
von Bandiagara, wo die Dogon leben, ein rätselhaftes
Volk, das ein uraltes Erbe bewahrt.

*Am Abend kamen wir glücklich in Timbuktu an.*
*So sah ich also die Hauptstadt des Sudan, die schon so*
*lange das Ziel meiner Träume gewesen war, zum*
*ersten Mal im Licht der untergehenden Sonne. Ein*
*unbeschreibbares Glücksgefühl bemächtigte sich*
*meiner, als ich diese sagenumwobene Stadt betrat, die*
*schon so viele europäische Nationen erforschen woll-*
*ten. Niemals zuvor hatte ich eine solche Zufrieden-*
*heit verspürt. Ich war außer mir vor Freude.*

René Caillié, Reise nach Timbuktu

Wie ausgestoßen aus der Welt liegt Timbuktu in braun-gelbem Wüstenland: eine Stadt aus Lehm und Sand, umspannt von leerer Weite, über der die Hitze flimmert, eine Stadt, dessen sagenumwobener Name mir schon seit meiner Kindheit im Kopf herumgeistert. Damals las ich – aus dem großen Bücherschrank meines Großvaters – die Reiseerzählungen des Franzosen René Caillié und des deutschen Historikers und Naturforschers Heinrich Barth, die im 19. Jahrhundert zu den ersten Europäern zählten, die nach Timbuktu kamen. Heimlich, mit einer Taschenlampe unter der Bettdecke, verschlang ich diese abenteuerlichen Berichte, träumte von der afrikanisch-arabischen Phantasiewelt und von Timbuktu, der Wüstenstadt, von der die Sage erzählt, dass die Dächer ihrer Häuser einst mit Gold gedeckt gewesen seien. Nun, viele Jahre später, bin ich von Algier, im Norden Algeriens, in den Süden Afrikas gereist. Mit Bussen und Lkws fuhr ich auf der Trans-Sahara-Route über die Oasenstädte Tamanrasset und Gao. Sieben Tage bin ich unterwegs gewesen, ehe ich im Flimmern der Wüste die schemenhaften Umrisse von Timbuktu erkenne. Die Stadt besteht aus würfelförmigen Lehmhäusern, die mit holzgeschnitzten, messingbeschlagenen Türen und Fensterläden versehen sind. Seit Jahrhunderten sind diese mehrstöckigen Gebäude dem Wind, der Sonne und dem Sand ausgesetzt und haben den Glanz früherer Zeiten längst verloren.

In einem kleinen Gasthaus beziehe ich Quartier. Abdu, ein dunkelhäutiger und schlanker Tuareg von etwa sechzig Jahren, der mit langsamen Schritten vorausgeht, als ob er Mühe hätte, sein Gleichgewicht zu halten, zeigt mir das Zimmer. Es besteht aus bröckeligen Lehmmauern. Der Fußboden ist mit Sand bedeckt, zwei geflochtene Matten liegen darauf. Kein Tisch, kein Stuhl, keine Lampe. Auch Strom und Fenster gibt es nicht. Stattdessen teile ich die Behausung mit Eidechsen und Kakerlaken. Gleich nach dem Frühstück – es gibt Hirsebrei, Fladenbrot, Marmelade und Tee – mache ich mich auf, die Stadt zu erkunden. Ich gehe durch enge, verwinkelte Gassen, schmale Durchgänge und steinerne Torbögen, sehe ausgedörrte Flachbauten und wuchtige, mehr als fünfhundert Jahre alte Moscheen, die als Wahrzeichen Timbuktus gelten. Vor allem die Djingareiber-Moschee ist ein Paradebeispiel für die sudanesische Lehmarchitektur. In seiner heutigen Form geht der Bau auf das 14. Jahrhundert zurück. Wie riesige Zeigefinger recken sich ihre zuckerhutförmigen Minarette in den Himmel. Die Besichtigung der Moschee kostet mehrere hundert Francs. »Schließlich ist dies ein heiliger Ort«, erklärt mir ein offenbar übernächtigter Mann, der unablässig gähnend die Hand vor den Mund hält, während er mich ins Innere der großen Moschee führt, wo es angenehm kühl ist. Die aus Lehm gestampfte Decke der Gebetshalle wird von einem ganzen Säulenwald getragen. Auf dem Sandboden liegen Bastmatten und Teppiche für die Gläubigen. Leere und Stille wirken in dem dämmrigen Licht fast gespenstisch. Und wenn ich die Augen schließe, habe ich das Gefühl, als würde ich das Murmeln der Muslime hören.

Schließlich geht es weiter in der Geometrie des staubigen Gassen- und Straßenlabyrinths. Ich bestaune kunstvolle Häuserfassaden, hinter denen einst vermögende Kaufleute wohnten und die noch heute an jene märchenhafte Zeit erinnern, als der andalusische Architekt und Dichter Es Saheli diese Wohnstätten im 14. Jahrhundert bauen ließ. Gleichwohl begegnen mir auch Vergänglichkeit und Zerfall. Manche Häuser, in denen niemand mehr wohnt, wirken wie gestrandete Wracks, die ruinenartig aus dem Flugsand ragen. Die Mauern sind vom Einsturz bedroht und zerbröseln zu jenen Stoffen, aus denen sie gefertigt wurden. Selbst die Menschen Timbuktus, die dem gefräßigen Sand und dem hartnäckigen Wind trotzig Widerstand leisten, haben gegen die ungeheure Bewegungsenergie der sich unablässig ausdehnenden Wüste kaum eine Chance. Mit ihren langen Flugsandtentakeln greift sie mitten in die Stadt hinein und erobert zurück, was ihr einst gehörte.

Kaum mehr als zehntausend Menschen leben heute in Timbuktu. Längst hat die Moderne hier Einzug gehalten. Doch trotz Stromleitungen, klappriger Autos – wobei das Benzin sehr viel mehr kostet, als mancher hier in einem Monat verdient – und übel riechender Müllberge habe ich in manchen Stadtteilen das Gefühl, als hätte ich einen Sprung an ein anderes Ufer der Zeit gemacht. In solchen Augenblicken entstehen vor meinem geistigen Auge Bilder einer märchenhaften Wüstenstadt, in der es einst hundertachtzig Koranschulen gab, dreihundertdreiunddreißig Heilige und eine Universität, deren Fakultäten für Astronomie, Recht, Mathematik und Medizin weithin berühmt waren – und in der hunderttausend Menschen wohnten, die regen Handel mit Städten wie Marrakesch, Fes und Kairo trieben.

Dabei war »Tin Buktu«, was in der Tuareg-Sprache »der Brunnen der Wächterin mit dem großen Nabel« bedeutet, um das Jahr 1000 nicht mehr als ein Sammel- und Beuteplatz wilder Nomaden. Erst später, im 14. Jahrhundert, erlebte Timbuktu eine Zeit der Hochblüte. Als religiöses Zentrum und kultureller Mittelpunkt Westafrikas fiel es schließlich unter den Herrschaftsbereich von König Kankan (Mansa) Mussa (1312–1337), dessen enormer Reichtum die arabische Welt fast in eine Wirtschaftsdepression stürzte, als er – während einer Pilgerreise nach Mekka – die Höflinge in Kairo mit ungeheuren Mengen Gold beschenkte, sodass in Ägypten der Preis des gelben Metalls für zehn Jahre ins Bodenlose fiel. 1591 wurde Malis märchenhafte Handelsmetropole von den Marokkanern erobert, die die geistige Elite der Bewohner verschleppten und töteten. Als die Franzosen dreihundert Jahre später (1894) Timbuktu einnahmen, waren die sagenhaften Taten des Wüstenkönigs Kankan Mussa nur noch ferne Erinnerung. Heute leben in Timbuktu Malinesen, Marokkaner, Syrer, arabische Kaufleute und auch die Nachkommen der Tuareg. In ihren wallenden Gewändern sind sie nach wie vor ein faszinierender Blickfang und nähren den Mythos der »blauen Wüstenritter«, die ehemals als wildestes Volk der Wüste galten. Jahrhundertelang beherrschten sie das Universum der Sahara, pendelten mit ihren großen Karawanen zwischen Marokko, Mauretanien, Mali, Niger, Algerien und Libyen und transportierten Gewürze, Datteln, Salz, Tee, Gold und Sklaven. Kein Weg oder Pfad in der größten Wüste der Welt war ihnen unbekannt, wobei sie sich an der Sonne, an den Sternen und an markanten Punkten in der kargen Landschaft orientierten.

Tuareg, die mir auf meinen Streifzügen durch Timbuktu begegnen, sind in lange Gewänder eingehüllt, die Gesichter verbergen sie hinter einem indigoblauen Baumwollschleier, dem Tagelmust. Wenn sie plaudernd an mir vorbeischlendern, höre ich fremdartige Worte: Tamaschek, die Sprache der Tuareg, von der acht lokale Dialekte bekannt sind und die von Forschern mit der Berbersprache in Verbindung gebracht wird. Ihre Schrift, das Tifinar, die aus fünfundzwanzig Schriftzeichen besteht, geht hingegen auf ein altlibysches Alphabet zurück. Sich selbst nennen die Tuareg »Imohag«, was so viel wie »die Freien« oder »die Unabhängigen« bedeutet.

Doch wirklich frei sind die Tuareg heute nicht mehr. Ihr Stolz und Mut ist längst vom täglichen Existenzkampf zermürbt. Technisierung, Flugzeuge und der Ausbau von Pisten und Straßen, auf denen nun die Lkws schwere Lasten befördern, nahmen den Tuareg die Existenzgrundlage des Trans-Sahara-Handels. Nur noch selten kommen heute Tuareg-Karawanen nach Timbuktu, die Hirse und andere Nahrungsmittel aus dem westafrikanischen Süden oder schwere Salzfracht aus den achthundert Kilometer nördlich gelegenen Salzminen von Taoudeni bringen. Auch scheiterten fast alle Bemühungen der Regierung, die Tuareg zu sesshaften Ackerbauern zu machen. »Wir kommen und gehen mit dem Wind«, erklärten sie und beharrten auf jahrtausendealten Nomadentraditionen. Doch als der saisonale Regen immer unregelmäßiger fiel, die Dürreperioden härter wurden und viele Tuareg ihre Herden verloren, zogen viele Nomadenfamilien auf der Suche nach Arbeit an den Rand von Timbuktu. Dort siedelten sie sich in primitiven Notunterkünften an, ohne jegliche sanitäre und hygienische Versorgung – und wurden zum sozialen Problem des Staates. Es kam, was kommen musste: Timbuktu geriet in den Sog eines Bürgerkriegs, in dem Tuareg-Nomaden gegen malinesische Regierungstruppen kämpften. Erbarmungslos gingen die Soldaten der Staatsarmee, deren Vorfahren zum überwiegenden Teil Sklaven der Tuareg gewesen waren, gegen das Nomadenvolk vor, um sich an den ehemaligen Menschenhändlern zu rächen – und der Sand der Wüste tränkte sich mit Blut.

Mittlerweile leben etwa eine Million Tuareg auf vier Sahelstaaten (Mali, Niger, Algerien, Libyen) verteilt, doch einen eigenen Staat für die Tuareg duldet bislang keine Regierung Afrikas.

Wer heutzutage nach Timbuktu kommt, um nur zu schauen, was diese uralte Stadt noch an Kulturschätzen zu bieten hat, wird von der herben Realität enttäuscht. Nur wer offen ist für das »andere«, das »imaginäre« Timbuktu und die legendäre Wüstenstadt mit Phantasien und Träumen ausfüllt, dem begegnet die magisch-mystische Vergangenheit auf Schritt und Tritt – vor allem in der Altstadt, wo ich das Haus des schottischen Majors Gordon Laing besuche, der im August 1826 nach Timbuktu kam. Eine Gedenktafel erinnert hier an den ersten Europäer, der als einziger Überlebender einer britischen Expedition die Sahara durchquerte, ehe er in die sagenumwobene Wüstenstadt kam. Sein Einzug in Timbuktu war eine einzige Provokation, die ihn Wochen später, auf der Rückreise, das Leben kostete, als seine arabischen Begleiter ihn erstachen.

Einige Schritte weiter weist eine Bronzetafel an einem Lehmhaus auf den Hamburger Historiker und Naturwissenschaftler Heinrich Barth hin, der sich in der saharischen Welt Abd el-Kerim nannte, »Diener des Allerhöchsten«. Seine ausgedehnte Forschungsreise, die von 1849 bis 1855 dauerte, machte ihn zum bedeutendsten deutschen Afrikaforscher. Am 7. September 1853 gelangte er in die legendäre Wüstenstadt am Niger. *Endlich erblickte ich die Stadt Timbuktu,* schreibt Barth in seinem Tagebuch »Reisen und Entdeckungen in Nord- und Central-Afrika«, das dreieinhalbtausend Seiten umfasst. *Uns kam eine Schar von Leuten entgegen, um die Fremden zu begrüßen. Es war dies ein bedeutungsvoller Augenblick. Die geringste Blöße, die ich mir gab, der geringste Argwohn, den die bewaffnete Schar gegen mich fasste, konnte mir den Eintritt in die Stadt unmöglich machen und mich ins Verderben stürzen. Ich setzte mein Pferd in Galopp und sprengte, meine Flinte in der Hand, voraus, um die Entgegenkommenden zu begrüßen. (...) So näherten wir uns der Stadt;*

*aber ihre dunklen, schmutzigen Tonmassen, die eben nicht von*
*hellem Sonnenschein beleuchtet wurden – denn der Himmel*
*war dick überzogen und die Atmosphäre mit Sand erfüllt –,*
*waren kaum von dem Sande und dem rund umher aufge-*
*häuften Schutte zu unterscheiden.* Acht Monate blieb Heinrich Barth in Timbuktu, wo er forschte und erkundete, sam-
melte und notierte. Goldene Paläste fand er nicht, dafür aber
einen nostalgischen Ort, dessen Name einst ein Zauberwort in
aller Welt war, der die Phantasie beflügelte und über Jahrhunderte Forscher, Abenteurer und Glücksritter anlockte.

Schließlich suche ich das Haus, in dem der Franzose René
Caillié (1799–1839) einst wohnte. Er war ein junger Einzel-
gänger aus der Provinz, der in der Verkleidung eines arabischen Pilgers nach Timbuktu kam. Elf Tage blieb Caillié in
der heiligen Stadt, ehe er nach Frankreich zurückkehrte und
von seinen Entdeckungen und Erkundungen berichtete. Auch
nach stundenlangem Herumirren kann ich Cailliés Haus nicht
finden und muss schließlich erfahren, dass es zerstört wurde.
Mittlerweile ist es wieder historisch getreu aufgebaut worden.
Doch bei meinem Besuch ist davon noch nichts zu sehen. Also
ziehe ich mich mit seinem Buch »Voyage à Tombouctou«
(»Reise nach Timbuktu«), das ich im Rucksack mit mir führe,
auf das begehbare Dachgeschoss meiner Pension zurück.
Dort liegt mir Timbuktu zu Füßen, erstreckt sich bis zu den
wellenförmigen Sanddünen am Horizont. Auf einer Decke
mache ich es mir bequem, blättere in Cailliés abenteuerlichem
Reisebericht und lese jene Textpassagen, in denen er von seiner Ankunft in der legendären Stadt berichtet.

*Am 20. April (1828) um halb vier machten sich die Leute*
*von Sidi-Abdallahi Chebir und ich Richtung Norden auf den*
*Weg nach Timbuktu. Die Sklaven, die an Bord gewesen wa-*
*ren, kamen mit uns, sodass wir eine ansehnliche Karawane*
*bildeten. Die jüngsten Sklaven setzten wir auf Esel, denn die*

*Piste war sehr sandig und deshalb recht anstrengend. In der Nähe von Kabara stießen wir auf zwei kleine Teiche, an deren Ufern 5–6 Fuß hohe Mimosen wuchsen. Auch etwas weiter fanden wir zu unserer Freude eine, wenn auch nur spärliche Vegetation. Doch leider ist nur die Hälfte der Strecke so beschaffen. Der restliche Weg verläuft in einer viel kärglicheren Gegend und der weichere Sand macht das Vorwärtskommen sehr beschwerlich. Auf dem Weg verfolgte uns ein räuberischer, ungefähr fünfzig Jahre alter Targi. Er ritt ein großartiges Pferd und wollte sich eines jungen Negersklaven bemächtigen. Sidi-Abdallahi Chebirs Leute erklärten ihm aber, dass der Sklave ihrem Herrn gehöre, der ihm bei ihrer Ankunft in Timbuktu sicherlich etwas schenken werde, wenn er ihn denn aufsuche. Die Aussicht auf ein Geschenk beruhigte den Targi, sodass er endlich seine Belästigung einstellte. Er beobachtete mich aber genau und fragte mehrmals meine Begleiter, wer ich sei und woher ich komme. Als man ihm versicherte, dass ich sehr arm sei, gab er die Hoffnung auf, irgendetwas von mir zu erhalten.*

*Am Abend kamen wir glücklich in Timbuktu an. So sah ich also die Hauptstadt des Sudan, die schon so lange das Ziel meiner Träume gewesen war, zum ersten Mal im Licht der untergehenden Sonne. Ein unbeschreibbares Glücksgefühl bemächtigte sich meiner, als ich diese sagenumwobene Stadt betrat, die schon so viele europäische Nationen erforschen wollten. Niemals zuvor hatte ich eine solche Zufriedenheit verspürt. Ich war außer mir vor Freude. Um meine Fassung wiederzuerlangen, richtete ich meine Gedanken auf Gott und dankte ihm inbrünstig für den Erfolg, mit dem er mein Unternehmen jetzt gekrönt hatte. Wie sollte ich ihm je für seine nie enden wollende Hilfe bei so vielen unüberwindbar scheinenden Hindernissen und Gefahren danken? Als sich aber die erste Begeisterung gelegt hatte, musste ich feststellen, dass sich mir ein ganz* anderes Bild darbot, als ich es erwartet hatte: Ich hatte mir von der Ausdehnung und dem Reichtum der Stadt eine viel großartigere Vorstellung gemacht, als es der Wirklichkeit entsprach. Auf den ersten Blick sah ich nur schlecht gebaute Lehmhäuser und um die Stadt herum riesige, wüstenhafte Ebenen mit gelblich-weißem Sand, die bis zum Horizont reichten, der in ein blassrotes Licht getaucht war. Eine bleierne Stille lag über der traurigen Landschaft, nicht ein einziger Vogel war zu hören. Dennoch war es irgendwie beeindruckend, eine so große Stadt mitten in der Wüste erbaut zu sehen, und die Anstrengungen ihrer Gründer verdienen Bewunderung. Ich vermute, dass früher der Niger nahe an Timbuktu vorbeifloss; heute nimmt er seinen Lauf 8 Meilen nördlich der Stadt.

Ich nahm meine Wohnung bei Sidi-Abdallahi, der mich wirklich väterlich aufnahm. (…) Er lud mich zum Abendessen ein, es gab ein sehr gutes Couscous mit Hirse und Hammelfleisch. Wir saßen zu sechst um den Topf herum und aßen – so sauber, wie es irgend ging – mit den Fingern. (…) Nachdem ich mich nach dem Essen von meinem Gastgeber verabschiedet hatte, legte ich mich auf einer Matte, die man auf dem Boden meiner neuen Unterkunft ausgebreitet hatte, zur Ruhe. In Timbuktu sind die Nächte so heiß wie die Tage. So hielt ich es im Zimmer nicht aus, sondern richtete mich im Hof ein. Aber auch hier fand ich bei der drückenden Hitze keinen Schlaf. Kein Lüftchen brachte Erfrischung. Seit Beginn meiner Reise hatte ich mich nicht so unwohl gefühlt.

Am nächsten Morgen suchte ich zuerst meinen Gastgeber auf, der mich freundlich begrüßte. Dann unternahm ich einen Spaziergang in die Stadt, um sie näher kennen zu lernen. Sie war weder so groß noch so bevölkert, wie ich es erwartet hatte. Auch das Handelsaufkommen ist nicht so bedeutend, wie man sich erzählt. Man sieht lange nicht so viele Fremde wie beispielsweise in Djenné. Nur die Kamele, die mit den Waren be-

*laden waren, die die Schiffe nach Kabara* (einem Timbuktu vorgelagerten Hafenort) *gebracht hatten, durchzogen die Straßen. Einige Bewohner hockten auf Matten und unterhielten sich, zahlreiche andere schliefen im Schatten vor ihrer Tür. Kurzum: Alles atmete tiefe Traurigkeit. Die geringe Aktivität, um nicht zu sagen Faulheit und Bequemlichkeit, überraschten mich. Lediglich einige Kolanusshändler priesen wie in Djenné laut schreiend ihre Ware an. (…) Timbuktu hat wohl drei Meilen Umfang. Die Stadt bildet eine Art Dreieck. Die Häuser sind flach, aber geräumig. Bei manchen befindet sich über der Eingangstür noch ein kleines Zimmer. Runde Ziegel, die mit der Hand geformt und in der Sonne getrocknet werden, bilden das Baumaterial. (…) Die Straßen von Timbuktu sind sauber und so breit, dass drei Reiter nebeneinanderher reiten können. Innerhalb und außerhalb der Stadt sieht man zahlreiche Strohhütten wie die der Fulbe-Hirten. Es sind die Behausungen der Armen und Sklaven, die für ihre Herren Handel treiben.«*

Wie zur Zeit von René Caillié erwacht das Leben in Timbuktu auch heute ganz früh am Morgen, noch vor Sonnenaufgang. Großgewachsene, graziöse Frauen backen dann in archaischen Lehmöfen die typischen Fladenbrote. Wenn man sie isst, knirscht der eingebackene Sand zwischen den Zähnen. Zudem stampfen die Frauen mit Mörser und Holzstößel Hirse fürs Frühstück, und in der Luft wabert ein dumpfes, rhythmisches Geräusch, nicht anders als vor tausend Jahren. Gegen Mittag, wenn die Sonne am höchsten steht, bläst zumeist der warme Wind in dicken Schwaden durch die labyrinthartigen Gassen. In jede Ritze und jeden Winkel dringt er ein und macht die Hitze noch erbarmungsloser. Wie ausgestorben wirkt nun die Stadt. Nichts rührt sich. Die Zeit bleibt stehen, und es ist, als würde alles den Atem anhalten. In solch einer Stille begreift man, warum die Abwesenheit von Schall manchmal geradezu als ohrenbetäubend empfunden werden kann.

Erst am Abend, wenn die Dämmerung den Himmel in die herrlichsten Farben taucht und etwas kühlere Luft in die Stadt weht, erlebe ich die vielstimmige Lebendigkeit Timbuktus. Männer in schwarzen und weißen Gewändern treten aus ihren Häusern und spazieren in kleinen Gruppen, oft Hand in Hand, durch die staubigen Straßen. Lehmmauern leuchten dann im sanften Gelb der letzten Sonnenstrahlen, gewinnen ihre mystische Ausstrahlungskraft zurück, und im quirligen Getümmel des Marktplatzes, wo an kleinen Feuerstellen der Tee die Runde macht, tut die afrikanisch-arabische Wunderwelt ihre Wirkung. Hier erlebe ich Stunden, in denen ich mich dem morbiden Charme Timbuktus nicht entziehen kann. Es sind Stunden, in denen die legendäre Vergangenheit lange Schatten wirft und noch einmal lebendig wird.

Eine Woche bleibe ich in Timbuktu, dann reise ich mit einer einbaumähnlichen Pinasse, dem traditionellen Gefährt der Malinesen, auf dem Niger flussabwärts. Seit fast tausend Jahren haben sich die fünfzehn bis zwanzig Meter langen Boote, mit denen die Einheimischen alle möglichen Lasten transportieren, kaum verändert. Bug und Heck bestehen aus zwei zusammengefügten Teilen. Die Zwischenräume werden mit feuchtem Sackleinen, Teer und Schmieröl abgedichtet. Für den Antrieb sorgen große Rahsegel, lange Stakstangen oder (neuerdings) ein Motor, der jedoch umgerechnet dreitausend Euro kostet – so viel wie ein ganzes Schiff.

Mit der aufgehenden Sonne geht es nach Süden. Ich will nach Mopti, einem wichtigen Handelsplatz am drittgrößten Strom Afrikas, und von dort zu Fuß durch die südliche Sahara, hinein in das Innere der Republik Mali, zum Gebirgsmassiv von Bandiagara, das als Zufluchtsstätte der animistischen Dogon gilt. Dieses Urvolk des Schwarzen Kontinents aus prähistorischer Zeit flüchtete einst vor den kriegerischen Tuareg und den Armeen der großen westafrikanischen Reiche in die abgelegene Bergwelt Malis, wo es seine jahrtausendealte Tradition und Glaubensvorstellung bis ins 21. Jahrhundert bewahren konnte.

Es ist schon eine seltsame Sache, mit einem Schiff durch die Wüste zu fahren. Der Niger, der mitten durch die Wüste fließt, wird von den Völkern Westafrikas in mehr als zwei Dutzend Sprachen als »Vater der Ströme« bezeichnet: Die Peulh-Nomaden sprechen vom »Mayo«, die Bambara-Bauern und Bozo-Fischer vom »Djoliba«, die sesshaften Songhay vom »I-ssa Ber«, und die arabischen Wüstennomaden nennen ihn »Ghirnigheren«, »Fluss der Schwarzen«. Er entspringt in Guinea am Bergmassiv des Futa-Djalon, in der Nähe des 9. Breitengrades, und fließt in einem großen Bogen durch die südliche Sahara, ehe er nach 4200 Kilometern am Golf von Guinea in den Atlantik mündet. Auf seinem langen Weg bis zur Mündung trägt der Niger nicht nur viele phantasievolle Namen, sondern zeigt auch Charakter und Vergangenheit – denn in einer Zeit, als in Europa gerade das finstere Mittelalter anbrach, entstanden an den Ufern dieses Flusses die großen, hoch entwickelten westafrikanischen Reiche Ghana, Mali und Songhai. Und als einige Jahrhunderte später unsere Geographen ihre Unkenntnis des Niger mit frei erfundenen Schilderungen blutrünstiger Monster bemäntelten, die in kochend heißen Fluten ihr Unwesen treiben sollten, stützten sich diese mächtigen Staatswesen längst auf große Armeen, hatten funktionstüchtige Verwaltungen etabliert und trieben regen Handel mit Städten wie Fes, Kairo, Mekka und Genua. Doch was ist aus der ruhmreichen Vergangenheit geworden? Heute gehört Mali zu den ärmsten Ländern der Erde. Seit Jahrzehnten blieb hier der Regen immer wieder aus, die Dürre versengte die Felder, und ohne Ernten gab es Hungersnöte. Dabei hat sich am unbeständigen Rhythmus von Trockenheit und Regen grundlegend nichts geändert. Verschlechtert hat sich aber die Fähigkeit der Menschen, auf die Eigenarten des Klimas zu reagieren. Hinzu kommt der Kollaps traditioneller sozialer und wirtschaftlicher Systeme, die nicht mehr mit den Widrigkeiten der Natur fertig werden, sodass Trockenperioden in immer kürzeren Abständen zu Dürre- und Hungerkatastrophen führen.

Kilometer um Kilometer bewegt sich die Pinasse völlig lautlos auf dem Niger, vorbei an kargen Ufern ohne jeden Baum und Strauch, wo gelbe Sanddünen bis an den Fluss heranreichen. Nur hin und wieder sieht man ein paar Schirmakazien, einige Doumpalmen, rote Termitenhügel oder eine Herde Flusspferde. Die dreiköpfige Crew, die auf der Pinasse nur mit Lendentüchern oder Shorts bekleidet ist, treibt den schwergewichtigen Lastenkahn mit langen Stakstangen stromaufwärts oder nutzt die Wüstenwinde, die zuweilen das hoch aufragende Rahsegel füllen. Immer tiefer geht es auf den trägen Nigerfluten ins Sahelland hinein, jenen berühmt-berüchtigten Trockengürtel, der sich zwischen dem 12. und 18. Breitengrad über den afrikanischen Kontinent erstreckt und von Westen nach Osten vier Millionen Quadratkilometer umfasst – er ist fünftausend Kilometer lang und etwa dreihundert Kilometer breit. Seinen Namen erhielt der Sahelstreifen von frühen arabischen Karawanenführern, die nach der Durchquerung des Wüstenmeers von Norden nach Süden die ersten Anzeichen von Vegetation als »Sahel« bezeichneten, was so viel wie »Ufer« bedeutet. In dieser Region geht die Vollwüste in die Trockensavanne über, in der einst ein ausgedehnter Pflanzengürtel wuchs, der aber durch das Ausbleiben des lebensnotwendigen Regens schließlich verkrüppelte. Ganze

Viehherden und Felder fielen der Dürre zum Opfer, und Hunderttausende von Menschen starben. Angesichts derart dramatischer Geschehnisse erscheint es beinahe grotesk, dass der wasserwälzende Niger mitten durch das karge Land des »Sahel« fließt. Jahrhundertelang zerbrach man sich in Europa über diesen Fluss den Kopf, und Gelehrte wie Reisende tappten über seinen Lauf im Dunkeln. Lange Zeit beschränkte sich das Wissen über den Schwarzen Kontinent nur auf das nördliche Afrika – und die Kenntnisse über den Süden reichten nicht aus, um sich ein realistisches Bild von der Welt jenseits der Sahara zu machen. Erst mit Beginn des 18. Jahrhunderts interessierte man sich lebhafter für die unerforschten Regionen Afrikas. Im Juni 1788 wurde in London die »African Association« (Afrikanische Gesellschaft) gegründet, die sich die systematische Erkundung Afrikas zum Ziel gesetzt hatte.

Ein paar Jahre später trat ein vierundzwanzigjähriger schottischer Arzt namens Mungo Park in die Dienste dieser Gesellschaft, um das Geheimnis um den Lauf des Niger zu enträtseln, an dessen Ufer auch das sagenumwobene Timbuktu liegen sollte. 1795 segelte Mungo Park von England zur Westküste Afrikas und reiste etwa dreihundert Kilometer den Gambia-Fluss aufwärts zu einer britischen Handelsniederlassung. Dort lernte er Mandingo, die Sprache der Eingeborenen, ehe er weiter ins Landesinnere vordrang. Dort geriet er in die Gefangenschaft eines kriegerischen Stammesfürsten, aus dessen Gewalt er erst Wochen später entkommen konnte. Ende Juli 1798 erreichte er endlich den Niger und reiste hundertsechzig Kilometer stromabwärts, wobei ihm die Regenzeit große Schwierigkeiten bereitete: *Am 5. August (...) war das Land so überschwemmt, dass ich oft in Gefahr geriet, den Weg zu verlieren, und in den Savannen ganze Meilen weit bis an die Knie im Wasser waten musste. Selbst das Kornland, das in dieser Gegend immer das trockenste ist, war so vom Wasser durchweicht, dass mein Pferd zweimal im tiefen Schlamm steckenblieb und nur mit der größten Mühe herausgezogen werden konnte. (...) Das Wasser war so hoch angestiegen, dass ich an einigen Stellen kaum durchkommen konnte. Ich watete bis zu einem kleinen Dorf, wo ich für 100 Kauries von einigen Fullahs Korn genug für mein Pferd und Milch für mich bekam.*

Als Mungo Park erneut von Eingeborenen überfallen wird, die ihm Waffen und Kleider rauben, trennen ihn achthundert Kilometer von der nächsten europäischen Niederlassung. Dennoch schlägt er sich durch die Wildnis, trotzt Krankheit, Hunger und Durst und erreicht im Juni 1797 die Handelsstation am Gambia. Wieder in England, veröffentlicht er einen ausführlichen Reisebericht über seine Afrika-Expedition, in dem er die Vermutung aufstellt, dass der Niger nach vielen Umwegen als Kongo in den Atlantischen Ozean fließt. Um diese Behauptung zu beweisen, unternimmt er 1805 eine zweite Afrikareise. Als Leiter einer gut ausgestatteten Regierungsexpedition, die von dreißig europäischen Soldaten begleitet wird, gerät er aufs Neue in die Regenzeit. Das ganze Land verwandelt sich in einen einzigen Sumpf, und die schwüle Hitze wird unerträglich. Große Überschwemmungen, heftige Wirbelstürme und Fieber plagen die Expeditionscrew. Und als Mungo Park am 19. August bei der Stadt Segou zum zweiten Mal auf die Fluten des Niger trifft, sind nur noch sechs Soldaten bei ihm. Zwei Monate später, Mitte November, schickt Mungo Park einen Farbigen zur britischen Handelsniederlassung am Gambia. In einem hohlen Stab befinden sich mehrere Schriftrollen mit Berichten von der Expedition, darunter auch ein Brief an seine Freunde, in dem er schreibt: *Nun überlasse ich mich der Strömung in dem festen Entschluss, die Mündung des Stromes zu entdecken oder bei diesem Unter-*

*nehmen umzukommen. Wenn ich das Ziel der Reise nicht erreiche, so soll der Niger mein Grab werden.* Diese Zeilen gelten als letzte Worte Mungo Parks, die nach Europa gelangten, ehe sich seine Spur auf dem afrikanischen Kontinent verliert. Vermutlich setzte er seine Reise weiter flussabwärts fort – über Timbuktu bis zu den Stromschnellen der unpassierbaren Bussa-Fälle, wo ihn Krieger eines lokalen Königs überfielen und er mit seinen Begleitern in den wilden Fluten des Niger ertrank.

Kaum hundert Kilometer südlich von Timbuktu erweitert sich der Niger zu einem gigantischen See, dem Lake Débo. Ab August, zur Hochwassersaison, wird hier eine Ebene von etwa 40000 Quadratkilometern unter Wasser gesetzt. Erst wenn in diesem riesigen Binnendelta das Wasser zurückgeht, nutzen die Bauern den fruchtbaren Boden zum Anbau von Hirse und Reis. Doch nur in den fruchtbarsten Jahren kann der Ertrag die acht Millionen Malinesen ernähren.

Nach sieben Tagen auf dem Fluss und einer Strecke von fünfhundert Kilometern, wobei sich tropische Regengüsse oft mit schwefelgelben Sandstürmen abwechseln, komme ich nach Mopti, das »Venedig Afrikas«. Zur Regenzeit bildet die Stadt drei Inseln, die nur durch Dämme miteinander verbunden sind. Täglich bringen hier die Malinesen mit ihren langen Lastkähnen Salz, getrockneten Fisch, Baumwolle, Erdnüsse, Töpferwaren, Palmblattmatten und Brennholz zum Markt, auf dem sich Tausende von Menschen zwischen den Verkaufsständen drängen. Hier türmen sich Berge von Orangen, Zwiebeln, Paprikaschoten, Gewürzen und Maniok. Zudem gibt es dampfenden Reis und leckere Krapfen, gebackene Bananen, gekochte Eier, heißen Tee und warmes Fladenbrot mit Karitébutter, einer öligen Paste aus Karitésamen. Daneben werden leuchtende Stoffe, geflochtene Amulette, Teekannen, Nagellack und die unmöglichsten Heilmittel angeboten – wie das Pulver von zerriebenen Krokodilen oder Schlangen, das bei Kopfschmerz und Rheuma helfen soll. Nicht zu vergessen die jungen, heiratsfähigen Peulh-Frauen, die sich mit kunstvollen Frisuren, Ohrringen und Ketten herausputzen und von ihren Vätern unter die Haube gebracht werden.

Zwei Tage darauf wandere ich gen Osten, zweihundert Kilometer weit ins Landesinnere. Ausgestattet mit gutem Kartenmaterial, Kompass und einigen Vorräten, ziehe ich von Wasserstelle zu Wasserstelle. Ich laufe durch eine Region mit vielfältigen Formen aus Sand, Stein und Trockengestrüpp. Das Farbenspektrum reicht vom dunkelsten Braun und kräftigsten Grau bis zum zartesten Gelb. Satte Erdtöne prägen die Einfachheit einer Landschaft, für die Zeitbegriffe nicht zu gelten scheinen. Im Rhythmus des Laufens öffnen sich mir – von Stunde zu Stunde, von Tag zu Tag – immer wieder neue Horizonte, die ich stetig im Blick habe und die mich auf meinem Weg begleiten. Und während ich getrocknete Bananenstückchen oder Reformhauskekse in mich hineinstopfe, frisst sich der Staub durch meine Kleidung. Er setzt sich in jede Pore, legt sich selbst auf die Augenlider, trotz des langen Turbantuches, das mein Gesicht umhüllt. Mein Gemütshaushalt bleibt trotzdem ausgeglichen. Denn was mich treibt, ist die Erscheinungsvielfalt einer imponierenden Einöde: tiefe Mulden, ausgetrocknete Flussbetten, bizarre Steinhügel und weiß-graue, tischplane Steppe. All das führt bei mir zu jenen rauschhaften Bewusstseinszuständen, in denen sich »das Ich« irgendwann verabschiedet, weil ihm die Anstrengungen mittlerweile viel zu lästig geworden sind. Was bleibt und mich im Inneren vollständig ausfüllt, sind eine Menge Endorphin-Kicks und das herrliche Wohlgefühl des Gehens, fast leichtfüßig – und vor allem meditierend. Ich genieße es, in dieser unsagbaren Weite ganz klein zu werden, spüre Freude und Begeisterung –

manchmal auch Furcht, was mich aber nicht überrascht. Die Wüste ist eben Himmel und Hölle zugleich.

Gleichwohl wird in diesen Tagen die äußere Einsamkeit oft zum Gefühl des inneren Alleinseins, das mich tagsüber beflügelt, doch nachts gelegentlich niederdrückt. Dann verschieben sich die Verhältnisse, und in der Bewegungslosigkeit packen mich Schwermut und Zweifel. Ohne die Möglichkeit, »Reißaus« zu nehmen, sind diese Stunden oftmals schwer zu ertragen, und ich bin froh, wenn ich am nächsten Morgen wieder Strecke machen kann. Zwölf Tage gehe ich durch das Land des Baobab-Baums, besser bekannt als Affenbrotbaum. Dieser Riese mit dickem Stamm und ausladendem Gezweig steht fast immer allein und erinnert an die Eichen Europas. Einheimische erzählen mir, dass der Baobab Gottes Lieblingsbaum im Paradies war und eines Tages durch ein Himmelsloch auf die Erde fiel. Seine Wurzeln wiesen nach dem Sturz zum Himmel, während die herrliche Baumkrone unter der Erde liegt. Kein Mensch hat sie bis heute zu Gesicht bekommen.

Schließlich rückt das imposante und kilometerlange Bergmassiv von Bandiagara in den Blick, eine grandiose Gebirgskette in Terrakottarot, Jutebraun und Ockergelb. Ich sehe Felshänge, Blöcke und Türme in den bizarrsten Formen. Am liebsten würde ich jeden Felsbrocken einzeln anfassen. Es ist mir ein Rätsel, wie die Natur derart phantastische Gebilde gestalten kann. Wie aus weiter Ferne höre ich hin und wieder das Geklapper kleiner Steine, die durch Felsrinnen kullern. Andächtig lausche ich, nehme mir viel Zeit für stille Ehrfurcht vor der Natur und weiß: Das Leben ist doch Magie.

Noch heute gilt das Bergland von Bandiagara, dessen nördliche Ausläufer die Hombori-Berge bilden, als Heimstatt der Dogon. Dieses Bauernvolk zählt nur noch 200000 Menschen. Vermutlich stammen sie von dem rätselhaften Volk der Garamanten ab, die einst im Gebiet des heutigen Libyen lebten.

Vielleicht waren sie auch mit den alten Ägyptern verbunden, die – ebenso wie die Dogon – über außergewöhnliche astronomische Kenntnisse verfügten. Erst im zehnten Jahrhundert flohen die späteren Dogon, nachdem sie über die Sahara ins Land am Niger vorgedrungen waren, vor den Übergriffen des mächtigen Mossi-Reiches in die Gebirgswelt Bandiagaras. Dort verdrängten sie die kleinwüchsigen Tellem, die Urahnen der Pygmäen, die in winzigen Höhlen hoch oben in den Felswänden lebten.

Voller Neugier steige ich in das unwirtliche, von der Welt fast vergessene Felsreich von Bandiagara ein. Im Dunst der Nachmittagssonne klettere ich behutsam breite Felsbuckel hinauf, um weder Skorpione noch Schlangen aufzuschrecken, und erklimme, vorsichtig wie ein Muli, eines der vierhundert Meter hohen Gipfelplateaus. Unter mir erstreckt sich eine ozeangleiche Ebene aus Sand und Schutt. Nur hier und da sieht man etwas Trockengestrüpp, ein paar Tamarisken und einige Affenbrotbäume, die sich im Dunst auflösen. »Wer dort verloren geht, den verschlingt die Wüste«, erzählten mir Malinesen in Mopti. Aus diesen Worten spürte ich den großen Respekt der Einheimischen vor der Ödnis, die ihnen gleichwohl jedes Jahr genügend Stoff liefert für die nicht enden wollenden Geschichten am Lagerfeuer.

Später am Nachmittag stehe ich am Fuß einer bizarren Steilklippe und schaue über einige Gesteinsblöcke zu den Hütten der Dogon hinauf, die sich farblich kaum von den Felswänden unterscheiden. Wie Schwalbennester kleben bienenkorbartige Lehmbehausungen am Felsbruch, und nur über Kerbbäume sind sie zu erreichen. Von einigen mageren Hunden beschnüffelt, treffe ich hier einige Dogon-Männer, die, als ich näher komme, jede meiner Bewegungen mit einem Raunen begleiten und mich mit eindeutiger Gestik auffordern, sofort umzukehren und diesen Ort zu verlassen. Ich fühle mich nicht wohl in meiner Haut, bin ebenso verlegen wie enttäuscht und setze mich für einen Moment etwas abseits in den Schatten einer Mauer. Was habe ich denn erwartet? Schließlich nehme ich einen zweiten Anlauf und teile den Männern meinen Wunsch mit, das Reich der Dogon kennenzulernen. Ein Blick in ihre dunklen Gesichter zeigt mir, dass sie mich für einen armen Spinner halten. Doch dann soll ich unter dem dichten Schirm einer Akazie Platz nehmen, während sie über meine Absicht beraten wollen. Es dauert eine ganze Weile, ehe mich ein schmächtiger älterer Mann heranwinkt. Sein Haupt hin und her wiegend, fragt er neugierig, woher ich komme und was ich arbeite? Dann erforscht er meine Biographie – wie alt, wie viele Frauen, wie viele Kinder, wie viele Rinder und Kamele? Schwitzend bleibe ich keine Antwort schuldig, bis er mir lächelnd mitteilt, dass ich bleiben kann. Ein junger Dogon mit dunkelhäutigem Gesicht und einem langen, kaffeebraunen Tuch bekleidet, erklärt sich sogar bereit, mich in einige umliegende Dörfer zu führen – natürlich für einen guten Lohn. Fiebernd vor Freude breche ich zwei Stunden später mit Agouba auf. Ein hochgewachsener, schlanker Mann von fünfundzwanzig Jahren mit wulstigen Lippen und undurchdringlichem Lächeln, so geduldig wie der Sand. Für mehr als eine Woche wird er mein Begleiter sein.

Über halsbrecherische Pfade, auf denen es nach Maultierurin riecht, steige ich mit Agouba durch ein phantastisches Steinlabyrinth, wo eisige Nächte mit brütend heißen Tagen abwechseln. Mittendrin liegen die burgartigen Dörfer und befestigten Farmgehöfte der Dogon. In prismenartigen Speichertürmen lagert hier, am Rande der Welt, Hirse, das Hauptnahrungsmittel der primitiven Landwirte, deren Gastfreundschaft von nun an überwältigend ist. Überall werde ich zum

Tee und Essen geladen, überall wird mir – ohne zu fragen – ein Schlafplatz gewährt.

Eines Morgens führt mich – im ersten Licht der Sonne – ein dürrer alter Mann zu surrealistisch erscheinenden Felsmalereien, die von der Kultur der Dogon berichten. Vor Verwunderung und Überraschung halte ich den Atem an. Nie zuvor habe ich etwas so Fremdartiges gesehen! Bilder, die von roten, schwarzen und weißen Strichformen bestimmt sind – unwirklich und traumverloren. Ich erfahre, dass die Dogon seit undenklichen Zeiten über spezifische Kenntnisse der Himmelskunde verfügen, die den Astronomen und Astrophysikern erst im 19. Jahrhundert durch Teleskope und andere Hilfsmittel der Technik vertraut wurden. Überdies kennen die Dogon seit alters her den Saturnring, die vier Jupitermonde, die Oberflächenmaterie des Erdmondes und den für das menschliche Auge unsichtbaren Stern Sirius B, Begleiter des Sirius (Hundsstern), der 8,7 Lichtjahre von der Erde entfernt ist.

Bereits 1931 war es den französischen Ethnologen Marcel Griaul und Germaine Dieterlen gelungen, in das Land der Dogon zu reisen. Die beiden Franzosen waren die ersten Europäer, die die einzigartige Malerei der Dogon zu Gesicht bekamen. Zudem erhielten sie nicht nur Kenntnisse von den kultischen Zeremonien der Stammesoberhäupter oder dem »Welterneuerungsritual«, sondern auch von der spirituellen Bedeutung des komplizierten Sirius-Systems sowie von der Verknüpfung des kosmischen Geschehens mit den tiefsinnigen Schöpfungslegenden der Dogon, in deren Zentrum der körperlose Gott »Amma«, der »Schöpfer aller Dinge«, und dessen Sohn »Nommo« stehen, als »Wegbereiter einer neuen Welt«. Auch durften die Ethnologen die selbstvergessenen Ritualtänze erleben, bei denen die Dogon riesige Masken tragen, die sie selbst schnitzen und deren verschiedenartige Darstellungsformen symbolische Bedeutung haben. Vor allem Dämonen und Geister, Tiere und Jäger stehen im Mittelpunkt ihrer Maskenkunst, wobei das Krokodil ganz besondere Verehrung genießt. Nicht ohne Grund: Eine Legende erzählt, dass das Volk der Dogon einst seinen erbitterten Feinden nur durch die Hilfe freundlicher Krokodile entkommen konnte, die die Dogon auf ihren breiten Rücken über die große Wasserstraße des Niger getragen haben.

Schließlich frage ich Agouba, woher all das außergewöhnliche Wissen der Dogon kommt. Statt einer Antwort erzählt mir ein Dogon-Priester von einem uralten Stammesritual: Einst wurde alle sieben Jahre der Häuptling der Dogon getötet, damit das Volk eine Art Welterneuerung erfährt. Dieser geheimnisvolle Kult soll aber nicht von langer Dauer gewesen sein. Nur sieben Stammesführer unterwarfen sich ihm. Der achte überlebte die Opferzeremonie und hielt sich ein halbes Jahr lang versteckt, ehe er im Dorf seines Nachfolgers erschien und davon berichtete, dass er auf dem Stern »po« (Sirius B) gewesen sei, wo ihm gesagt wurde, dass jeder Dogon-Häuptling künftig sechzig Jahre lang regieren dürfe.

Je länger ich mich in den Dörfern der Dogon aufhalte und in die rätselhafte Welt ihrer wilden Trommelklänge, archaischen Gesänge und traditionellen Maskentänze eintauche, desto geheimnisvoller werden sie. Und als ich noch von ihren mystischen Trancereisen höre, die die Dogon in Kontakt mit höheren Mächten bringen sollen, ist es, als hätte ich mich in eine ferne, fremde Zeit gestohlen, und erneut frage ich mich, woher das astrologische Wissen der Dogon stammt. Spielten dabei vielleicht ihre Wanderungen des Geistes, unter dem Einfluss von Drogen, eine entscheidende Rolle?

Was wir heute wissen, ist, dass die Ägypter vor mehr als fünftausend Jahren im Wechselspiel mit den Sumerern Mesopotamiens binnen weniger Generationen eine Hochkultur schufen. Völlig überraschend, wie aus heiterem Himmel, entstanden in jener Zeit die Monumentalarchitektur, die Schrift, die Künste und die handwerklichen Techniken. Doch woher kam dieser plötzliche, fast revolutionäre Entwicklungsschub? Wer waren die Träger dieses enormen Entfaltungsprozesses? Wer ist verantwortlich für den überraschenden Aufstieg der Ägypter, verantwortlich für Aufbau und Fortschritt? Sind die Dogon vielleicht Bewahrer altägyptischer Geheimlehren? Oder sind sie womöglich nicht nur im Blut, sondern auch im Wissen mit den alten Ägyptern verbunden?

Als ich an einem meiner letzten Abende mit einigen Dogon am Feuer sitze, beschert mir Afrikas Himmel eine herrliche Mondlichtszene. Traumschöner Silberglanz fällt aus einem kobaltblauen Himmel, liegt wie hingezaubert auf zerklüfteten Bergwänden, überzieht die karge, spannungsvolle Weite. Wie ein endlos wogendes Meer wirkt die steppenhafte Wüste, nur hier und da von trockenen Flussläufen und schmalen Baumstreifen unterbrochen. Der warme Wind, der gegen Abend mit zunehmender Stärke eintönig über das Land streicht, wirbelt ab und zu ein paar Staubschleier auf, die er vor sich her treibt und in denen sich das Licht von Mond und Sternen bricht.

Fern aller ernüchternden Wirklichkeit der übertechnisierten Zivilisationswelt genieße ich die wohltuende Abgeschiedenheit und empfinde so etwas wie Harmonie und Zufriedenheit mit mir selbst. Durch die Dogon und aus ihrer Sicht habe ich dieses Wüstenland kennengelernt. Ich habe hier Tage und Wochen erlebt, in denen die Menschen durch jahrhundertelange Erfahrungen noch immer eng mit ihrer Vergangenheit verbunden sind. Aus ihren uralten Einsichten entstanden Regeln, die darauf basieren, dass man sich gegenseitig respektiert. Zudem habe ich entdeckt, was es in der zunehmenden Gesichtslosigkeit unserer europäischen Großstädte weitgehend nicht mehr gibt. Etwas, das zwischen all dem Stahl, Beton, Glas und Asphalt der expandierenden Industriewelt vielleicht für immer verloren gegangen ist. Etwas, das nichts zu tun hat mit dem rücksichtslosen Verbrauch von Land und Bodenschätzen. Etwas, das fern aller wachsenden Wohlstandserwartungen existiert. Etwas, das einem angesichts der enormen Größe dieser Landschaft das Gefühl der eigenen Bedeutungslosigkeit vermittelt. Etwas, das tief in uns liegt und das mit einem Gefühl von Demut und Dankbarkeit zu tun hat.

An diesem Abend, an dem ich immer wieder zum unverstellten Horizont schaue und meine Blicke über sanft gerundete Konturen einer riesigen Trockenebene schweifen, an dem ich dem Knacken der Holzscheite lausche, die Bahnen der aufstiebenden Funken verfolge und manchmal völlig entrückt in die Flammen starre und mich aus dem Bannkreis der Erde löse, frage ich mich, ob es in den Weiten des Weltraums etwas gibt, das den Vorfahren der Dogon – in diesem Wüstenland oder anderswo – einst begegnete.

# Das Leben als »Single auf Zeit«

*Von Rita Moser*
*mit Daniel Bielenstein*

*Wenn jemand etwas Neues erfährt, ein glückliches Erlebnis hat, dann ändert sich die Stimmung, dann ändert sich das Herz. Deshalb kann es einen Menschen auf einen völlig neuen Weg bringen, wenn er sich die Zeit nimmt zu sehen, zu hören, offen zu sein für Bilder und Vorstellungen, die sich aus neuen Erfahrungen entwickeln.*

Clarissa Pinkola Estés, Die Wolfsfrau

*I*ch erinnere mich an einen Tag im Jahr 2006. Achill war mal wieder seit sechs Wochen in der Sahara unterwegs, und ich hatte zuletzt aus einem kleinen Nest namens Rissani in Marokko von ihm gehört. Er rief mich über ein vorsintflutliches Telefon mit Wackelkontakt an, und ich konnte nur jedes dritte Wort verstehen. Seitdem zog er in östlicher Richtung durch die wüste Weite zwischen Erfoud und Algier, und ich hatte keine Möglichkeit, ihn zu erreichen. Aber warum sollte ich mich aufregen? Warum sollte ich mir Sorgen machen? Mein Mann verschwand schließlich mindestens einmal im Jahr in irgendeiner lebensfeindlichen Wüste oder Wildnis, in die sich andere Menschen auch für viel Geld nicht hineintrauen würden. Ich war es gewohnt, für Wochen und Monate allein und durch nichts anderes mit Achill verbunden zu sein als durch mein Gefühl und meine Intuition, die mir sagten, dass es ihm gut ging. Darum machte es mir auch nicht das Geringste aus, wenn mir die Leute auf der Straße die üblichen Fragen stellten: »Na, Rita, treibt sich Achill mal wieder in der Wüste herum?«

»Ja, er sonnt sich in der Sahara, ihr kennt ihn doch.«

»Vermisst du ihn?«

»Nicht die Spur. Aber nächstes Mal schmuggel ich ihm ein Satellitenhandy ins Gepäck. Dann kann ich ihn anrufen und ihm sagen, dass er auf dem Rückweg Milch und Aufschnitt vom Supermarkt mitbringen soll.«

Vermutlich ist das meine Art, mit der Situation umzugehen. Ein bisschen Humor, ein bisschen Zynismus. Und natürlich das Vertrauen, das sich im Laufe der Jahre aufgebaut hat. Achill weiß, was er tut. Er hat Erfahrung, er hat einen Instinkt, auf den er sich verlassen kann – und auf den auch ich mich verlassen kann. Wenn mich jemand fragt, ob ich nicht Angst um ihn hätte, antworte ich daher ganz ehrlich: »Nein, ich habe keine Angst.«

»Aber es kann doch so viel passieren, dort, wo er ist.«

»Allerdings! Aber kommen Sie mal lieber von der Straße, sonst werden Sie von dem Laster dort überfahren.«

Es stimmt, ich habe keine Angst. Vermutlich ginge das auch gar nicht. So wenig wie eine Stewardess Flugangst haben kann oder ein Berufstaucher wasserscheu sein darf. Darum darf die Frau eines Mannes, der Jahr für Jahr als fotografierender und schreibender »Weltenbummler« und »Abenteurer« unterwegs ist, eben nicht zittern, wenn er zwischen Flusspferden auf dem Niger paddelt oder während eines Sandsturms in der Wüste Gobi zeltet. Sie muss nur akzeptieren, dass ihr eigenes Leben ebenfalls ein ziemliches Abenteuer ist. Und das bringt mich ins Jahr 2006 zurück. Damals entdeckte Aaron, unser jüngerer Sohn, gerade die Vorzüge der Pubertät. Für ihn bedeutete es, dass er häufig das Gegenteil von dem tat, was ich ihm sagte. Seine Schulbücher sah er lieber in irgendeiner Zimmerecke als auf dem Schreibtisch, und auch häusliche Pflichten tangierten ihn nur selten. Zur selben Zeit hatte ich als Physiotherapeutin im Krankenhaus mehr als gewohnt zu tun, und auch am Haus musste einiges gemacht werden. Da tropften zwei Dachrinnen, die Küche brauchte einen neuen Anstrich, und der Garten wucherte langsam zu. Außerdem streikte die Waschmaschine, und der Wagen stotterte seit einiger Zeit beim Anlassen. Eine Neuanschaffung war unausweichlich. Ach ja, und unser Zwergkaninchen wollte natürlich auch versorgt werden, während ständig das Telefon klingelte und ich für Achill Redaktions- und Veranstaltungstermine koordinierte. Multitasking ist ein zu milder Begriff für die Anforderungen an mich in den Zeiten, wenn Achill die Wüsten der Welt entdeckt. Ich hätte gut ein wenig Trost und Unterstützung brauchen können, aber von meiner achtzigjährigen Mutter, die sich regelmäßig meldete, war in dieser Hinsicht nichts zu erwarten. »So ist es halt, wenn man einen Matrosen liebt«, sagte sie mir.

»Achill ist kein Matrose, Mama.«

»Aber er ist doch nie da.«

In solchen Momenten frage ich mich natürlich, ob ich das wirklich will – dieses Leben. Mein älterer, schon erwachsener Sohn Dirk weist mich dann gern darauf hin, dass es ja meine eigene Entscheidung war. Und er hat recht. So zu leben war und ist meine eigene Entscheidung, und ich habe sie nie bereut. Ich will dieses Leben. Und zwar genau so, wie es ist. Andererseits heißt das nicht, dass es nicht auch Phasen gibt, in denen ich ungeheuer wütend bin. Nachdem Achill damals aus der Sahara gesund und munter wieder zurückgekehrt war, begleitete ich ihn auf einige Diashows. Er zeigte Fotos von seiner neuen Wüstentour, erzählte dazu von Land und Leuten, von seinen Abenteuern und las Texte aus seinen Büchern. Wie üblich stellte das Publikum im Anschluss zahlreiche Fragen, und wie üblich lauteten einige davon: »Haben Sie eigentlich nie Angst davor, unterwegs krank zu werden, Herr Moser? Haben Sie nie Angst davor, nicht mehr zurückzukommen?«

An einem jener Abende verspürte ich den Impuls, aufzustehen und den Zuschauern auch einmal meine Situation zu schildern. »Warum fragen Sie mich das eigentlich nicht mal? Schließlich bin ich über Monate eine alleinerziehende, zurückgelassene, berufstätige Mutter, die sich um ein Haus, einen jugendlichen Sohn, einen erwachsenen Sohn, ihre Patienten im Krankenhaus und einen Mann kümmern muss, der irgendwo in der Kalahari oder im hohen Norden Alaskas steckt, um sich selbst etwas zu beweisen, was sich nicht beweisen lässt. Ich bin hier die Expertin für Survival, niemand sonst!«

Ich tat es natürlich nicht. Ich sagte gar nichts und hörte Achill dabei zu, wie er über seine Ängste und seine Zuversicht in fernen Weltecken sprach, über die Gefahren und die Hilfsbereitschaft der Nomaden. Dennoch bleibt die Tatsache, dass ich mir ab und zu wünsche, einfach einmal mit Achill die Rollen zu tauschen. Wie viel würde ich in den Phasen der Vielfachbelastung darum geben, einfach an seiner Stelle in einem Einmannzelt in der Wüste zu sitzen und meine Ruhe zu haben – ohne Kinder und Eltern, die mir auf die Nerven gehen, ohne Patienten und Einkäufe, ohne streikende Waschmaschine und ein kaputtes Auto. Um mich herum wäre einfach nur Stille. Und genauso würde ich es Achill einmal wünschen, dass er meine Rolle kennenlernt. Er würde dann zu seiner Verwunderung feststellen, dass die Sahara zwar vielleicht riesig und die Gobi trocken ist, die Sinai felsig und die Namib sandig – aber dass das Leben als »Single auf Zeit« in einer Großstadt dem in nichts nachsteht.

Das alles klingt wie eine Beschwerde? Das soll es nicht. Denn auch in solchen Augenblicken des Zweifels und des Ärgers weiß ich doch, dass Achill und ich etwas richtig machen. Wir geben einander die Freiheit, die wir brauchen, um glücklich zu sein. Wir erleben immer wieder Abschiede voneinander, aber zugleich können wir uns auf viele schöne Wiedersehen freuen. Im Übrigen gilt, was Dirk, mein älterer Sohn, gesagt hat: Ich habe mir dieses Leben ausgesucht – und zwar von Anfang an. Das stimmt in einem ganz wörtlichen Sinne, denn ich kannte Achill ja schon, als in seinem Kopf die Sehnsucht nach der Ferne erst heranreifte. Damals, Mitte der siebziger Jahre, lernten wir uns auf der Höheren Handelsschule kennen. Achill war ein langhaariger, spindeldürrer Typ, der nach dem Fachabitur gleich nach Afrika wollte, um im Faltboot den Nil zu befahren. Natürlich hatte ich vom Nil gehört, doch als Reiseziel löste dieser Riesenstrom nicht gerade große Sehnsucht bei mir aus. Zu viele Gefahren, zu viel Unüberschaubares. Das war nichts für mich! Jedenfalls damals noch nicht. Schließlich hatten mich meine Eltern ziemlich konservativ erzogen und mir einen klaren Lebensentwurf vorgegeben: Wichtig waren Schule und Sicherheit, Anpassung und Zurückhaltung – niemals ein unkalkulierbares Risiko eingehen!

Ganz anders war da Achill, der schließlich tatsächlich zum Nil aufbrach. Und ich? Ich heiratete (einen anderen Mann) und bekam ein Kind, meinen Sohn Dirk. Nur: Glücklich war ich nicht. Vier Jahre später kam die Trennung. Seltsamerweise machte ich schon damals eine Erfahrung, die bis zum heutigen Tag Gültigkeit hat: Obwohl ich damals kaum Kontakt zu Achill hatte, bestand zwischen uns eine Verbindung, die niemals abreißen sollte. Ich meine damit nicht, dass wir regelmäßig telefonierten oder uns trafen. Ich meine vielmehr, dass uns etwas verband, das auch ohne Telefon und Briefe und Besuche funktioniert. Es ist eine unsichtbare Verbindung, die wir allem Anschein nach in jungen Jahren zueinander geknüpft haben. Das ist auch der wahre Grund, aus dem ich ruhigen Gewissens sagen kann, dass ich keinerlei Angst um Achill habe, wenn er in irgendeiner Wüste unterwegs ist. Es ist merkwürdig, aber irgendwie *weiß* ich, ob es ihm gut geht, ob er krank oder in Gefahr ist. Irgendwie *weiß* ich so etwas, unabhängig davon, wo sich Achill auf diesem Planeten befindet und ob wir gerade miteinander in Kontakt treten können oder nicht.

Darum erscheint es mir heute fast logisch, dass uns unsere Lebenswege nach einigen Jahren der Trennung doch wieder zusammenführten. Und diesmal warfen wir all unseren Mut und unsere Lebenslust zusammen und ließen uns auf ein vollkommen neues Leben ein, das uns seit Anfang der achtziger Jahre immer wieder quer durch die Welt führte. Oft waren wir zwei, drei oder vier Wochen in China, Ägypten, Island oder Marokko unterwegs, ehe Achill allein zu seinen Expeditionen und Wüstenwanderungen aufbrach. Auf diese Weise habe ich viele exotische Länder und entlegene Gebiete kennengelernt. Für mich war es eine Erkundung der Welt und eine Erkundung meines eigenen Ichs, wobei ich mit der Zeit auch meine Angst verlor – vor der Fremde, vor der Wildnis und vor der Einsamkeit.

Das Jahr 2006 hatte noch viele Herausforderungen für uns parat – und hielt für mich schließlich auch noch eine Frage bereit, die mich selbst überraschte: Achill und ich haben uns in jenem Jahr auf ein Wagnis eingelassen, das wir sehr lange geplant und immer wieder aufgeschoben hatten. Natürlich hatte ich schon zuvor damit gerechnet, dass wir es tun würden, und ich war mir sicher, dass es an einem sehr exotischen Ort passieren würde, vielleicht auf einem Gipfel der Wüste Sinai oder in einer Jurte der Mongolen. Aber dann fand das Abenteuer zu Hause in der Küche unseres Hauses in Hamburg statt. Eines Abends stand Achill, der sonst meist Jeans trägt, im schwarzen Anzug vor mir und machte mir »ganz offiziell« einen Heiratsantrag. Und an diesem Abend habe ich die Frage, ob ich dieses abenteuerliche Leben mit einem ziemlich ruhelosen »Weltenbummler« wirklich will, noch einmal beantwortet – mit einem lauten, eindeutigen »Ja«.

# Zu den Höhlen der tausend Buddhas

*Wüste Gobi ~ China ~ 1986*

Im Nordwesten Chinas, mitten in der Gashun-Gobi-Wüste, liegt eines der gewaltigsten Heiligtümer des Buddhismus: die »Mogao«-Grotten, die auch »Dunhuang«-Höhlen genannt werden. Zur Blütezeit der Seidenstraße gruben hier Mönche ihre Zellen in eine fünfzig Meter hohe Felswand. Noch heute sind diese Höhlen mit Buddha-Figuren und religiösen Wandmalereien geschmückt. Kein anderer Ort auf der Erde ermöglicht einen so umfassenden Einblick in die buddhistische Geschichte.

*Die Landschaft, durch die wir marschieren, ist bei all ihrer trostlosen Einsamkeit und Ärmlichkeit eine der großartigsten, die ich in Asien kenne. Sie ist voller Trotz und Stolz. Mit ihren erstarrten Zügen blickt sie uns vergängliches Gewürm verächtlich an, die wir uns in ihre lähmende, furchtbare Kargheit hineingewagt haben. Wir betrachten ihre Größe und Macht und ihre riesigen Maße mit Achtung.*

Sven Hedin, Auf großer Fahrt

$N$acht, Wind und glitzernde Sterne: Ich sitze vor meinem Biwak auf einer weichen Matte und lausche in die mondhelle Weite, höre auf das Pfeifen und Singen ruheloser Böen, die zwischen den Sandbergen umherstreifen. Es klingt, als würden wispernde Dämonen durch die Lüfte jagen. Kein Wunder, dass Einheimische diese Region »Mingsha-Shan« nennen – »Klingende Sandberge«. Hier sollen böse Geister ihre Heimstatt haben.

Ringsum dehnen sich vom Wind modellierte Sanddünen, die mächtigen Schattengestalten gleichen. Manche Dünen rauchen im Wind, der hier seit Jahrtausenden die einzige landschaftsformende Kraft ist. Andere Sandwogen erinnern an Zungen oder an alpine Schneefelder, deren Überhänge ins Leere reichen, während die Sandkörner auf den messerscharfen Kämmen derart dicht beieinanderliegen, dass man denken kann, sie wären zusammengeklebt. Aus der Ferne betrachtet, haben die Sandwogen die Schönheit unwirklicher Muster, aus der Nähe die Schönheit der Struktur: Sandvariationen in Vollendung, Bilderbuchwüste – und nirgendwo ein Baum oder Strauch, nicht die geringste Spur von Grün. Hier hat die Natur dem absoluten Nichts eine surrealistische Gestalt verliehen, und das Grandiose ist zum Alltag geworden. Meine Sinne scheinen nicht auszureichen für die Großartigkeit der Wüste.

Ich befinde mich im Nordwesten Chinas, wo eine überwältigende Sandregion liegt, die zur Wüste Gobi zählt, genauer gesagt zur »Gashun Gobi«, einem äußerst trockenen und phantastisch anmutenden Landschaftsteil der zentralasiatischen Wüste, wo sich traumschöne Sicheldünen auf einer Fläche von vierzig mal zwanzig Kilometern erstrecken. Es ist ein gefährliches Extremland ohne Vegetation. Begonnen hat meine Wüstenwanderung vor zehn Tagen bei den Melonenfeldern der Oase Turfan. Ich habe mir vorgenommen, in zwei Etappen siebenhundert Kilometer durch die Gashun-Gobi-Wüste zu wandern. Auf einem alten Pilgerpfad will ich zu den Höhlentempeln von Dunhuang gelangen, die als eine der größten Schatzkammern des Buddhismus gelten.

Vier Jahre habe ich auf eine Genehmigung der chinesischen Behörden gewartet, um die Gashun Gobi zu durchwandern, die schon der schwedische Forschungsreisende Sven Hedin als eine der ödesten Wüsten der Welt bezeichnete: *Ein Meer von Sanddünen, nur gelegentlich von welligen Steppenflächen mit vereinzelten Grasbüscheln unterbrochen.* Und auch der venezianische Weltreisende Marco Polo, der 1298/99 dem Literaten Rustichello in Genueser Gefangenschaft seine fabelhaften Erlebnisse schilderte, entwarf in seinem Buch eine wahrlich phantastische Beschreibung der damaligen Welt Asiens. So wusste er von der chinesischen Wüste Lop, die zum Naturgroßraum der Gobi zählt, Folgendes zu berichten: *Die Wüste in ihrer ganzen Länge zu durchqueren, würde ein Jahr dauern, so sagt man. An der schmalsten Stelle braucht man einen Monat. Überall Berge, Sand und Täler. Nichts Essbares. (…) Während des nächtlichen Rittes durch die Wüste kann es geschehen, dass einer ein wenig zurückbleibt, sich von seinen Gefährten entfernt, um zu schlafen oder aus irgendwelchem anderen Grund. Wenn er sich dann seinen Mitreisenden wieder anschließen möchte, vernimmt er Geisterstimmen, die sprechen, als wären sie seine Gefährten; denn sie rufen ihn bei seinem Namen. Manchmal führen sie ihn derart in die Irre, dass er die Karawane nie mehr findet. Auf diese Weise sind schon viele gestorben und spurlos verschwunden.* Auch der buddhistische Mönch Xuan Zang, Chinas berühmtester Weltreisender, der im 7. Jahrhundert auf dem Weg nach Indien die Wüsten Zentralasiens durchquerte, warnte vor der Gobi und *den Dämonen der Wüste, die dem Reisenden den Verstand rauben.* Auch heute ist das Reisen in dieser Region nicht nur Vergnügen. Klirrende Kälte und überwältigende Hitze lösen einander zwischen Tag und Nacht ab. Enorme Witterungswechsel sorgen für allgegenwärtige Zerstörung. Besonders im Norden der Gobi zwingen die extremen Temperaturen die Nomaden in ihre transportablen Jurten, jene runden Filzzelte, in denen die Menschen im Winter bei vierzig Grad unter null frieren und im Sommer bei dreißig Grad Hitze schwitzen. Es ist ein Extremland, das den Menschen zu Härte und Herbheit zwingt – und unter den Tieren nur »Überlebenskünstler« duldet, zu denen etwa das zweihöckrige Wildkamel zählt, der Kulan (Halbesel), die Saiga-Antilope, die Dshefran-Gazelle, das Wildschaf, die Wildziege, der seltene Gobibär, der in den Gebirgszügen des mongolischen Gobi-Altai lebt, sowie das Przewalski-Wildpferd, die einzige Urwildpferdeart der Erde.

Der Name »Gobi« beflügelt schon seit undenklichen Zeiten die Phantasie der Menschen. Im Mongolischen bedeutet dieses Wort »Ort ohne Wasser«. Genau genommen gibt es mehrere »Gobis«: Da ist die »schwarze Gobi«, deren Antlitz steinige Ebenen und dunkel glitzerndes Geröll prägen, dann gibt es die »rote Gobi«, deren Gelände von schorfig sich aufwerfender und labyrinthisch zerklüfteter Oberfläche zerschnitten ist, und schließlich die »gelbe Gobi«, vielfach auch »Shamo« (Sandmeer) genannt, ein Terrain mit komplexen Dünenmeeren, die kaum pflanzliches Leben hervorbringen. Gewaltige Ariditätszonen – so nennt man Gegenden, in denen mehr Wasser vom Untergrund verdunstet, als durch Niederschlag fällt – wechseln hier mit riesigen Flächen steppenhafter Halbödnis ab. Grund dafür sind starke Schwankungen zyklonaler Sommerregen, die von Jahr zu Jahr in verschiedensten Regionen für dichte Grasdecken und blumenübersäte Weiten sorgen. Nur so konnten hier immense Pferdeherden heranwachsen, die einen Teil der Gobi zur Wiege eines Volkes machten, das vor etwa achthundert Jahren unter der Führung des legendären Dschingis Khan als »Goldene Horde« bis nach Ungarn und Schlesien vordrang und ein Weltreich eroberte.

Auf der Landkarte gleicht die Wüste Gobi heute einem ellipsenförmigen Körper von geometrischem Regelmaß, dessen mittlere Länge rund zweitausend Kilometer misst. Mitten durch diesen ausgedehnten Naturgroßraum verläuft die mongolisch-chinesische Staatsgrenze. Diese Trennungslinie teilt die Wüste in zwei gleichermaßen faszinierende Landschaften. Im nördlichen Abschnitt der Gobi, der sich über das Gebiet der Mongolischen Volksrepublik erstreckt, gehen semiaride Steppenregionen in die Vollwüste über. Hier trifft der Reisende auf blassgrünes Grasland, graubraune Steppe und gelbrote Sandflächen, die gelegentlich von Oasen unterbrochen sind. Der südliche Teil der Gobi liegt dagegen im Norden Chinas. Es ist ein Landstrich mit schier grenzenlosen Sandarealen, deren Dünen über dreihundert Meter hoch sind. Schutt- und Geröllebenen gehen hier in Jahrmillionen alte Gebirgsformationen über, die oft mehr als viertausend Meter aufragen.

Als besonders furchteinflößend gelten die Sandstürme der Gobi, die manchmal dem »Gluthauch der Hölle«, manchmal auch dem »Eisatem eines Gletschers« gleichen. Mit Stärke acht bis zwölf toben sie bis zu einhundert Tage im Jahr ungezügelt über das Land und zerstören alles, was sich ihnen in den Weg stellt. Einheimische bezeichnen daher große Teile der Gobi als »Windkammer Asiens«. Auch der schwedische Forschungsreisende Sven Hedin (1865–1952), der im April und Mai 1895 die Wüsten Turkestans (heute Sinkiang) erkundete, bekam die ganze Wildheit eines solchen Sturms zu spüren.

*Am 28. April erwachten wir von einem außerordentlich heftigen Nordoststurm, der undurchdringliche Sandwolken über unser Lager jagte. Graugelbe Sandhosen stürmten in wilder Flucht Dünen hinauf und machtlos auf der Leeseite wieder hinunter. Ich lag in meine Pelze gehüllt, den Baschlik über dem Kopf, unter freiem Himmel und war am Morgen im Sand buchstäblich begraben. Es war der schwerste Sturm, den wir auf dieser Reise hatten, einer der »Kara-burane«, der schwarzen Orkane, die den Tag in Nacht verwandelten. Der Marsch fiel uns infolgedessen doppelt schwer. Denn zu sehen war ringsum nichts, aber die Luft war kühl, und der Wind ließ den Durst vergessen. Vor allem galt es heute, dicht beisammen zu bleiben, und vorausgehen durfte ich nicht; meine Spuren wären augenblicklich verwischt gewesen. Verlor man die andern außer Sicht, so konnte man den Sturm weder durch Rufe noch durch Flintenschüsse übertönen; man wäre rettungslos verloren gewesen. Nur das nächste Kamel war zu sehen; die übrigen verschwanden in einem undurchdringlichen Schleier.*

*Die Milliarden von Sandkörnern verursachten im Vorbeisausen eigentümliche pfeifende Laute, die schon auf die Phantasie Marco Polos eingewirkt haben, denn in seiner Schilderung von den Schrecken der großen Wüste schreibt er:* »Auch bei Tage hört man die Geister sprechen, und von Zeit zu Zeit vernimmt man die Töne zahlreicher Musikinstrumente und noch öfter den Klang der Trommel. Daher müssen sich Reisende, die diese Wanderung machen, dicht beisammenhalten, und die Tiere haben Glocken um den Hals, damit sie sich nicht so leicht verirren können.« (…) *Mitten am Tage wurde es oft stockfinster; sonst herrschte eine dunkle, rotgelbe bis graue, unsichere Beleuchtung. Wenn uns der Sturm gerade ins Gesicht wehte, mussten wir stehenbleiben, um nicht zu ersticken. Wir kauerten uns dann nieder und bargen die Gesichter hinter einem der Kamele; auch die Tiere legten sich mit dem Schwanz nach dem Winde und streckten den Hals am Boden aus. Mit einem der jüngeren Kamele ging es sichtlich zu Ende; es marschierte stolpernd mit zitternden Beinen; seine Augen hatten einen matten, gläsernen Glanz, die Unterlippe hing herab, und die Nüstern blähten sich auf. Jolltschi führte es hinter unserm Zuge her. Wir arbeiteten uns gerade über einen Kamm hinüber, auf dem der Sturm mit doppelter Wut tobte. Er senkte sich nach Osten schroff abwärts, nach einem Tal hinunter, in dem der Sand eine kleine Strecke eben war. Hier kam uns Jolltschi Hals über Kopf nach, um uns nicht aus den Augen zu verlieren. Das Kamel hatte die letzte Düne nicht mehr bewältigen können; es war dicht vor dem Kamm niedergefallen, hatte sich sofort auf die Seite gelegt und war nicht zu bewegen gewesen, wieder aufzustehen. (...) So ging das dritte Tier unserer Karawane verloren. Wir begannen schon gegen diese Verluste abgestumpft und gleichgültig zu werden. Es galt jetzt unser eigenes Leben zu retten, und als wir am andern Tag aufbrachen, beschäftigte wohl jeden der Gedanke, an wen zunächst die Reihe kommen würde.*

Ende Oktober fliege ich von Beijing (Peking) in den Westen Chinas. Von Urumtschi, der Hauptstadt der chinesischen Provinz Sinkiang, fahre ich im Überlandbus nach Turfan, das einst ein wichtiger Knotenpunkt der Karawanen an der nördlichen Seidenstraße war und heute eine Oasenstadt mit Ulmen- und Pappelwäldchen, Melonenfeldern und Weinreben ist. Hoch zu Kamel will ich hinaus in die Gashun Gobi ziehen, im kühlen Morgenwind einem ungewissen Abenteuer entgegenschaukeln und all die bizarren Landschaften erleben, die von Sven Hedin beschrieben wurden.

Doch es kommt anders: Als mich Yaouri, ein uigurischer Viehhändler, zu einem Kamelkorral führt, soll ich für die Miete von zwei Kamelen zehntausend Yuan – rund dreitausend Euro – bezahlen. Das ist Wucher, erst recht, wenn man weiß, dass ein Fabrikarbeiter etwa achtzig Yuan im Monat verdient. Gleichwohl lasse ich mich nicht abschrecken und begutachte einige Tiere, die durch ihre außergewöhnliche Physiologie die perfekten »Partner« in extrem heißen Regionen sind und ohne die ich manche Wüstenreise gar nicht hätte durchführen können. Also schaue ich nach ihren Zähnen, presse die Fäuste in die Höcker, befühle Rippen und Fesseln. So habe ich es in Afrika gelernt, in der Sahara, wo ich im Umgang mit Dromedaren kaum Probleme hatte. Doch hier in Asien verhalten sich die Kamele starrsinnig und widerspenstig. Schon beim Aufsteigen packt mich eine Ahnung kommenden Unheils. Dabei ist das Ersteigen eines Kamels ein relativ einfaches Manöver: Sowie das Tier einen gewissen Druck auf dem Rücken verspürt, erhebt es sich und schreitet voran. Doch diesmal ergeht es mir ganz anders: Ich habe noch gar nicht richtig hinter dem Sattelknauf Platz genommen, als das niedersitzende Tier ruckartig aufspringt, zuerst mit den Hinter-, dann mit den Vorderbeinen, und mich aus dem Sattel katapultiert. Kopfüber falle ich in den Sand, was einige der umstehenden Uiguren und Chinesen ungemein erheitert. Auch als ich im Galopp über eine sandige Weite reite, das Führungsseil locker in der Hand, und der Bulle plötzlich im vollen Lauf zur rechten Seite ausbricht, sich krümmt und mich wie ein Bündel Heu abwirft, ernte ich schallendes Gelächter. Nur einem instinktiven Reflex verdanke ich es, dass mir nichts Schlimmes passiert. Doch damit nicht genug: Wie benommen sitze ich noch im Sand, da schwenkt der schlanke, hochmütige

Kamelkopf mit großen Hauern, die wie scharfe Scherben den Unterkiefer spicken, zu mir herunter, und mit gurgelnden Lauten sprudelt mir grünlicher Mageninhalt entgegen, während mich ein seitlicher Tritt des auskeilenden Kamels nur knapp verfehlt.

Mit steifem Rücken stakse ich ins Hotel zurück. An diesem Tag habe ich genug von den Kamelen dieser Welt, die mir nur noch bösartig und blöd erscheinen, groteske Kreaturen, feindlich und fremd – mit kleinen Augen unter dicken Lidern, schlitzförmigen Nüstern, hochgezogenen Lippen, lederzähen Lefzen, gelben Zähnen und langem Hals. Nicht zu vergessen diese eigentümliche Physiognomie, die einen arroganten Ausdruck hat. Was kann man schon von solch merkwürdigen Tieren erwarten?

Erst ein paar Tage später versuche ich erneut mein Glück, und tatsächlich trotte ich irgendwann mit Freudengeheul auf dem 2,40 Meter hohen Höcker voran, als sich das Kamel für diesen kurzen Moment des Triumphes sofort rächt: Wie ein Senkblei geht es zu Boden und rollt sein zentnerschweres Gewicht auf die Seite. Gerade noch rechtzeitig bringe ich mein Bein unter der niederfallenden Flanke hervor. Nun ist es endgültig aus mit meiner Begeisterung für Asiens Kamele. Mehr, als mir lieb ist, habe ich ihren widersprüchlichen Charakter – zwischen stoischer Gelassenheit und unberechenbarer Wildheit – zu spüren bekommen. Jetzt reicht's! Ich beschließe, zu Fuß durch die Gashun-Gobi-Wüste zu ziehen.

Nachtkühle liegt noch über Turfan, als ich in die Wüste aufbreche. Mein erstes Ziel liegt dreihundertfünfzig Kilometer entfernt: Es ist die Oasenstadt Hami.

Gehen, gehen, gehen – die Landschaft läuft mit, und ich habe das Gefühl, mich von bedrängender Enge zu lösen. Es ist, als würde ich mit jedem Schritt die heimische Erde verlassen und die Oberfläche eines fremden Planeten betreten, einen Planeten der Stille und Weite. Kilometer für Kilometer wandere ich durch ausgetrocknetes Steppengras und schwarze Sandkegel, die sich in Geröll- und Kiesfeldern verlieren. Weicher Pulversand wechselt mit plangehobeltem Geröll ab. Hügel tauchen auf, rücken näher und bleiben zurück. Gehen, gehen, gehen – und im Rucksack nur das Notwendigste, was ich für eine Wüstenwanderung benötige. Das Gewicht auf dem Rücken wird vor allem von der Wassermenge bestimmt. Zwölf Liter habe ich dabei. Zudem weiß ich von mehreren Stellen, an denen ich meinen Vorrat an Trinkwasser auffüllen kann. Dennoch ist mein Leben in der Wüste darauf ausgerichtet, Wasser zu sparen. Genügsamkeit und Verzicht sind wesentliche Voraussetzungen, um mit einer begrenzten Wassermenge über mehrere Tage in der Einöde auszukommen.

Gehen, gehen, gehen – durch ein unbekanntes Terrain voller Licht und Stille, das sich hin und wieder wie ein flaches Brett vor mir ausdehnt, übersät mit Millionen und Abermillionen von Steinen. Ich gehe über ein steiniges Meer, das sich nicht bewegt. Oder doch? Nein, das ist kein Meer, das ist der freigelegte Meeresgrund. Vor Jahrmillionen hob hier ein tektonisches Beben die Erdkruste in die Schräglage, und das Wasser floss ab. Nur Steine und Trümmer blieben zurück – von Hitze und Kälte zersprengt, vom Sandstrahlgebläse des Windes zerschliffen.

Nach drei Tagen in der Wüste ist es wieder da: das reale Gefühl für das einfache Leben, die ursprünglichen, oft ganz simplen Dinge, die glücklich machen, während alles Sein auf das Wesentliche reduziert ist: atmen, riechen, schauen. Und nicht zu vergessen die Besinnung auf den eigenen Körper, der zum Maß der Fortbewegung wird. Schritt für Schritt fasse ich beim »achtsamen Gehen« wieder Fuß in der wüsten Weite, ohne Ablenkung, ohne Telefon, ohne Terminkalender, ohne Fernsehen. Die von zu Hause mitgebrachte Hektik wird von der großen Stille ganz einfach ausgebremst, und alle vermeintlichen Wichtigkeiten des geschäftigen Alltags in Deutschland bleiben irgendwo im Sand liegen oder werden vom Wind davongeblasen. Vielleicht ist es gerade das, was mich an der Wüste so fasziniert: die grandiose Leere des Augenblicks, angefüllt mit dem eigenen Sein, das ausschließlich vom bewussten »Hier und Jetzt« bestimmt wird.

Von morgens bis abends haften Sehnsüchte und Träume an meinen Sohlen und machen mir Beine, während sich das Gehirn immer mehr auf Wüste und Weite umstellt. Zehn bis vierzehn Stunden beträgt meine Gehzeit am Tag, wobei sich meine Gedanken fast ausschließlich auf den nächsten Schritt konzentrieren, den ich gerade tue, oder auf die Aussicht, die sich mir bietet. Vor allem schaue ich auf den weglosen Weg und achte auf kantige, spitze Steine, um nicht zu stolpern. Meist wandere ich fünf Kilometer pro Stunde, manchmal mehr. Das sind Stunden und Tage puren Wanderglücks, in denen für mich der Sinn der Wüste in der verschwiegenen Unendlichkeit besteht, die wie ein Spiegel wirkt, in dem ich die Winzigkeit meines Menschseins sehe. Hier, in der Kargheit der Landschaft, erkenne ich den Wert der Zeit und damit den Wert des Lebens sehr viel besser als im hektischen Durcheinander unserer Zivilisation, und das stetige Dahingehen wird für mich zu einer Urform der Meditation.

An manchen Tagen versetzen mich sogar die klaren Strukturen der Landschaft, die erdigen Farben, die ozeangleiche Weite und das Blau des Himmels in einen derart lebensfrohen Zustand, dass der Rhythmus meiner Schritte zu einer Art Droge wird, von der ich bis zum Einbruch der Dunkelheit nicht mehr lassen kann.

Nachts liege ich im weichen Sand, eingerollt in meinen Schlafsack, und schaue in den dunkler werdenden Himmel, in dem die Milchstraße zu flimmern beginnt. In vollkommener Seligkeit lausche ich in die absolute Stille hinein, und die Myriaden von Sternen zaubern eine glitzernde Pracht in die Dunkelheit. Manchmal habe ich das Gefühl, als würden die Sterne bis zum Wüstenboden herabreichen. Es ist, als müsse ich nur die Hand ausstrecken, um mit den Fingerspitzen jene funkelnden Himmelslichter zu berühren, an denen ich mich in manchen Nächten orientiere und meine Position bestimme, wenn ich während eines Nachtmarsches durch die blauschwarze Weite ziehe und das Koordinatennetz des Himmels mir den Weg weist.

Anderntags gerät ein merkwürdiges Gebilde in meinen Blick, das aus dem Flugsand ragt. Liegen dort die mumifizierten Leichen einer verschollenen Karawane? Uiguren und Tadschiken haben mir in Turfan von sonderbaren Völkern erzählt, die einst in prächtigen Städten der Gashun Gobi lebten. Auch habe ich von reichen Kameltrecks und großen Armeen gehört, die der gefürchtete Sandsturm »Kara-buran« einst verschlungen hat. Vor allem aber: Irgendwo hier soll es ein Königreich mit dem Namen »Shambala« gegeben haben, ein sagenhaftes Reich der Weisheit und Spiritualität. Begüterte Karawanen mit exotischen Kostbarkeiten brachen einst von dort aus auf, über Afghanistan und Persien bis nach Europa. Als ich das seltsame Gebilde mit dem Fernglas heranhole, erkenne ich ein skurriles Sandsteinfragment. Gleich daneben liegt der Kadaver eines Kamels. Die ausgebleichten Knochen bilden eine groteske Stellage, Hyänen haben sie ausgeweidet. Über dem Brustgerippe spannt sich die ausgedörrte, löchrige, pergamentartige Haut, die mit Treibsand bedeckt ist.

Nach sieben Tagen Fußmarsch entdecke ich am Abend in der Ferne einige Lichter, die mir im Rhythmus meiner Schritte entgegentanzen. Das ist die Oase Hami. Müde und abgespannt erreiche ich die ersten Lehmhäuser. Die Straßen sind unbelebt, fast verlassen. Nur hier und da sieht man ein paar Eselskarren und Autos. Als ich mich nach einem Nachtquartier umschaue, winkt mich ein älterer Uigure mit wettergegerbtem Gesicht, Hakennase und dünnem grauen Spitzbart heran. Ich soll in seinem Haus einen Tee mit ihm trinken. In dem schlichten Lehmhaus schmücken bunte Teppiche die Wände und den Fußboden. Längs eines breiten Bettgestells stehen Tische und Stühle. Bündel mit Kleidern türmen sich um eine Nähmaschine. Auf einem hölzernen Bord entdecke ich neben einem Transistorradio eine kleine Mao-Büste aus Porzellan. Alles wirkt extrem ordentlich und sauber.

Mit gekreuzten Beinen mache ich es mir auf einem Stapel Decken bequem. Mir gegenüber sitzt Bator, mein Gastgeber, ein drahtiger alter Mann in gelb-grüner Jacke. Unter der paillettenbestickten »Doppa«, dem traditionellen Käppchen der Uiguren, lugen schlohweiße Haare hervor. Zu grünem Tee serviert Bators Frau ein köstliches Nachtmahl: Es gibt kaltes Hammelfleisch, Nudeln und gezuckerte Tomaten. Später sitzen wir bei halbmondförmigen Melonenscheiben im Hinterhof des Hauses um ein flackerndes Feuer, und in radebrechendem Uigurisch erzähle ich von meiner Wüstenwanderung, während Bator mir vom Leben der Oasenbauern berichtet, die sich über jeden Schatten, jeden kühlen Windzug und jede gute Mahlzeit freuen. Jede Schale Reis, jede Melone und jedes Stück Fleisch muss der extremen Natur abgerungen werden. Und obwohl das Leben hier ein mühsamer, immerwährender Kampf gegen Hitze, Trockenheit und Sandsturm ist, wirken Bator und seine Frau zufrieden und ausgeglichen. Ihre offenherzige und bescheidene Art ist für mich ein willkommenes Gegengewicht zu der Einsamkeit der letzten Tage, und ich bin froh, an diesem Abend nicht allein zu sein. Als der Morgen schon graut und das Feuer im Hinterhof längst erloschen ist, bietet mir Bator einen Schlafplatz in seinem Haus an. Dankend nehme ich an und rolle mich hundemüde in die Decken, während draußen die Kälte über der Wüste liegt.

Zwei Tage später, als ich am frühen Morgen meinen Rucksack mit neuem Proviant und Trinkwasser versehen habe, umarmt mich Bator zum Abschied und steckt mir eine Handvoll süß-hartes Gebäck zu. Noch vor Sonnenaufgang begleitet mich eine fröhliche Kinderschar aus der Oasenstadt, und als ich hinaus in die Wüste wandere, ist der Wind sofort da. Er bläst wie ein regelmäßiger Atem. Am Tage warm bis heiß, in der Nacht kalt bis eisig. Zum Schutz binde ich mir ein breites Tuch um Kopf und Hals. Nur die schmalen Augenschlitze bleiben frei. Dann überlasse ich mich dem ruhigen Rhythmus der Schritte, und mit der Freiheit des weiten Raums im Blick passiere ich ausgetrocknete Flussbetten und langgezogene Hügel. Es geht über rostbraune Erde, die von wasserlosen Rinnen durchädert ist, und endlose Steinteppiche mit sonnenpolierten Felsbrocken und labyrinthartigen Sandkegeln, hinein in das 1600 Meter hohe Bei-Shan-Gebirge, ein zerfurchtes Felslabyrinth, das in Jahrmillionen vom Sandstrahlgebläse des Wüstenwindes zerschliffen wurde. Geborstene Gesteinsmassen in Braun und Schwarz, mit roten Tönen und weißen Quarzitflecken, überlagern sich. Mächtige Blöcke aus Gneis, Granit und Porphyr liegen ringsumher, zerstört von den extremen Temperaturunterschieden. Zyklopenhafte Bergriesen und schroffe Felsnadeln stehen neben pittoresken Steinformationen, die schlafenden Saurierleibern gleichen. Jede von der Phantasie nur auszudenkende Form scheint in dieser bizarren Landschaft zu existieren.

Ich steige über Hänge und Grate, über Rinnen und Vorsprünge, klettere über Gebirge aus Abraumhalden, die sich wie ausgeglühte Schlacke türmen, und folge schmalen Passübergängen – bis die von der Natur vorgezeichneten Wege abrupt aufhören und schrundige Wände in tiefe Canyons stürzen. Auf manchen Passhöhen bemerke ich kleine Steinhaufen, die aus längst vergangenen Zeiten stammen. Das sind Markierungen, die von den Bitten der Gläubigen um Glück und um Eingang zum Nirwana künden. Dieser uralte Brauch ist noch immer tief im Bewusstsein vieler Einheimischer verwurzelt. Auch ich füge den gestapelten Steintürmchen weitere hinzu. Ganz behutsam, als wäre es ein Altar, lege ich einen Stein auf den anderen, um den Göttern für die bislang sicher überstandene Reise zu danken.

Abenddämmerung. Noch bevor die Erde in ihren eigenen schwarzen Schatten sinkt, überflutet glühendes Orange den westlichen Horizont. Eine purpurne Farborgie lässt das Bei-Shan-Massiv im zartesten Rosa leuchten. Es ist, als würde der Himmel Feuer fangen, und ich kann mich gar nicht satt sehen an diesem himmlischen Gebirgsbrand. Erst als die Dunkelheit den Tag endgültig verschlungen hat, spannt sich der kristallklare Sternenhimmel wie ein riesiges Zeltdach über das Gebirgsmassiv. Nach wie vor empfinde ich es als etwas Besonderes, wenn ich am Abend – nach den Anstrengungen des Tages – alle Glieder auf dem Schlafsack ausstrecke und mit den Augen dem Lauf des Mondes folge, der mit quecksilbriger Helligkeit über die Wüste strahlt. So ist es auch hier im kargen Bei-Shan-Gebirge: Die ganze Nacht hindurch ist der Mond bei mir. Kurz bevor mir die Augen zufallen, scheint er auf meine Füße. Wenn ich Stunden später wach werde, steht er direkt über meinem Kopf. Und wenn ich im Morgengrauen mein kleines Camp zusammenpacke, ist er bereits ganz blass und übergibt mich in die Obhut der Sonne.

Manchmal erlebe ich auch Nächte mit finsterem Gewölk, das alle Sternbilder verhüllt. Es gibt Nächte, in denen ich nicht zur Ruhe komme, weil mein Kopf mit den Ereignissen des Tages zu aufgeladen ist, Nächte, in denen ich mitunter zum Walkman greife, um mit Musik die nervenzermürbende Gedankenflut zu verdrängen. Ein anderes Mal stelle ich mir vor, dass meine Frau Rita aus dem Dunkeln zu mir kommt, sich einfach zu mir setzt, mich umarmt, küsst und wir dann in Laken gehüllt auf dem sandigen Boden liegen; ihre schlafwarme Haut schmiegt sich an mich, während ich durch die Berührung ihres Körpers spüre, dass ich neben ihr der Wüste verloren gehe. Liebend gern würde ich solche Bilder in meinem Kopf festhalten – doch ich verbiete es mir, will gar nicht erst in jene verwirrende Gefühlswelten hineingeraten, die mir nur für kurze Zeit scheinbare Erleichterung verschaffen, um das Alleinsein in dunkler Nacht zu meistern. Gar nicht erst anfangen damit, sage ich mir. Gleichwohl würde ich in solchen Momenten gern einem anderen Menschen meine Tageseindrücke und Empfindungen mitteilen. Da das jedoch nicht geht,»erfinde« ich einen imaginären Gefährten. Er existiert nur in meiner Vorstellungswelt, doch ich kann mit ihm sprechen, diskutieren und albern. Er ist immer da, wenn ich ihn brauche, ermutigt oder ermahnt mich. Solche Gespräche sind für mich ungemein wichtig, lebenswichtig, um in der Einsamkeit das seelische Gleichgewicht zu halten. Nur so kann ich Schwermut und Furcht auf Distanz halten. Das mag sich seltsam anhören, doch so empfinde ich in der Wüste.

Jenseits des Bei-Shan-Gebirges verändert sich die Gashun Gobi und schwillt zu grandiosen Dünenstaffeln an. Ich komme in das Sandmeer der»Mingsha-Shan«, der»Klingenden Sandberge«, wo mein Körper und mein Geist zu einer Art »Lustmaschine« verschmelzen, deren größte Erfüllung das »Unterwegssein zu Fuß« ist. Mit fast traumwandlerischer Sicherheit schreite ich über atemberaubende Sandteppiche und fühle mich zuweilen wie ein Seiltänzer, der auf dem schmalen Rücken eines Halbmondes balanciert, wobei ich ständig mit größter Vorsicht neben dem hart gepressten Dünenrand auftrete, um zu vermeiden, dass ich den fast senkrechten Abhang von weichem Sand auf der einen Seite oder die steile Böschung aus festem Sand auf der anderen Seite zwei- bis dreihundert Meter tief hinunterrutsche.

Unaufhörlich geht es Düne rauf, Düne runter, Aufstiege folgen auf Abstiege, steile Flanken auf tiefe Stürze, bis mir meine Positionsbestimmungen zeigen, wie schwierig es ist, mit dem Kompass über derart mächtige Sandbarrieren zu navigieren. Immer wenn ich in die Senken zwischen den hohen Sandbergen hinabstapfe, die gelegentlich wie Krummdolche gebogen sind, weichen die Dünen listig ab. Es ist ein navigatorischer Albtraum. Zudem pfeift noch ein eisiger Wind über die Dünenkämme, der das Gehen im Sand erschwert. Schließlich versinke ich immer mehr in meiner Müdigkeit, spüre das Gewicht der Erschöpfung und verliere im stetigen Auf und Ab der Sandwogen meine Kraft. Bin ich an der Grenze meiner physischen und psychischen Leistungsfähigkeit? Jetzt nur nicht der Müdigkeit nachgeben! »Wenn dein Geist nicht schlappmacht, trägt dich dein Körper über alle Horizonte«, mache ich mir Mut. Doch in immer kürzeren Abständen muss ich nun verschnaufen und mir einen Schluck Wasser gönnen. Deutlich spüre ich, dass mir die Schwermut auf den Fersen ist und meine bleiernen Beine nicht mehr weiter wollen. Fix und fertig falle ich irgendwann auf die Knie und prügele den Sand mit Fäusten: Kurzschluss. Blackout. Benommen von der Überanstrengung, spielen Körper und

*Im Wechsel der Klimata gestaltete sich Ägyptens faszinierende Ödnis.*

*Einundzwanzig Tage ziehe ich mit meinem Sohn Aaron (links) und zwei Beduinen über die Sinai-Halbinsel.*

# Wüste Sinai

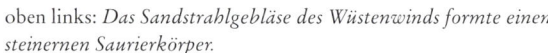

oben links: *Das Sandstrahlgebläse des Wüstenwinds formte einen steinernen Saurierkörper.*

unten links: *Im Wadi Nafach bemalte Jean Verame bizarre Felsblöcke in der Himmelsfarbe Blau.*

oben rechts: *Mein Sohn Aaron wandert durch eine Urlandschaft aus Sand und Stein.*

unten rechts: *Ich führe mein Kamel durch ein zerborstenes Felsenreich.*

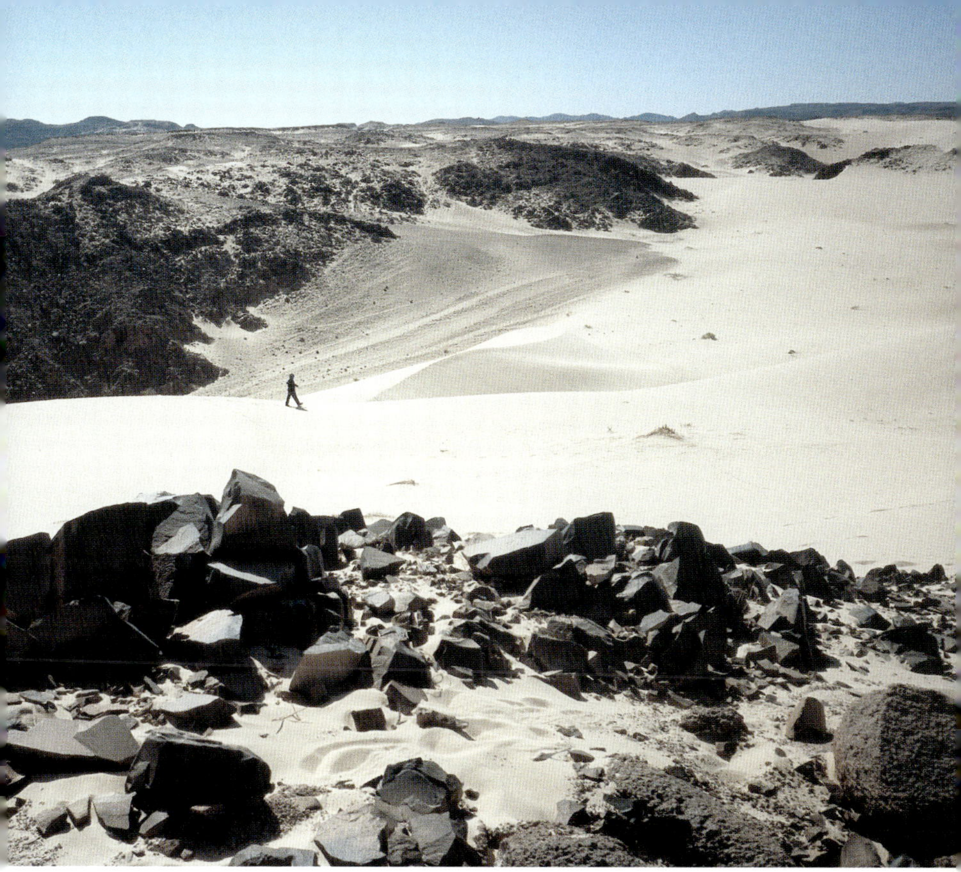
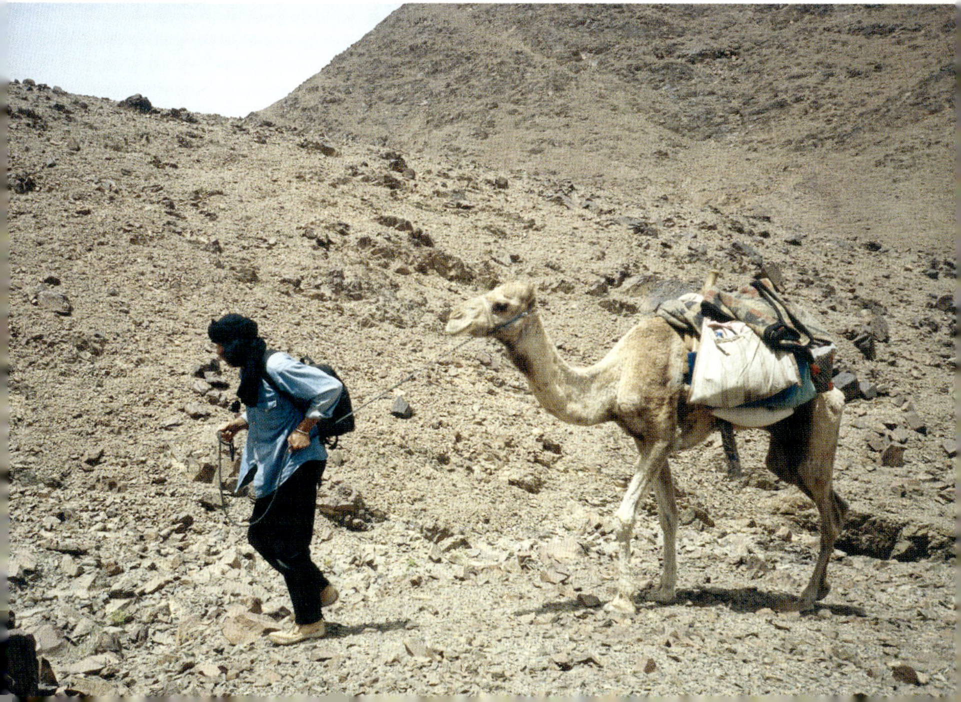

# Wüste Gobi

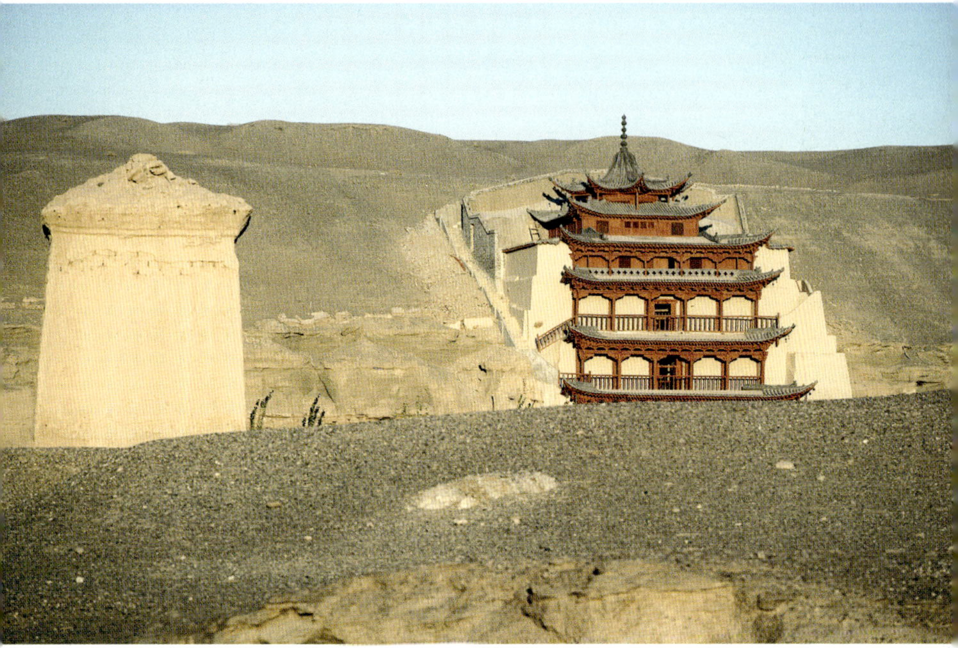

oben links: *Die Klosteranlage von Dunhuang zählt zu den bedeutendsten Heiligtümern des Buddhismus.*

rechts: *Auf schmalen Graten wandere ich durch das Sandmeer der Mingsha-Shan (»Klingende Sandberge«).*

unten links: *Im Sandsturm klammere ich mich an die Biwakplane, die heftig flattert.*

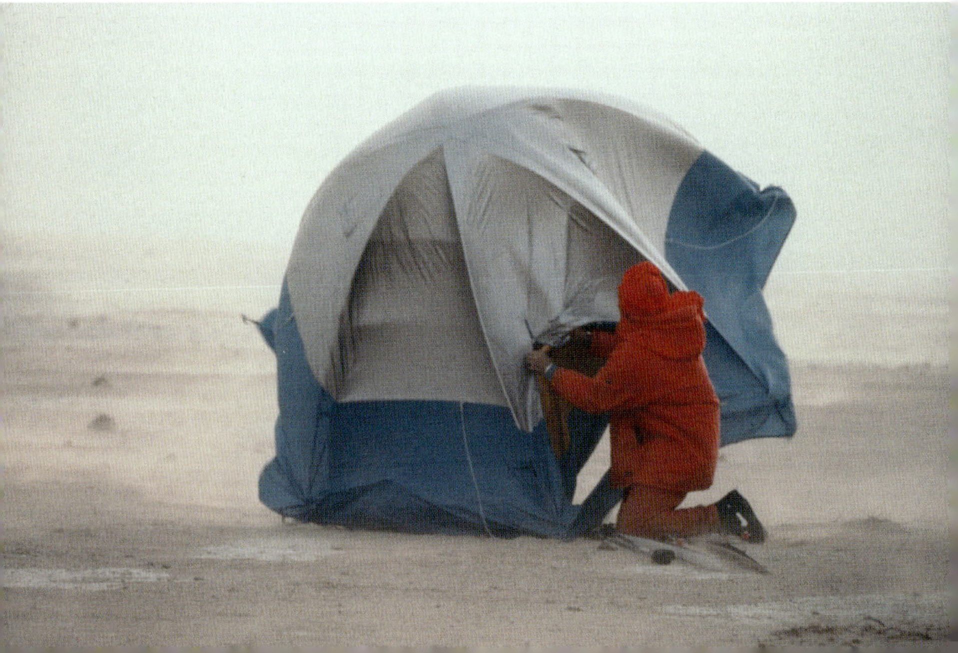

# Kobuk-Wüste

Im nördlichsten Sandmeer der Erde bin ich mit meinem Sohn Dirk unterwegs.

Auf den Spuren der Paläoindianer treffe ich auf Bisonherden und bin Gast beim größten Indianertreffen der Welt.

# Odadahraun-Wüste und Kaisut-Wüste

*Die Einöde Odadahraun gilt als größte Lavawüste der Erde.*

*Manchmal sind die widerspenstigen Kamele der Kaisut-Wüste nur durch Zerren und Schlagen zum Weitermarsch zu bewegen.*

# Menschen der Wüste

*Wo die Wüste Menschen formt: Kinder in Marokko und Ägypten, Karawanenführer in Tunesien, Tuareg in Libyen, Pokot-Frau in Kenia, Uigure in Chinas Wüste Gobi.*

*In traumschöner Vielfalt gestalten Sand und Stein die Wüsten der Erde.*

# Sahara

oben links: *Beim Dahingleiten über den Sand ist der gesprenkelte Körper der giftigen Hornviper zu einem gestreckten S gekrümmt.*

unten links/oben rechts: *Schritt für Schritt geht es durch die Sandmeere der Sahara, die sich unter einem grandiosen Himmel in die Unendlichkeit dehnen.*

unten rechts: *Mit dem Heißluftballon werden wir in die absolute Stille emporgehoben. Unter uns dehnt sich Ägyptens Wüste und das blaue Band des Nil.*

# Sahara

oben links: *Kostbares Blau in der Libyschen Wüste: der See »Um el Ma«*

unten links: *Entlang alter Karawanenstraßen liegen zahlreiche Dromedarskelette.*

oben rechts: *Die langen Schatten unserer Karawane erinnern an surrealistische Bilder von Salvador Dalí.*

unten rechts: *Unterwegs mit schwer beladenen Kamelen, per Rucksack oder mit meinem Sohn Aaron, orientiere ich mich in der Wüste mit einem Handkompass sowie mit Hilfe der Sterne.*

Sahara

*links: Sandmeere und Felslandschaften sind für den Wüstenmaler Carsten Westphal eine Art »Atelier«,
wo seine phantastischen Reliefbilder entstehen.*

*rechts: Wüstenstädte mit großer Vergangenheit: die Altstadt von Ghadames (Libyen), deren verzierte
Lehmmauern unter UNESCO-Schutz stehen; Ghardaia (Algerien), auf deren Stadthügel ein Minarett
thront; die verlassene Altstadt von Ghat (Libyen); Afrikas römische Handelsmetropole Leptis Magna
(Libyen) und die Ruinenstadt Sijilmassa (Marokko), einst wichtige Station der Transsahara-Karawanen.*

# Sahara

Das Kamel im Schlepptau, zieht mein Sohn Aaron durch die wüste Weite Ägyptens.

Eine Staub- und Sandwalze faucht heran, verdunkelt den Himmel.

Seele verrückt. Tränen laufen mir über das Gesicht, und tief in mir sitzt die Angst. Nur noch liegen will ich und mich einfach ausruhen.

Ich weiß nicht mehr, wie lange ich im Sand so daliege, ehe sich mein Atem beruhigt und die Vorstellung, dass Dunhuang nicht mehr weit sein kann, ungeahnte Energien und Lebensgeister weckt. »Geh einfach weiter«, sagt plötzlich eine Stimme, doch das bin nicht ich. »Reiß dich zusammen, Achill! Und geh weiter, immer weiter und weiter!« Flüsternd hilft mir die fremde Stimme auf die Beine, ohne Unterlass sagt sie immer die gleichen Worte, einem beruhigenden Mantra gleich, und mit der Monotonie einer gefühllosen Maschine setze ich einen Fuß vor den anderen, als würde mich das Gehen von allen Ängsten befreien. Gehen, gehen, gehen. Stundenlang. Ich gehe durch ödeste Sandwogen. Und ödeste Sandwogen gehen durch mich hindurch. Ich habe das Gefühl, ein gläserner Mensch zu sein.

Als ich einen der letzten schmalen Dünengrate der »Mingsha-Shan« keuchend erklimme, breitet sich unter mir üppiges Grün aus. Ich sehe Pappeln, Ulmen und Olivenbäume – die Oase Dunhuang, nach fünfzehn Marschtagen. Eine ganze Weile sitze ich auf dem hohen Dünenkamm und genieße den Ausblick über die 100000-Einwohner-Stadt, die zwischen dem 4. und dem 14. Jahrhundert als wichtiges Karawanenzentrum galt. Hier, wo sich die Seidenstraße in eine nördliche, südliche und mittlere Route gabelte, die alle um die gefürchteten Wüsten Westchinas herumführten, bestimmen heute Lastwagen, Jeeps und Eselskarren mit zweirädrigen Gummireifen das Stadtbild.

Irgendwann drängt es mich in die Stadt, und ich rutsche die letzte Dünenwoge hinab, klopfe Sand und Staub aus der Kleidung und folge den Hochspannungsmasten, die mir den Weg in die Oase weisen, zu modernen Wohnsilos und erdfarbenen Reihenhäusern, die in bewährter Lehmbauweise errichtet sind. In einem kleinen Hotel nehme ich mir ein Zimmer und falle erschöpft aufs Bett. Die Beine sind schwer wie Blei, und die Wirbelsäule schmerzt. Deutlich spüre ich: Mein Körper und auch der Geist sind noch in der Wüste. Zu schnell bin ich von der einen Welt in die andere gewechselt, deren Getöse durch den langen Korridor des Hotels hallt. Ich höre das Knattern der Motorräder, das Hupen der Autos, das Klingeln der Radfahrerschwärme und das Stimmengewirr geschäftiger Menschen. Viel zu rasch bin ich aus dem Reich des Schweigens in das Land der tausend Geräusche gekommen.

Zwei Tage nach meiner Ankunft in Dunhuang kutschiert mich ein junger Uigure mit einem Eselskarren zu den Mogao-Grotten, die vierundzwanzig Kilometer südöstlich der Oasenstadt liegen. Zwei baumlose, verkarstete Bergrücken – Sanwei und Mingsha –, die zu einer ausgedehnten Gebirgskette zählen, bilden hier die südliche Begrenzung des Gansu-Korridors. In dem dazwischen liegenden Tal verläuft ein Flussbett mit baumbestandenen Ufern, dessen Wasser seit undenklichen Zeiten aus den Bergen herabstürzt, ehe es einige Kilometer weiter in einem ausgedehnten Gerölluntergrund verloren geht. Am Westufer dieses Flusses erheben sich langgestreckte Felsklippen, die in Turmhöhe zu einem sandigen Plateau auslaufen. An diesem besonderen Ort errichteten buddhistische Pilger und Missionare zur Blütezeit der Seidenstraße eine einzigartige Tempelanlage und meißelten Hunderte von Höhlen in eine 1600 Meter lange Felswand.

Über den Friedhof der einstigen Buddhistengemeinde gehe ich durch zwei neu errichtete Ehrentore. Gleich dahinter liegt der fünfstöckige Haupttempel, der sich an der Stirnseite einer kamelfarbenen Klippenwand erhebt, an der zu beiden Seiten des Tempels dunkle Grottenlöcher wie Bienenwaben kleben. Von den ursprünglich über tausend Grotten sind heute noch 492 erhalten, die die Schätze von Mogao beherbergen: mehr als dreitausend Statuen und Skulpturen in unterschiedlichsten Größen (von 10 Zentimetern bis 33 Metern) sowie kultische Wandmalereien, die, vom Wüstenklima konserviert, mehr als 45 000 Quadratmeter bedecken. Es ist die größte buddhistische Galerie der Welt.

In alten Schriften ist überliefert, dass mit dem Bau der ersten Grotte von Mogao im Jahr 366 begonnen wurde. Damals, so heißt es, wurde der buddhistische Mönch Luozun während einer Rast von Banditen oder Dämonen bedrängt. Nur auf wundersame Weise konnte er sich aus ihren bedrohlichen Fängen befreien. Als Dank schnitzte er eine Buddha-Statue, die er in einer Felsnische aufstellte. In den darauffolgenden Jahrhunderten waren es dann Kaufleute, Handwerker, Bauern und Reisende aus Persien, Indien und Arabien, die an gleicher Stelle eine beträchtliche Anzahl von Höhlen in den Fels schlugen und die Mogao-Grotten schufen. Später erbaten hier vor allem die Karawanenführer den Schutz der Götter, ehe sie auf den Routen der Seidenstraße die gefahrvolle Reise um die Wüsten Westchinas antraten. Mit ihrer finanziellen Unterstützung förderten sie den Ausbau der buddhistischen Tempelanlage, sodass rund um die Oase Mogao nicht nur ein Zentrum der Andacht und der Danksagung entstand, sondern das Schönste, was die Seidenstraße zu bieten hat: ein gewaltiges Heiligtum des Buddhismus mit mehr als tausend wabenartigen Felsgrotten, in denen phantastische Kunstschätze geschaffen wurden.

Erst als die fremdenfeindliche Ming-Dynastie in der Mitte des 14. Jahrhunderts sämtliche Handels- und Kulturverbindungen zum Westen abbrach, versiegte der Verkehr auf den transasiatischen Handelsrouten, und mit ihm erlosch auch der dynamische Schwung des Buddhismus. So gerieten die »Höhlen der Tausend Buddhas« mehr und mehr in Vergessenheit und wurden schließlich von Wanderdünen zugeschüttet. Erst 1899, als der taoistische Mönch Wang Yuanlu in den Westen Chinas reiste und nach seinen religiösen Vorgängern forschte, kam es zu einer Wiederentdeckung der Mogao-Grotten. Während Yuanlu mit einigen Arbeitern große Mengen von Sand an einer langen Felswand abräumte, stieß er auf den Vorraum einer Grotte mit Wandmalereien. Doch kaum war die Höhle freigelegt, stürzte sie auch schon ein. Gleichwohl setzte er seine Ausgrabungsarbeiten unbeirrt fort, bis sein Tun belohnt wurde und er mehrere Hohlräume sowie Grotten freilegte, die mit herrlichen Wandmalereien und Skulpturen geschmückt waren. Überdies entdeckte Yuanlu eine zugemauerte Geheimkammer, in der sich eine ganze Bibliothek ostasiatischer Wissenschaften befand: 50000 Dokumente aus der Zeit vom 3. bis zum 11. Jahrhundert, buddhistische Sutrentexte in verschiedenen Sprachen, konfuzianische und taoistische Schriften, umfangreiche historische Materialien, Aufzeichnungen zur Erleuchtung im Zen sowie Zeugnisse über den Glauben der Manichäer und Nestorianer sowie uralte Volkszählungsregister, Kontobücher, Kalender und Briefe. Bedingt durch das trockene Wüstenklima, waren die verschollenen Kulturzeugnisse länger als neunhundert Jahre erhalten geblieben. Ein unermesslicher Schatz für die Wissenschaft!

In jenen Tagen erkannte niemand in China den Wert der buddhistischen Ausgrabungsfunde, weder der Mönch Wang Yuanlu noch die Beamten der Provinzialregierung. Diese Nachlässigkeit hatte bittere Folgen, denn fast gleichzeitig gelangten erste europäische Reisende nach Zentralasien, die in der Gobi ein »archäologisches Eldorado« vermuteten und die Wüste als »Schatzkammer Innerasiens« idealisierten. Angelockt von der Hoffnung auf spektakuläre Ausgrabungsfunde, die Ruhm und Reichtum bescheren sollten, drangen Schweden, Franzosen, Engländer, Russen und auch Deutsche (mit der Unterstützung von Regierungen oder wissenschaftlichen Gesellschaften) in die unbekannten Weiten Asiens vor, um aus entlegensten Tempeln, Ruinen und Gräbern tonnenweise Wandgemälde, Skulpturen und Bibliotheken zu verschleppen.

Der Engländer Sir Marc Aurel Stein, der 1907 im Auftrag der britischen Regierung durch die zentralasiatischen Wüsten reiste, um Überreste der vor zweitausend Jahren errichteten Verlängerung der Großen Mauer zu erkunden, hörte als einer der ersten westlichen Forschungsreisenden von der Ausgrabung der Mogao-Grotten. Sofort machte er sich auf den Weg zu den abgeschiedenen Tempelhöhlen, wo er dem Priester Wang Yuanlu mehrere Wagenladungen kostbarer Schriftrollen und Höhlenzeichnungen für einen Spottpreis abkaufte: Nahezu 7000 Dokumente und über 500 Gemälde sandte er auf dem Karawanenweg nach London an das British Museum.

Auch Langdon Warner, Professor für chinesische Kunst am Fogg Art Museum der Harvard-Universität sowie der Franzose Paul Pelliot und der Japaner Otani erwarben damals gegen geringe Geldbeträge Tausende von Schriftrollen und Malereien aus den Mogao-Grotten. Einige dieser zweifelhaften Forschungsreisenden bestrichen sogar die Höhlenbilder mit Spezialklebstoff, ehe sie die kultischen Malereien mit leimgetränkten Gazestreifen wie Abziehbilder von den Wänden rissen. Per Kamel- und Pferdewagen gelangten die kostbaren Bilder, Zeichnungen, Schriftrollen, Skulpturen und Brokate dann nach Europa, wo ein Großteil der buddhistischen Schätze in den Bombennächten des Zweiten Weltkriegs in Berlin und London vernichtet wurde.

Als ich schließlich eine der uralten Felsgrotten betrete, stülpt die Höhle sofort ihr Klima über mich. Es ist, als werfe mir jemand eine schwere Decke über. Die Luft ist trocken – Wüstenluft. Vom lichten Ausgang taste ich mit den Augen über die glatten Gesteinswände. Wo immer der Lichtkegel meiner Taschenlampe hinreicht, erkenne ich einen farbigen Bilderreigen buddhistischer Frömmigkeit, sehe Malereien, die mir in unendlicher Vielfalt das Wirken des Siddharta offenbaren, der um 560 vor Christus geboren und vom indischen Prinzen zum Bettler wurde. Im Alter von neunundzwanzig Jahren zog er sich aus dem weltlichen Leben zurück, um als Wanderasket höhere Erkenntnis zu erreichen, ehe er nach mühevollen Jahren die Erleuchtung fand. Sein Hauptanliegen, *die Überwindung des Lebens in der Welt,* wurde zum Grundpfeiler des nach ihm benannten Buddhismus.

Stunde um Stunde nehme ich in den zwielichtigen Höhlenräumen immer wieder den »Erleuchteten« als Schutzgewährenden in herrlichen Farben wahr, flankiert von kahl geschorenen Mönchen, die Früchte und Blumen als Opfer darbringen; ich sehe Siddharta, wie er mit der Hand die Erde berührt, die er als Zeugin für die Standhaftigkeit seines Glaubens gewann. Ein anderes Bild zeigt ihn im Schneidersitz auf einer riesigen Lotusblüte: ein Abbild vollkommener Versunkenheit. Gleich daneben tanzen fliegende Gandharvas (Engel) über die Felswände, während wehrbereite Wächter mit Rüstung und Waffen den Himmel vor dem Bösen schützen und Bodhisattvas (Buddha-Schüler) sich Dolche in die Brust stoßen, aus Kummer über das Hinscheiden ihres verehrten Siddharta. Hier stimmt wirklich alles: die Figuren, die Tiere, die Bewegungen, die Proportionen. Manchmal nehmen mir die intensiven Farbgebungen und die Vielfalt der kultischen Darstellungen fast den Atem.

Völlig hingerissen von der Schönheit der Höhlenkunst,

denke ich an jene fernen Tage, als die Wand- und Decken-
bilder von buddhistischen Künstlern geschaffen wurden,
in jenem Mischstil, in dem sich Griechenland, Persien, Indien und China – entlang der Seidenstraße – begegneten. Die
ältesten Höhlenfresken, die mitunter von einem strengen
Sinn für Symmetrie geprägt sind, stammen aus dem 4. nach-
christlichen Jahrhundert, was eine Schrifttafel aus dem Jahr
698 beweist, die Archäologen bei Ausgrabungsarbeiten freilegten.

Nach einem langen Rundgang durch die Tempelanlage
setze ich mich in einer der Felshöhlen auf den nackten Steinfußboden, um die mannigfaltigen Eindrücke der Mogao-
Grotten auf mich wirken zu lassen, als mein Blick auf eine
mannsgroße Buddha-Statue fällt, deren einfacher Aufbau aus
Gips, Röhricht und Bambus besteht. Mit untergeschlagenen
Beinen hockt die Buddha-Figur, die sich durch große Weich-
heit der Linien auszeichnet, etwas erhöht. Schulter und Körper
sind mit einem farbigen Gewand bedeckt, das in Relief und
Malerei ausgeführt ist. Die Gesichtszüge sind äußerst schlicht.
Hinzu kommen schmale Augen, formschöne Brauen, rote
Lippen und eine hohe Nase. Vor solchen Skulpturengruppen
standen früher häufig Opfertische mit Vasen, Zeremoniegerät
und Weihrauchbrenner. Es ist ein Ort der Fürbitte und Anru-
fung, der Versenkung und Danksagung, ein Ort, der mich auf
seltsame Art berührt. Er hat etwas an sich, das jenseits des
Greifbaren, des Materiellen liegt, eine Art spirituelle, religiöse
Kraft, die ich auf meinen Reisen bei vielen Wüstenbewohnern
gespürt habe und die auf traditionellen und spirituellen Wurzeln beruht – wie auch auf der Auseinandersetzung mit der
Natur.

Eine ganze Weile betrachte ich die Buddha-Figur, sitze nur
so da und lausche dem Flüstern des Windes, der draußen um
die Felsgrotten saust. Irgendwann krame ich in meinen Ho-

sentaschen, und zwischen allerlei Sand finde ich einen Kugelschreiber und ein Feuerzeug. Beides lege ich zu Füßen der Buddha-Statue, die in stiller Sanftmut dreinblickt. Dann flüstere ich einige Worte des Dankes und fühle mich wie ein Pilger, der sein Ziel erreicht hat.

# Zu den Urmenschen vom Turkana-See

*Kaisut-Wüste ~ Kenia ~ 1996*

Im Norden Kenias, der Heimat unterschiedlichster Nomadenstämme, erstreckt sich die Kaisut-Wüste, ein grandioses Stück Urnatur aus Lava, Sand und Stein. In dieser abgeschiedenen Weite liegt der tiefblaue Turkana-See, der die größte Krokodilpopulation Afrikas birgt und an dessen Ufern Archäologen einzigartige Hominidenfossilien fanden, Zeugnisse jener Epoche der Erdgeschichte, als die »Wiege der Menschheit« in der nördlichsten Hälfte Kenias stand.

*Noch nie haben deine Augen einen so weiten Blick geworfen. Flaches Land, das bis zu den fernen purpurroten Umrissen der Matthews-Kette reicht, und dann, gerade als du dachtest, du hättest eine Art Endpunkt im Raum gefunden, gerade wenn du dir einbildest, die Landschaft werde sich wieder um dich schließen und du würdest dich weniger ausgeliefert fühlen, hebt sich ein weiter Vorhang von einer weiteren Unermesslichkeit, und deine Augen können noch immer nicht das Ende erreichen.*

Francesca Marciano, Himmel über Afrika

*I*mmerzu nach Norden. Von morgens bis abends. Querbuschein führe ich mein Kamel am Strick hinter mir her durch ein dornenstarrendes Strauchlabyrinth. Das sagt sich leicht, aber lebt sich schwer. Denn immer wieder verschleppt mein Höckertier sein Tempo und drängt mit stelzendem Gang widerspenstig in das Dorngestrüpp von Akazie und Tamariske. Was für die Kamele als süße Delikatesse gilt, wird für mich zum Stachelangriff auf Körper und Seele, wenn die fingerlangen Dornen durch Jacke, Hemd und Hose stoßen. Nur mit der Beißzange oder der Pinzette kann ich mich befreien, ehe ich bald darauf erneut zum Kaktus werde.

Ich bin im Norden Kenias unterwegs, wo sich die Kaisut-Wüste erstreckt, ein grandioses Ödland mit weiten Steinebenen, ariden Bruchformationen und rotbraunen Sandpassagen, die mit knallgrünen Strauchbüscheln durchsetzt sind. Tief eingeschnittene Trockentäler wechseln ab mit mauve- und ockerfarbenen Hügelketten, die in urige Bergformationen übergehen, die wie steinerne Wellen gegen den Horizont anbranden. Alles, was vor Millionen von Jahren hier geschah, ereignet sich noch heute: Vulkanschlote speien Kohlendioxyd, Sandstürme zerschürfen die Erde, und Verwitterungskräfte sorgen für natürliche Selbstverwüstung. In dieser ostafrikanischen Wüstenei liegt langgestreckt, bis an die Grenze Äthiopiens, der Turkana-See, der einst von jenen Erdkräften geschaffen wurde, die auch Afrikas Rift Valley gestalteten.

Mit einer Ausdehnung von rund 6500 Quadratkilometern ist der Turkana-See fünfzehnmal größer als der Bodensee.

Und noch heute birgt dieses abflusslose Gewässer, das nur durch den äthiopischen Omo River aus dem Norden mit Wasser versorgt wird, viele Rätsel. Es heißt, dass der Turkana-See in grauer Vorzeit mit den afrikanischen Riesenströmen Nil und Niger verbunden war. So soll es ein gewaltiges zusammenhängendes Wassersystem gegeben haben, das sich über den halben afrikanischen Kontinent erstreckte.

Neben geophysikalischen Messdaten sowie geologischen und tektonischen Strukturen, die sich zwischen den genannten Regionen analog fortsetzen, sind vor allem die riesigen Nilbarsche im Turkana-See sowie Afrikas größte Krokodilpopulation wichtige Hinweise darauf, dass das fast dreihundert Kilometer lange und bis zu fünfzig Kilometer breite Gewässer im Norden Kenias tatsächlich einst mit dem Nil und dem Niger verbunden war. Zudem haben Geologen in verschiedenen Gesteinsschichten eine hundertsiebzig Meter über dem heutigen Seespiegel liegende Uferlinie entdeckt, die ebenfalls Beweis dafür ist, dass im Pleistozän ein viel größerer Turkana-See durch den Sobat-Strom zum Nil hin abfloss, der wiederum eine Verbindung mit dem westafrikanischen Niger hatte.

Ebenso ungewöhnlich ist auch, dass das Wasser des Turkana-Sees stark laugenhaltig und somit nicht trinkbar ist. Grund dafür sind unterirdische Abflüsse aktiver Vulkane, die es in dieser Region seit über 20 Millionen Jahren gibt und die sich wie eine Kette durch den Ostafrikanischen Grabenbruch ziehen. Einige dieser Vulkane liegen sogar im Turkana-See selbst, andere befinden sich in unmittelbarer Nähe des Südufers. Überdies treten an den Ufern des Turkana-Sees, als Folge einer Jahrmillionen währenden Erosion, immer wieder einzigartige Hominidenfossilien zutage, Zeugnisse jener Epoche der Erdgeschichte, als die »Wiege der Menschheit« in der nördlichsten Hälfte Kenias stand. Und seit das englische Forscherehepaar Louis und Mary Leakey sowie ihr Sohn Richard (ein bedeutender Paläoanthropologe) inmitten wüster Weite zahlreiche Überreste von Hominiden und Tieren aus dem jüngsten Tertiär und Quartär fanden, gelten die Kaisut- und die Chalbi-Wüste im Norden Kenias als bedeutendste Fundorte von Hominidenzeugnissen.

Auf der historischen Route des ungarisch-österreichischen Grafen Samuel Teleki von Szek, der – zusammen mit dem aus Pressburg stammenden Seeoffizier Ludwig von Höhnel – in den Jahren 1887/88 durch das weite Wüstenland im Norden Kenias reiste, um einen sagenumwobenen See zu suchen, den die Einheimischen »Basso Narok«, »Schwarzes Wasser«, nannten, will ich zweitausend Kilometer mit Jeep und Kamel durch Ostafrika reisen. Teleki von Szeks Unternehmung war eine der teuersten und am besten ausgerüsteten Afrika-Expeditionen überhaupt. Der Graf hatte sie einst durch den Verkauf eines Landguts und eines Diamanten aus dem Familienerbe finanziert.

Am 2. Januar 1887 verließ die Expedition die Insel Sansibar, wo Ludwig von Höhnel bereits vorab Dutzende von lokalen Führern, zahlreiche Askaris (Soldaten) und etwa sechshundert Träger angeheuert hatte. Per Schiff ging es von Sansibar nach Tansania und von Pangani, an der Mündung des Pangani River, nach Norden zum äußersten Außenposten Taveta am Fuße des schneebedeckten Kilimandscharo, ehe die ansehnliche Karawane über das ostafrikanische »Ende der Welt« hinaus zog, wo sich Teleki von Szek, der seinerzeit in Berlin und Göttingen studiert hatte, ehe er die militärische Laufbahn einschlug, vor allem der Großwildjagd und der Erforschung Nordkenias widmen wollte.

Nach acht Flugstunden bin ich mitten in einer Welt wie aus Tausendundeiner Nacht. Sansibar – das klingt nach Exotik, Geheimnis und Abenteuer. Die Magie dieses Namens ist ungebrochen. Hier, in der afrikanischen Hochburg der Muslime, dem Schmelztiegel zwischen Afrika und Arabien, beginnt meine Reise auf den Spuren des Teleki von Szek. Von den Wogen des Indischen Ozeans umspült, liegt Sansibar nur vierzig Kilometer vor der Ostküste Afrikas und gehört zu Tansania. Im Mittelalter herrschten hier die Sultane aus dem Oman, die Sansibar zur Drehscheibe des Sklavenhandels machten. Im Jahr 1890 regelten die Kolonialmächte Deutschland und England in einem Abkommen ihre Gebietsansprüche: Helgoland wurde an die Deutschen zurückgegeben, während der deutsche Kaiser versprach, nicht am bestehenden britischen Protektorat des Sultanats Sansibar zu rütteln. Erst 1963 erlangte Sansibar die Unabhängigkeit, schloss sich aber schon ein Jahr danach Tanganjika an, woraus der Staat Tansania wurde.

In der feucht-schwülen Hitze Sansibars, wo die Luft mit exotischen Düften geschwängert ist, wo es aber auch nach Moder, Müll und Urin riecht, bin ich fast unmerklich aus dem 20. Jahrhundert hinaus gerutscht. Es ist, als würde ich in der labyrinthartigen »Stone Town« (Altstadt) von Sansibar mit jedem Schritt tiefer in die Vergangenheit geraten. Die Stadt erscheint mir wie die tropische, heruntergekommene Version eines Märchens von Scheherazade: Den Wohnhäusern und Palästen sieht man an, wie viel Zeit über sie hinweggegangen ist. Vor allem Sonne, Wind und Regen haben die Zerstörung kunstvoller Gebäude bewirkt. Balken aus morschem Mangrovenholz wechseln ab mit verwahrlosten Einlasstoren und hohen Mauern aus porösem Korallenkalk. Hier ist viel Restaurierungsarbeit nötig, will man den architektonischen Schatz einer ehemals reichen Stadt retten.

Ich schlendere durch ein Gewirr von Gassen, sehe lichte Plätze und tausend Erker. Die vielen Menschen sind ein bunter Mix aus Bantu-Völkern sowie arabischen, indischen und persischen Einwanderern: Esel treibende Kinder, verschleierte

Frauen und Männer in weißen Gewändern mit bunt bestickten Gebetskappen. Verstohlene Augenpaare blicken durch Fenster mit Gitterstäben davor. Und über allem hängt der schwere Duft von Gewürznelken, Kardamom, Vanille und Zimt.

Die Entdeckung Sansibars, das nach Madagaskar die zweitgrößte Insel Ostafrikas ist, geht auf die Bantus zurück. Vom Festland zogen sie einst über eine längst versunkene Landverbindung. Später kamen die Sumerer, Assyrer, Ägypter, Phönizier, Perser, Chinesen, Araber, Holländer und Briten. Alle erhofften sich Reichtum durch Gold, Gewürze und Sklaven. Und alle verewigten sich im Tagebuch der Inselgeschichte. Viele haben ihr Leben riskiert, um hier anzukommen. Und viele haben es verloren. Sansibar ist ein trügerisches Paradies, das mich an einen Satz des französischen Dichters Stéphane Mallarmé (1842–1898) erinnert: *Hütet euch vor den Sehnsüchten, die in Erfüllung gehen.*

Ich besuche auf Sansibar vor allem jene Orte, die vermutlich schon Teleki von Szek und Ludwig von Höhnel in Augenschein genommen haben: zum Beispiel ein großes weißes Haus, das etwas abseits östlich der Altstadt steht. Dort lebte ein Engländer, von dem ich seit Jahren alles gelesen habe, was mir in die Hände gefallen ist: David Livingstone (1813–1873), Arzt und Missionar. Dreißig Jahre verbrachte er in Zentralafrika, davon viele Monate auf Sansibar, wo er sich vehement gegen den Sklavenhandel einsetzte. Die Spuren des einstigen Sklavenhandels begegnen mir vielerorts, etwa in dem Haus, in dem Tippu-Tip (Hamed bin Muhammed bin Juma bin Rajad el Murjebi) lebte, einer der berüchtigsten Sklaven- und Elfenbeinhändler, und in der 1873 gegründeten »Church of Christ Cathedral«, einem Symbolbau gegen die Sklaverei. Hier befand sich auch der Sklavenmarkt, wo die Menschen aus Schwarzafrika zur profitträchtigen Ware wurden. Noch 1870 zahlte Tippu-Tip für einen jungen Arbeitssklaven im

Inneren Afrikas umgerechnet 1,30 Euro. Auf Sansibar kostete er bereits fünfundzwanzig Euro. Und auf den Sklavenmärkten des Kalifats und den Scheichtümern am Roten Meer wurde er für fünfzig Euro gehandelt. Schließlich zeigt mir ein junger Sansibari unterhalb der »Church of Christ Cathedral« ein Kellergewölbe mit finsteren Verliesen. Die Kerkerräume sind so niedrig, dass ich gebückt gehen muss. Wie Tiere hielt man hier verschleppte Menschen an Eisenketten gefangen, die – nach dem Verkauf auf dem Sklavenmarkt – auf sansibarischen Gewürzplantagen arbeiteten oder nach Arabien verschifft wurden.

Anderntags suche ich im alten Hafen eine Dhau, mit der ich zum afrikanischen Festland hinübersegeln will, nach Daressalam. Das Wort »Dhau« entstammt der Suaheli-Sprache und wird als Sammelbegriff für die hölzernen Segelschiffe der afrikanisch-arabischen Gewässer verwendet, die sich nach Typ und Größe unterscheiden. Allen gemeinsam ist das Lateinsegel, das einem großen Dreieck gleicht. Noch heute sehen viele Dhaus wie vor tausend Jahren aus: bauchiger Rumpf, kurzer Kiel, kantiges Heck und ein hoher Schrägmast, nicht zu vergessen der spitz zulaufende Bug, der äußerst stabil gebaut wird, um beim Eintauchen in die Wellen dem Druck der stürmischen See standzuhalten.

Der alte Hafen von Sansibar-Stadt ist die Seele der Gewürzinsel. Hier liegen die exotisch-musealen Holzschiffe dicht beieinander, die seit Jahrhunderten den Hintergrund sagenumwobener Geschichten darstellen und die das Garn bilden, das die Inselwelten im Indischen Ozean umspannt. Ich sehe keuchende Träger, die Schiffsbäuche entladen, Händler, die Fische zum Verkauf anbieten, Matrosen, die in Masten klettern, Planken schrubben, durchgescheuerte Tauenden spleißen, Reepe verknoten oder Schiffskörbe flechten. Zwischen Säcken und Kisten, Bündeln und Ballen balanciere ich über schmale Laufstege und finde endlich eine Dhau, die nach Daressalam segelt. Mein »Fahrgeld« beträgt umgerechnet fünfzig Euro.

Wie ein riesiger Seevogel gleitet die Dhau anderntags mit prall gefülltem Dreiecksegel über die blaue Weite des Indischen Ozeans und durchschneidet die wogenden Schaumkämme. Ich lausche dem Singen des Windes in der Takelage, dem Rauschen der Bugwelle und dem Ächzen des baumdicken Mastes, während mich die Crew unterschiedlicher Couleur in jene vergangene Zeit versetzt, in der das gehisste Lateinsegel im Indischen Ozean ein Zeichen des Schreckens war, weil es von Sklavenhändlern und Piraten verwendet wurde.

Mitte Februar verlasse ich Tansanias Hauptstadt Daressalam im Geländewagen. Mein Fahrer ist ein energiegeladener Bursche, der sich im ostafrikanischen Pistengeflecht bestens auskennt. Um seinen tiefschwarzen Kopf hat Ibu in verwegenen Windungen ein weißes Turbantuch geschlungen. Er ist ein stolzer Mittvierziger, der immer eine Melodie auf den Lippen hat und der sein genaues Alter nicht kennt. »Viel wichtiger ist, dass ich weiß, wie viele Kinder ich habe – acht Stück«, lacht er verschmitzt. Über Korogwe, Moshi und Arusha fahren wir Richtung Norden, passieren den Grenzübergang zwischen Tansania und Kenia, ehe es nach Nairobi, Nyeri, Nanyuki und zum Mount Kenia (5199 m) geht. Je weiter wir in den Norden Kenias kommen, desto mehr nimmt der Ackerbau ab, und die Trockensavanne beginnt. Bizarre Vegetationsformen tauchen auf: Dorngestrüpp, Schirmakazien und Kakteen. Einige wenige einfache Hütten, teils aus Stein, teils aus Lehm, stehen beiderseits einer gradlinigen Staubstraße.

Als Teleki von Szeks Expeditionsroute schließlich ins Weglose läuft und die Pisten immer steiniger und holpriger werden oder gar mit tiefen, waschbrettartigen Rillen versehen sind, lade ich jenseits von Isiolo meine Ausrüstung auf drei Kamele um. Gwani und Kamaironi, zwei baumlange Samburu-Scouts mit lehmverschmierten Zopffrisuren, rotem Tuch, Speer und Kurzschwert (»Lalema«), die ich in einem abseits gelegenen Dorf kennengelernt habe, begleiten mich von nun an durch den wüsten Norden Kenias. Ohne afrikanische Führer gibt es in dieser Vielvölkerregion kaum ein Durchkommen. Es ist die Heimat der Samburu, Turkana, Rendille, Merille und Gabbra. All diese Jäger- und Nomadenstämme haben sich ihre Kultur und Lebensform weitgehend bewahrt.

Noch vor zwanzig Jahren galten die unermesslichen Weiten Nordkenias als »Northern Frontier District«. Für ausländische Besucher war es ein Sperrgebiet. Blutige Stammesfehden um Vieh- und Weidegründe machten das Betreten dieses weglosen Ödlandes unmöglich. Heute ist Kenias Norden frei zugänglich, jedoch nicht frei von Gefahren. Noch immer hat Wegelagerei bei vielen Nomadenvölkern Tradition. So haben es »Shifta«, somalische Aufständische und Räuberbanden, die die Grenzziehung zwischen Kenia und Somalia als willkürlich bezeichnen und nicht akzeptieren, oft auf Geld, Wertsachen und Vieh abgesehen. Neben den üblichen Straßenüberfällen kam es in manchen Jahren auch zu Angriffen auf Ortschaften und Polizeistationen; ganze Häuser wurden dabei niedergebrannt. Zudem gibt es gesetzlose Turkana-Krieger, sogenannte »N'gorokos«, die sich aus ihrem Stammesgefüge gelöst haben und, mit modernen Waffen ausgerüstet, plündernd und mordend durch den Norden Kenias ziehen.

Es ist nicht so sehr Angst, was ich spüre, als unsere kleine Karawane in die Kaisut-Wüste aufbricht, sondern eher die Wahrnehmung des Bedrohlichen. Ich erlebe eine Landschaft, deren Magie ebenso faszinierend wie unheimlich ist. Zu Fuß und mit Kamelen nehme ich die Farben der Wüste – Braun, Rot, Grau, Gelb und Grün – viel intensiver wahr als in den

Tagen zuvor, in denen ich im Geländewagen unterwegs war. Vor allem Sand und Kieselflächen, durchzogen mit weißem Quarzgestein, prägen den Charakter dieser Region, ebenso wie die vielen roten und orangefarbenen Maserungen im Boden: Es heißt, diese Risse und Musterungen stammen vom vergossenen Blut der Samburu-Krieger. Außerdem ist hier alles so unfassbar groß, sodass ich mich in etwas Riesenhaftes hineingeworfen fühle, während mich schon nach wenigen Kilometern eine rötliche Staubschicht bedeckt.

Unter einem blauen, schier übermächtigen Himmel, der größer und weiter ist, als ich ihn jemals gesehen habe, folgen wir im beinahe schwerelosen Gang der Kamele dem Uaso Nyiro, dem »Braunen Fluss«, an dessen Uferstreifen wir gelegentlich auf ganze Fährtenbündel stoßen: Fährten von Menschen, Rindern, Ziegen, Eseln oder Kamelen. Nur selten kreuzen einige Gerenuks – Giraffengazellen – mit ihren langen Hälsen unseren Weg. Nashörner und Elefanten, auf die Teleki von Szek noch Jagd machte, sind seit langem verschwunden.

Früh am Morgen, wenn wir nach dem Frühstück die Kamele bepacken und in die Weite ziehen, ist die Luft noch angenehm frisch, kaum zwanzig Grad. Vier bis fünf Kilometer gehen unsere Dromedare in der Stunde in diesem merkwürdigen Schaukelgang, bei dem immer drei der tellergroßen Füße mit den Schwielensohlen den Boden berühren. Mit bedächtigen Schritten gehen sie gelassen und regelmäßig, hinterlassen kaum Spuren auf dem festen Sand und bestimmen das Tempo, bis auch ich mein Gehen automatisiert habe. Hin und wieder singen Gwani und Kamaironi beim täglichen Wandern monotone Liebes- und Lebenslieder in ihrer Sprache, mit denen sie die Einsamkeit verscheuchen und die Stille der Wüste bereichern, während ich ganz allmählich wieder Sinn für die Weite, die Gerüche und die Geräusche der Einöde bekomme.

Wir ziehen durch eine glühend heiße Dornbuschsavanne mit kurzen, grau-gelben Grasbüscheln, einigen Akazien und Dumpalmen. Ein Jahr lang ist hier kein Regen gefallen. Luftspiegelungen gaukeln große Wasserflächen vor, und vereinzelte Strauße machen in unmittelbarer Nähe ein Wettrennen. Um hier leben zu können, muss man Nomade sein. Die Wüste duldet nur Nomaden und deren Vieh, sonst nichts. In der Mittagshitze dösen wir zumeist im Schatten einiger Akazien oder schwärmen aus, um Holz für das abendliche Lagerfeuer zu sammeln. Holz ist knapp in der Wüste. Doch beim Aufheben der dürren Äste ist äußerste Vorsicht geboten: Gwani und Kamaironi haben mir von gefährlichen Giftschlangen erzählt, die es hier gibt. Also achte ich auf Schlangenspuren. Schon bald gebe ich es aber auf. Wie soll man in diesem Chaos aus Sand, Stein und Krüppelgezweig eine Schlange erkennen?

Einmal kommt uns ein Mann entgegen. Um seinen Körper ist nur ein dunkles Tuch geschlungen. Die Füße stecken in schlichten Sandalen. Über die Schultern hat er quer einen Stock gelegt, rechts und links ruhen seine Hände darauf. Am Oberarm ist mit schmalem Lederriemen ein Messer befestigt. Als wir nur wenige Schritte voneinander getrennt sind, schaut er mit wachem Blick zu uns herüber, betrachtet uns stumm und ernst, ohne erkennbare Regung. Ich fühle mich irritiert von diesem Blick, spüre Distanz und eine unsichtbare Mauer zwischen mir und dem Turkana. Dabei sieht er nicht böse aus, im Gegenteil. Die Freiheit des weiten Raums im Blick, schaut er einfach durch mich hindurch, ohne Neugier, ohne Interesse, nickt dann kurz mit dem Kopf und geht schweigend weiter, hinaus in die Wüste, ohne Gepäck. Woher kommt dieser Mann? Wohin geht er?

Einmal kreuzt eine kleine Karawane unseren Weg. Die fünf Kamele sind schwer beladen. Drei Männer und zwei Kinder gehen neben ihnen her – so stolz und unbeirrt, so fremd und fern. Die Stille der Wüste steckt ihnen im Körper, und um ihre Füße wirbelt feiner Staub. Zwischen einigen langgestreckten Felsrücken, die schlafenden Dinosauriern gleichen, ziehen wir auf Rufweite aneinander vorbei und tauschen kurze Begrüßungsformeln aus. Mehr nicht. Wieder fühle ich mich unsicher, fremd und fehl am Platz. In solchen Momenten kommt mir mein Unterwegssein in der Wüste ziemlich schal und albern vor.

Der sechste Tag ist der Tag des Löwen. Gleich nach dem Frühstück stoßen wir auf handtellergroße Löwenspuren, ganz frisch. Noch am selben Abend bekommen wir Besuch: In unmittelbarer Nähe unseres Zeltes schleicht ein Löwe vorbei. Nur die dünne Wand aus Zelttuch trennt uns von dem geschmeidigen Stück Gewalttätigkeit. Aufmerksam beobachten Gwani und Kamaironi – mit Speer und Kurzschwert in der Hand – jede Bewegung der Raubkatze, die sich irgendwann in die Savanne zurückzieht.

Seit Gwani und Kamaironi im Alter von dreizehn Jahren beschnitten wurden, gelten sie im Stammesgefüge der Samburu als »Imurran«, als Krieger. Sie selbst nennen sich »Loibor kineji« (Die mit den weißen Ziegen), da sie jedes Jahr monatelang mit ihren Herden von Ziegen, Schafen, Eseln, Kamelen und Buckelrindern durch die glühend heiße Weite ziehen, durch ausgetrocknete Flussläufe, die sich im Sand verlieren, über steinige Hügel und karge Savannen, immer auf der Suche nach Weide- und Wasserstellen. Darüber hinaus muss ein Krieger der Samburu nicht nur Stärke und Würde zeigen, er muss auch schön sein. Das gilt auch für meine Begleiter. In manchen Mittagsstunden, wenn die Sonne grell vom Himmel scheint und wir im Schatten einer Akazie ausruhen, beobachte ich Gwani und Kamaironi, wie sie sich »schön« machen: Gesicht und Körper bemalen sie mit orangeroter Erdfarbe, das hüftlange Haar, das zu Dutzenden feiner Zöpfe geflochten ist, wird mit glänzendem Rinderfett bestrichen. Die Ohren schmücken sie mit bunten Ringen, die Handgelenke und Oberarme mit Perlenschnüren. Und auch um den Hals tragen sie lange Ketten.

Die Bedeutung ihres Namens leitet sich vermutlich von den Massai-Worten für »Schmetterling« oder »Beutel« ab, »O-sampurumpuri« und »E-sampur«. Ebenso sonderbar ist die kunstvolle Haarpracht der Männer, die zuweilen an einen römischen Helm erinnert und die zu der Legende führte, die Samburu würden von einer verschollenen römischen Legion abstammen. Tatsache ist, dass man bis heute nicht genau weiß, woher die Samburu kommen. Es wird vermutet, dass sie vor etwa fünfhundert Jahren vom Oberlauf des Nils nach Ostafrika gelangten und dort die wüsten Weiten und Savannen eroberten.

Den Verlockungen der Zivilisation haben sich die Samburu immer wieder entzogen. So konnten viele ihrer Traditionen überleben, auch wenn es in einigen Orten Polizei, Telefon, Medizinstation, christliche Missionare und eine Schule gibt, wo manche Kinder lesen und schreiben lernen, einige Brocken Englisch sprechen und sich irgendwann einen Job in der Hauptstadt Nairobi erhoffen. Doch die Mehrzahl der Jungen will nach wie vor »Krieger« werden. Denn: »Ein Krieger ist ein freier Mann«, erfahre ich von Gwani und Kamaironi, die mir vermutlich ihre richtigen Namen gar nicht genannt haben; wie ein Geheimnis hüten die Samburu ihre Vornamen vor Fremden – denn mit dem Namen, so glauben sie, kann ihre Seele gestohlen werden.

Wenn ich mit meinen afrikanischen Begleitern in der endlosen Weite auf ein paar Behausungen aus Astwerk, Kuhdung und Ziegenmist treffe, Wohnstätten der Nomaden, sind wir immer willkommen. Gastfreundschaft sichert Gwani, Kamaironi und auch mir in allen Hütten der Samburu und Turkana ein Durchkommen. Folglich darf ich den süßen, starken Tee und die undefinierbare Suppe, die ich in einer kleinen, angestoßenen Blechschüssel kredenzt bekomme, niemals ablehnen. Nur das »abgezapfte« Blut der Dromedare, das mit dicker Milch verquirlt wird, rühre ich nicht an.

In den fensterlosen Hütten der Turkana, wo mir Männer mit kleinen Metallpflöcken in Ohrläppchen und Unterlippe gegenübersitzen und mir mit freundlicher Gestik »Ukali« (ein Gericht aus Maismehl) servieren, wird mir zuweilen etwas flau im Magen. Nicht wegen des Essens, sondern wegen der abgeschnittenen Penisse und kleinen Tabakbeutel aus männlichen Hoden, die an den Palmenblattwänden hängen. Das sind Trophäen, die von den Turkana-Kriegern im Kampf mit Nachbarstämmen um Weideland, Wasserlöcher oder Vieh errungen wurden.

Von der Mordlust, die diesem Volk nachgesagt wird, habe ich an vielen Lagerfeuern Ostafrikas gehört, auch von der Neigung, getöteten Feinden die Genitalien abzuschneiden. Doch mittlerweile sollen derartige Grausamkeiten der Vergangenheit angehören. Niemals sind mir die Turkana feindselig begegnet. Manchmal sind sie unzugänglich, abweisend und einschüchternd – doch dann erlebe ich sie wieder aufgeschlossen und freundlich, wenngleich sie sich seit jeher gegen alle Zudringlichkeit von außen zur Wehr setzen. Ähnlich wie die Massai und die Samburu halten sie wenig von der Übernahme europäischer Zivilisation, wollen unabhängig sein und lehnen jede Form der Einmischung ab, um Kultur und Traditionen zu bewahren, was jedoch von Jahr zu Jahr schwieriger wird.

Noch heute leben auf einem Gebiet der Größe Bayerns rund 120000 Turkana in der nördlichen Hälfte Kenias. Da diese Region abseits der großen Verkehrswege liegt und in wirtschaftlicher Hinsicht völlig uninteressant ist, zählt das

Turkana-Land zu den unbekanntesten und unzugänglichsten Gegenden Afrikas. Von den Kenianern unterscheiden sich die Turkana allein schon durch ihre Größe. In zerschlissene Tücher gehüllt, tragen die Männer Frisuren aus geflochtenen Zöpfen mit gebackenen Lehmkappen und Verzierungen aus Straußenfedern. Unterlippe und Ohrläppchen sind mit kleinen Pflöcken aus Tierknochen oder Patronenhülsen geschmückt. Am Handgelenk sitzt das traditionelle Rundmesser, das als Werkzeug und Waffe verwendet wird. Zudem haben die Männer einen zwanzig bis dreißig Zentimeter hohen Holzschemel bei sich, den sie »Ekitscholón« nennen, der ihnen tagsüber als Sitzstühlchen und nachts als Nackenstütze zur Schonung der ungewöhnlichen Lehmfrisur dient.

Die Frauen mit ihren wohlgeformten, glatt rasierten Schädeln sind wegen ihrer bunten, weit ausladenden Plastikperlenketten, die sie um den Hals tragen, ein faszinierender Blickfang. Zum Schutz gegen Insekten schmieren sie ihre Perlenschnüre mit ranzigem Fett und Urin ein. Das ist nichts für empfindliche Nasen, denn eine verheiratete Frau nimmt ihren kiloschweren Perlenkranz niemals ab, sie geht lebenslänglich in Ketten. Und auch bei der Prozedur der Schönheitsnarben sind die jungen Mädchen nicht zimperlich, ertragen alle Schmerzen, ohne mit der Wimper zu zucken, wenn das scharfe Rundmesser in die mit Daumen und Zeigefinger zusammengekniffene Haut schneidet, ehe die blutende Wunde mit Salz, Speichel oder Kräutersaft eingerieben wird, damit sich wulstige Buckelnarben bilden, die als Schönheitssymbol gelten und vor Krankheiten bewahren sollen.

Nach mehr als zehn Tagen im Norden Kenias fühle ich mich pudelwohl. Beim stetigen Gehen spüre ich im Körper mehr Ruhe als je zuvor. Es ist ein wunderbares Gefühl, wenn das Tempo in mir, das ich von zu Hause mit in die Wüste gebracht habe, langsam entschwindet und sich in der Weite verliert. Oft sage ich zu mir: »Slow down, slow down, slow down«, und genieße dabei den monotonen Rhythmus der Schritte, während kleine Sandwölkchen die Füße umwirbeln. Ganz deutlich nehme ich die innere Entschleunigung wahr und werde von Kilometer zu Kilometer offener für den Weg und die Dinge, die die Wüste für mich bereithält. Wie von einer unsichtbaren Kraft magisch angezogen gehe ich in diese ungeheure Weite hinein, in der es keine Grenzen für die Augen gibt – und die mich selbst weit macht. Mit der Kamera kann ich diese Weite unmöglich einfangen. Ich drücke zwar auf den Auslöser und habe ein Bild, ein lächerliches Foto. Doch es gibt Dinge, die kann man nicht fotografieren. Zudem ist da noch dieses herrliche Gefühl der Leichtigkeit und tiefen Freude, das ich empfinde, wenn ich in diesem endlos ausgestreckten Land Strecke mache. Wer, außer einem Nomaden vielleicht, kann verstehen, was für ein Glück solch stetiges Gehen ist?

Tag um Tag ziehen unsere Kamele mit federnden Bewegungen und raumgreifenden Schritten ihre Schatten voran. Fast mühelos scheinen sie ihre Füße zu heben und wieder aufzusetzen. Nur auf den scharfkantigen Lavafeldern haben die Dromedare zuweilen Schwierigkeiten, festen Tritt zu fassen. Schlimmer noch sind die steilen, nachgiebigen Uferränder mancher Trockenflusstäler. Oft brechen sie unter den Schritten der Höckertiere. Dann brüllen die Kamele vor Angst und versuchen, ihre Lasten abzuwerfen. Nur mit geduldigem Zureden und heftigem Ziehen am Zugseil können wir sie dann zum Weitergehen bewegen.

Je weiter wir nach Norden kommen und unsere kleine Karawane den sinnfälligen Spuren des Grafen Teleki von Szek folgt, desto karger werden die Landstriche. Chaotische Steinebenen und wulstige Erdwälle wechseln ab mit tischebenen

Sandflächen, in denen nur vereinzelt sonnenversengte Schirmakazien oder Stechpalmen stehen. Kleine Ziegenherden, die von Turkana-Jungen bewacht werden, versuchen, die Reste an Vegetation ausfindig zu machen. Kamele, deren Anzahl hier das Ansehen ihres Besitzers bestimmt, sehe ich nur selten. Gleichwohl erfahre ich von Kamaironi, dass immer wieder blutige Kämpfe um die Höckertiere in dieser Region entbrennen, vor allem, wenn kriegerische Banden aus dem südlichen Äthiopien in das Turkana-Land eindringen. Kenianische Behörden erfahren von derartigen Übergriffen oft erst Wochen später.

Schließlich treffen wir in diesem ausgedörrten Terrain auf einen Wald aus Stein, der unvermittelt im Unwegsamen vor uns liegt. Schon in den Hütten der Samburu habe ich von versteinerten Bäumen gehört. Doch nun selbst vor den fossilen Baumresten zu stehen, lässt mich staunen. Wie frisch gefällt liegen Teile von Zypressenstämmen – mit über einem Meter Umfang – im Sand; sieben Millionen Jahre alt sollen sie sein, und sie erinnern an eine Zeit, als die Ödnis Nordkenias ein blühender Garten Eden war, mit tropischen Wäldern, klaren Flüssen, tiefen Sümpfen und saftigen Gräsern, wo säbelzahnige Raubkatzen, nashorngroße Schweine, dreizehige Pferde und das schwergewichtige Mammut lebten.

Dann liegt der Turkana-See vor uns. Palmen umrahmen eine tiefblaue Wasserfläche, die von den Einheimischen auch schwärmerisch »Jademeer« genannt wird. Riesige Algenteppiche schimmern hier, je nach Wind und Sonnenstand, in verschiedenen Türkisnuancen. Was für ein krasser Kontrast zur ariden Wüste und den schwarz-roten Gebirgszügen, die sich hinter den flachen, sumpfigen Seeufern erheben! Hier, im Süden des Turkana-Sees, stießen auch die alpenländischen Abenteurer Graf Teleki von Szek und Leutnant von Höhnel am

6. März 1888 auf das damals noch unbekannte Gewässer im Norden Kenias. Sie waren die ersten Weißen an diesem sagenumwobenen See im Ostafrikanischen Grabenbruch. Es war eine große Entdeckung, denn niemand hatte damals so recht daran geglaubt, dass es inmitten der Wüsten Nordkenias tatsächlich eine derart große Wasserfläche gibt. Teleki von Szek gab ihr den Namen »Rudolf-See«, zu Ehren des österreichischen Kronprinzen. Erst nach der Unabhängigkeit Kenias im Jahre 1961 wurde der See nach dem dort lebenden Nomadenvolk umbenannt.

Ludwig von Höhnel hielt die Eindrücke am Tag der Entdeckung in seinem Tagebuch fest: *Wir erklommen geschwind den Kamm der Hügelkette, und schon beim Aufstieg enthüllte sich uns Stück für Stück einer völlig veränderten Welt. Mit jedem Schritt wuchs wie von Zauberhand geführt die Aussicht auf eine Landschaft mit malerischen Gebirgen und zerklüfteten Hängen, einem Gewirr von Schluchten und Tälern, die von allen Seiten heranzudrängen schienen, um den passenden Rahmen für die tiefblau schimmernde Oberfläche des Sees zu bilden, der sich bis zum Horizont ausdehnte. Eine Zeitlang blickten wir sprachlos vor Freude auf dieses Bild, das uns durch seine Schönheit gebannt hielt, während unsere Träger, die einige Minuten lang ebenso wortlos in die Ferne geschaut hatten, schließlich in Rufe des Erstaunens über den Anblick des riesigen, glitzernden Sees ausbrachen, der am Horizont mit dem Blau des Himmels verschmolz.*

*Rund um den Turkana-See gab es nur wenig Vegetation, doch war das Chaos aus Sand und Geröll, entwurzelten Bäumen und Büschen in dieser Landschaft etwas erschreckend,* berichtet Ludwig von Höhnel weiter. Zudem blies ein heftiger Ostwind, sodass die Träger ihre Lasten kaum auf den Köpfen halten konnten. Nur schwer war ein Camp zu errichten und ein Feuer zu entfachen. Und als man bemerkte, dass das brackige Wasser des Sees bitter schmeckte und eine »abführende« Wirkung hatte, weil es Natriumkarbonat enthielt und somit nicht trinkbar war, folgten Tage voller Verzweiflung, bis Teleki von Szek beschloss, das Ostufer des Sees entlangzuziehen. Vier Tage später konnten alle Expeditionsmitglieder ihren Durst an den Frischwasserquellen der heutigen Oase von Loiyangalani löschen und waren von allen Qualen erlöst.

Wegen der abweisenden Landschaftskulissen, der sengenden Sonne und der rauen Sandstürme gilt die Region rund um den Turkana-See noch heute als »Tal des Todes«. Binnen weniger Minuten können hier launische Winde mit erschreckender Heftigkeit über dem See aufziehen und das ansonsten ruhige Gewässer zu einem gefährlich tobenden Meer machen. Grund dafür sind die Monsunwinde des Indischen Ozeans. Von Afrikas Äquatorgebieten angezogen, bilden sie zwischen dem äthiopischen und kenianischen Hochland einen Windkanal, der den Turkana-See gelegentlich zu einem todbringenden Stück Natur macht. Betroffen von diesen ungezügelten Sturmwinden sind vor allem die Turkana, die seit Jahren nicht nur als Nomaden, sondern auch als Jäger des Jademeers leben. Mit Palmenflößen oder Holzbooten sind sie Tag für Tag auf der gefährlichen Wasserfläche unterwegs, um sich vom Fischfang und vom Fleisch der mit Speeren erlegten Krokodile zu versorgen. Bis zu 12000 Krokodile beherbergt der Turkana-See. Es ist die größte Krokodilpopulation der Welt, die sich von den reichen Fischbeständen ernährt, die aus über vierzig Arten wie Buntbarsch, Nilbarsch, Tigerfisch und Tilapia bestehen.

Gleich in der ersten Nacht am Turkana-See erleben Gwani, Kamaironi und ich einen dieser entfesselten Stürme. Urplötzlich verdunkelt sich der glitzernde Sternenhimmel, und wilde Böen treiben aufgewühlte Wogenkämme vor sich her, peitschen lange Streifen weißen Schaums aufs Ufer. Um unser Zelt ist ein fürchterliches Brausen und Zischen. Zu dritt stemmen wir uns gegen das Gestänge, bis eine Planenwand reißt. Windfurien zerren an Haaren und Kleidern, spitze Sandkörner schleudern uns ins Gesicht, brennen auf der Haut. Was für eine Nacht! Tags darauf ist das wilde Toben vorbei. Aber nun bläst uns ein trockener Wüstenwind ins Gesicht. Kein Wölkchen hängt am Himmel. Glühend heiß brennt die Sonne, und die Hitze lässt die Luft über einer hellen Sandfläche flimmern. Staubfahnen und Sandschleier umwirbeln uns, während der Wüstenwind die Schweißperlen gierig von der Stirn saugt, auf der sich feine Salzkrusten bilden. Nur mühsam kommen wir am Ostufer des Sees voran, und der Zugwind unserer Karawane ist nur ein Hauch, aber hin und wieder bringt er etwas Kühlung. Zudem ist der Durst, den ich sonst kaum gespürt habe, angesichts der blauen Wasserfläche allgegenwärtig. Wenn ich aus der Wasserflasche trinke, saugt der Körper jeden Schluck Flüssigkeit wie ein Schwamm auf. Es ist einer dieser Tage, an dem es mich viel psychische Kraft kostet, mich selbst zu motivieren, während Gwani und Kamaironi unablässig voranschreiten. So werde ich von Stunde zu Stunde mitgezogen und komme besser in Bewegung in diesem stetigen Auf und Ab des von Hügeln und Furchen übersäten Geländes, dieser kargen, vom Wind zerfrästen Landschaft.

Als wir anderntags im Licht der späten Nachmittagssonne Loiyangalani erreichen, die einzige permanente Siedlung am Ostufer des Turkana-Sees, bin ich erleichtert. Hier, in dem »Ort der vielen Bäume«, gibt es tatsächlich einen großen Hain von Borassus-Palmen. Im Hintergrund zeichnet sich die Kulisse des weithin sichtbaren Mount Kulal (2290 m) ab, an dessen teilweise bewaldeten Hängen die Samburu ihr Vieh weiden. Die Oase besteht aus mehreren Häusern, einem Krämerladen, einem Polizeiposten und einer Missionsstation. Hin und wieder kommen ein paar Besucher aus Nairobi mit einem kleinen Charterflugzeug, die hier Boote zum Fischen mieten, um Nilbarsche zu fangen, die bis zu hundertachtzig Kilogramm schwer werden. Hier, wo Teleki von Szeks Expeditionskarawane sich ausgiebig mit Trinkwasser versorgte, füllen auch wir unsere Gerbas und Kanister. Dem späteren Abendessen bleibe ich allerdings fern. Fix und fertig falle ich neben meinem Kamel in den Sand. Ich schäme mich ein bisschen vor Gwani und Kamaironi, kann es aber nicht ändern. Mir tun alle Knochen weh, und ich habe nur einen Wunsch: Schlafen will ich, nichts als schlafen.

Am nächsten Morgen weckt mich Kaffeeduft, der in meine Nase zieht. Auf einem kleinen Feuer bereitet Gwani das Frühstück zu. Nach fast acht Stunden Schlaf fühle ich mich wieder fit. Zu Kaffee mit Milchpulver gibt es Porridge (Haferflocken), Zucker und Fladenbrot mit Marmelade. Ich esse mit großem Appetit, auch wenn alles mit Sand durchsetzt ist. Eine Stunde später sind wir wieder unterwegs. Ein lauer Wind fächelt uns zu, während wir dem weglosen Ufergestade des Turkana-Sees nach Norden folgen. Stunde um Stunde hören wir das Plätschern der Wellen und das Knirschen des Sandes im immer gleichen Rhythmus von Laufen und Reiten, wobei wir ausgetrocknete Flussbetten mit Geröll und grobem Lavagestein passieren. Weißes, schlieriges Licht zersetzt alle Konturen und Farben, bis wir nach Allia Bay kommen. Das Gebiet wurde zum Nationalpark erklärt, weil es als archäologische Fundstätte von allergrößter Bedeutung gilt. Richard Leakey, Sohn des berühmten Archäologenehepaars Louis und Mary Leakey, und ein internationales Paläontologenteam machten hier seit den sechziger Jahren bedeutende Funde von fossilen Tierknochen und Hominiden.

Weder Graf Samuel Teleki von Szek noch Ludwig von

Höhnel ahnten seinerzeit, vor mehr als hundert Jahren, als sie im schwarzen Flugsand der Uferregionen des Turkana-Sees ihre Fußabdrücke hinterließen, dass in der nördlichen Hälfte Kenias ein einzigartiger paläontologischer Urgarten liegt, in dem die heutige Wissenschaft dem Geheimnis unserer Entstehungsgeschichte auf die Spur kommt. Vor allem im weiter nördlich gelegenen Koobi Fora, einer sandigen Landzunge am Ostufer des Turkana-Sees, die zum Sibiloi National Park gehört, wo wir zwei Tage später eintreffen, befindet sich das größte Fossilienlager des Frühmenschen. Archäologen legten hier in den vulkanischen Sandsteinfeldern einzigartige Hominidenüberreste frei, die beweisen, dass schon vor mehr als zwei Millionen Jahren menschenähnliche Wesen mit relativ hoch entwickelter Intelligenz an den Ufern des Turkana-Sees lebten. Vor allem die Knochenteile eines 2,6 Millionen Jahre alten Schädels, der in akribischer Kleinarbeit zusammengesetzt wurde, zählt zu den bedeutendsten Ausgrabungsstücken. Es sind Teile eines »Homo habilis«, eines direkten Vorfahren des heutigen Menschen.

Hier also, rund um Koobi Fora, inmitten bizarrer Wüste, am Ufer eines afrikanischen Sees, soll es gewesen sein: das raue Land unserer Vorfahren, wo die »Wiege der Menschheit« stand und wo sich der Frühmensch (Homo habilis und Homo erectus) entwickelte, ehe er die steilen Hänge des Great Rift Valley, des Ostafrikanischen Grabenbruchs, überwand und als Homo sapiens die Erde eroberte. Eine Art »Über-Raubtier«, das aufrecht ging, Feuer machte, Werkzeug aus Stein und Knochen benutzte, in Gruppen jagte und seine Beute teilte. Koobi Fora ist nicht nur der nördlichste Punkt meiner Wüstenwanderung. Es ist auch der Endpunkt meiner Reise. Ein paar Tage bleibe ich hier, um mich von den Anstrengungen der vergangenen Wochen zu erholen. Teleki von Szek zog hingegen mit seiner Karawane noch einige Kilometer weiter zum Nordende des Turkana-Sees, das heute im Grenzgebiet zwischen Kenia und Äthiopien liegt. Von dort reiste er nach Osten, entdeckte ein zweites unbekanntes Gewässer, das er »Stefanie-See« taufte, ehe er sich auf die Rückreise machte, die weniger zermürbend war, denn der Weg, den die Karawane genommen hatte, war nun markiert. Zudem kannte man die wichtigsten Wasserstellen. Als die Expedition am 26. Oktober 1888 Mombasa am Indischen Ozean erreichte, hatte Teleki von Szek, der zu Beginn der Reise relativ dick war und von den Trägern »Bwana tumbo« (Mr. Dickbauch) genannt wurde, zweiunddreißig Kilogramm abgenommen. Einundzwanzig Monate lang war Teleki von Szeks Karawane durch den Norden Kenias gezogen, hatte das letzte geographische Geheimnis Afrikas gelüftet und damit die klassische Phase der Erforschung des Kontinents abgeschlossen.

An meinem letzten Abend in Koobi Fora sitze ich mit Gwani und Kamaironi an einem Lagerfeuer am Ufer des Jademeers. Die Flammen flackern im leichten Wind. Das Holz knistert, und Rauch steigt auf. Ein Kessel mit kochendem Wasser steht auf dem Feuer, es gibt Tee mit Zucker. Gebannt starre ich in die Innenwelt der Glut, in der meine Gedanken versinken. Es ist ein An- und Innehalten im Feuerschein, während die Schwere des Körpers sich verliert. Für einen langen Augenblick sitzen wir einfach so da, bis Gwani und Kamaironi leise zu singen beginnen. Es ist eine Melodie voller Freude und Traurigkeit, die über unser Lager schwebt, hinaus in die Wüste, über Lava- und Sandebenen, wo sich einzelne Palmen im Nachtwind wiegen und die Kamele irgendwo im knorrigen Geäst ihren ewigen Hunger stillen.

Später reden wir über das Leben in Kenia und Deutschland. Wir ziehen Vergleiche und lachen dabei. Doch vieles verschweige ich, denn Deutschland ist kein Paradies, genauso wenig, wie Afrika nur aus Abenteuer und Exotik besteht. Also sprechen wir über die Launen des Turkana-Sees, über Flusspferde und Krokodile, über die Gefahren beim Fischfang, über die Schrift der Sterne – und darüber, dass viele Stammesangehörige der Turkana noch vor gar nicht so langer Zeit glaubten, die Welt sei eine Scheibe. Als das Feuer verglüht, ist es schon weit nach Mitternacht. Und während Gwani und Kamaironi sich schlafen legen, gehe ich im hellen Licht des Mondes ein letztes Mal allein zum Seeufer hinunter. Das dunkle Wasser glitzert im Glanz der Sterne und hat an einigen Stellen die Farbe von oxidiertem Silber. Es ist, als würden winzige Meteore darüberzischen. Sternschnuppen regnen in der Milchstraße, und die Luft schmeckt nach Salz. Es herrscht eine Stille wie am Anfang der Welt. Nur hin und wieder hört man das Plätschern einer Welle oder das Grunzen und Blubbern der Kamele, die Magensaft und Futter wiederkäuen.

Trotz der beschwerlichen Wochen, die hinter mir liegen, bin ich in diesem Moment kaum willens, am nächsten Morgen im Lkw nach Nairobi zurückzukehren, um von dort nach Deutschland zu fliegen. In meinem Kopf geht alles durcheinander, meine Gedanken flattern wie Drachen im Wind – und plötzlich fügt sich alles Erlebte zu einem Bild zusammen: die rotbraune Farbe der Wüste, das Gewoge der sandigen Hügelketten, das nächtliche Geflüster des Windes, die versteinerten Bäume aus ferner Zeit, die Freude am endlosen Laufen, das Gebrüll der Löwen, die schlichten Gebärden der Turkana, die rußige Teekanne neben der knisternden Feuerstelle, die gurgelnden Laute der Kamele, das Hochgefühl nach den überstandenen Strapazen, die lachenden Gesichter von Gwani und Kamaironi, Bilder im Zwielicht, Farben und Stimmungen, die man nicht benennen kann. All das wird mir fehlen, wenn ich wieder in Deutschland bin, in der Welt der tausend Wichtigkeiten. Doch etwas wird bleiben: das Stück Wüste in meinem Inneren, das ich mir aus den grandiosen Landschaften der Kaisut einfach herausgeschnitten, eingepflanzt und mitgenommen habe. Es wird mein Refugium sein, wenn der Lärm der Gegenwart auf mich eindringt und ich meinen erschöpften Akku mit Weite und Stille aufladen möchte. Mit einigen Kamelen im Schlepptau kann ich dann – in Gedanken – Strecke machen, durch die archaischen Weiten aus Sand und Stein ziehen, in denen der Horizont mit einem unermesslichen Himmel verschmilzt. Schritt für Schritt läuft die Landschaft mit, und der rote Sand schluckt die Geräusche der Hufe. Und irgendwann, wenn beim Gehen der Kopf so munter wird wie die Beine, lasse ich das Denken von der Kette … und tauche ein … ins Weite.

# Jenseits der Wüste

## Von einem Überfall, einer Hochzeit und dem Tod

*Ich muss gestehen, dass ich auf Reisen selten in einer Herberge ankomme, ohne dass mir sogleich durch den Kopf ginge, ob ich darin nicht gelassen erkranken und sterben könnte. Ich möchte hierzu an einem Ort untergebracht sein, der ganz nach meinem Geschmack ist: ohne Lärm, ohne Schmutz, weder verräuchert noch voll stickiger Luft. Mit solchen Äußerlichkeiten suche ich den Tod mir gewogen zu stimmen, oder besser gesagt, mich aller andren Belastungen zu entledigen, damit ich mich ganz auf ihn konzentrieren kann – wird er mir doch auch ohne zusätzliche Bürde genug zu schaffen machen! Ich will, dass er an den Annehmlichkeiten und Bequemlichkeiten meines Lebens teilhabe.*

Michel de Montaigne, Von der Kunst, das Leben zu lieben

$K$enia, ein Land, in dem sich fast alle Gesichter Afrikas vereinen, hat mir unglaubliches Glück beschert. Vor allem der Himmel über der Kaisut-Wüste, den ich beim Unterwegssein im kenianischen Norden wochenlang erlebte, beflügelte meine Phantasie und zog mich in seinen magischen Bann. »Nirgendwo sonst auf der Welt gibt es einen derart gewaltigen Himmel«, schreibt die italienische Autorin Francesca Marciano in ihrem Buch »Himmel über Afrika«. Dieser Himmel *hängt über dir wie ein riesiger Schirm und raubt dir den Atem, und zwischen der Endlosigkeit der Luft über dir und der festen Erde unter dir wirst du zu Boden gedrückt. Der Himmel ist überall rings um dich, 360 Grad weit: Himmel und Erde eine wechselseitige Luftspiegelung. Der Horizont ist hier keine flache Linie mehr, sondern ein unendlicher Kreis, der dich taumeln lässt. Ich wollte wissen, welcher Trick sich hinter diesem Geheimnis verbirgt, denn es ist nicht einzusehen, weshalb es an einem Flecken der Erde mehr Himmel geben sollte als anderswo. Aber es ist mir nicht gelungen, die optische Täuschung zu erkennen, die den afrikanischen von jedem anderen Himmel unterscheidet, den du in deinem Leben gesehen hast.*

Die Erlebnisse unter dem Himmel Kenias zählen zum Schönsten, was ich auf meinen Wüstenwanderungen erfahren habe. Doch Kenia bescherte mir auch eine innere und äußere Verwundung, die lange Zeit nicht heilen wollte. Es geschah 1994, als ich auf den Spuren von König Salomo unterwegs war. Mit einem vierköpfigen Team suchte ich das legendäre

Goldland Ophir. Einhundertzwanzig Tage ging es von Palästina nach Simbabwe – mit Kamelen, zu Fuß, im Jeep und auf den Planken afrikanisch-arabischer Dhau-Segler, durch Wüsten und Urwald, über Gebirge und Meere legten wir eine Strecke von zehntausend Kilometern zurück.

Nach den Anstrengungen der langen Reise wollte ich in Nairobi noch ein paar Tage allein ausspannen, denn ab und zu ziehe ich das Alleinsein vor, ohne dass das bei meiner Familie oder meinen Freunden Unverständnis auslösen würde. Ich kannte Nairobi von früheren Reisen und wusste, dass man sein Hotel bei Dunkelheit nicht allein verlassen sollte und dass der Besuch eines Restaurants mit einem Taxi sehr viel ratsamer ist, als ohne Begleitung durch Parks und unübersichtliche Gassen zu spazieren. Zu groß waren in jenen Tagen die Gewaltbereitschaft und die Anzahl der Überfalle auf Touristen. Seltsam war damals nur, dass ich all diese Kenntnisse an jenem Abend ganz und gar außer Acht ließ und nach dem Besuch eines Restaurants allein zum Hotel zurückspazierte, das keine zwanzig Gehminuten entfernt lag. An einer lauten Verkehrsstraße, bei zunehmender Dunkelheit, passierte es dann: Sechs oder sieben Farbige packten mich plötzlich von hinten, und ich stürzte vom Bürgersteig einen Hang hinunter, der in eine hochgewachsene Grasfläche ausrollte. Dort waren die dunklen Gestalten im Nu über mir, schlugen mit Fäusten und stachen mit Messern. Rückblickend weiß ich nicht mehr, wie lange es dauerte, wie lange mein Körper versuchte, sich gegen die Gewalt zur Wehr zu setzen. Vermutlich waren es nur ein paar Minuten, so lange, wie ein Albtraum eben dauert. Ich weiß nur, dass ich die Schläge und Stiche fast gleichzeitig spürte. Und ich erinnere mich an eine ohnmächtige Angst, wie ich sie noch nie erlebt hatte. Es war eine Angst, auf die sich mein Bewusstsein nicht hatte vorbereiten können und gegen die ich anschrie, ohne dass mir jemand zu Hilfe kam.

Später brachte mich eine Polizeistreife in ein Krankenhaus. Ich war verwirrt, stand unter Schock und war regelrecht aus dem Gleis geworfen. Ich hatte einige Messerstiche und Prellungen abbekommen. An der Wirbelsäule waren mehrere Wirbel verschoben, die wieder zurechtgerückt werden mussten. Doch am schlimmsten hatte es meine Seele erwischt: Von einem Augenblick auf den anderen war nichts mehr so, wie es vorher war. In mir war etwas zerbrochen, und die Illusion der körperlichen »Unverletzbarkeit«, die mir jahrzehntelang auf meinen Reisen Beistand geleistet und mich ermuntert hatte, war entschwunden und verloren gegangen.

Zurück zu Hause in Hamburg, versuchte ich, das Geschehene im Kopf zu begreifen und zu sortieren. Wieder und wieder ließ ich die dramatischen Geschehnisse von Nairobi filmartig im Kopf durchlaufen und hoffte, dass ich irgendetwas erkennen würde, was ich bislang übersehen hatte und das mir helfen würde zu verstehen, was eigentlich nicht zu verstehen war. Doch die Momente der Erkenntnis ließen auf sich warten, und alle Erklärungsversuche endeten in einer großen Leere. Gleichwohl bestimmten die Bilder des Überfalls, die in mein Gehirn, in meine Seele eingestanzt waren, immer mehr den Alltag. Tagsüber, wenn ich zuweilen in der Stadt unterwegs war, konnte ich es nicht ertragen, wenn jemand hinter mir ging. Sofort hatte ich Angst, dass sich alles wiederholen würde. Erschrocken wandte ich mich in solchen Augenblicken um und ließ die Menschen hinter mir vorübergehen. Zudem schlichen sich nachts häufig die Bilder des Überfalls in meine Träume, bedrängten mich, bis ich schweißgebadet aufschreckte.

Vor allem aber litt ich unter starken Kopfschmerzen, Schwindelanfällen und Gleichgewichtsstörungen, die ich mir nicht erklären konnte. Immer wieder wurde mir schwarz vor

Augen, und ich sah Sterne, die vor meinen Augen tanzten. Erst als ich die Symptome mit dem Überfall in Verbindung brachte, ging ich zum Arzt, konsultierte verschiedene Spezialisten und ließ alle möglichen Untersuchungen über mich ergehen: Röntgen, Tomographie, Elektroenzephalographie. Man testete meine Hirnfunktionen und Geschmacksnerven; ich musste mir Wörter merken und sie in umgekehrter Reihenfolge wiederholen; man fragte mich über mein Leben aus, fragte nach Kinderkrankheiten, nach den Krankheiten meiner Eltern und fragte nach dem Überfall; doch einen Befund gab es nicht. Stattdessen teilte man mir immer wieder mit: »Sie müssen sich daran gewöhnen!«

Doch wie sollte ich mich an tagtägliche Schmerzen gewöhnen? Mittlerweile konnte ich kaum noch schmerzfrei am Schreibtisch sitzen, konnte weder Fahrrad fahren noch Sport treiben. Ich kam mir vor wie in einem schlechten Film, in dem nichts mehr lief, wie es sollte. Kein Wunder, dass sich zu meiner Angst auch noch Wut gesellte. Erst Maria Sengelmann, eine gute Freundin und Physiotherapeutin mit wahrlich goldenen Händen, machte mir Hoffnung, als sie sagte: »Mach dir keine Sorgen, du wirst bald wieder auf Reisen gehen können. Schon im nächsten Herbst kannst du einen Rucksack tragen und zu Fuß durch die Wüste wandern.«

»Tatsächlich?«

»Selbstverständlich, das verspreche ich dir«, erwiderte sie ganz nüchtern und fügte mit einem Lächeln hinzu: »Allerdings musst du die Therapie, die ich dir anbiete, konsequent einhalten!« Die Diagnose war eigentlich ganz simpel: Ich hatte einen »Gleitwirbel«, ausgelöst durch den Sturz und die Schläge. Schmerzen und Gleichgewichtsstörungen traten immer dann auf, wenn sich der »variable Nackenwirbel« verschob und auf Nervenbahnen drückte.

Was folgte, waren sechs Monate Physiotherapie mit zwei

Terminen pro Woche, bei denen die Muskulatur in meinem Nacken- und Schulterbereich gestärkt wurde, um eine Stabilisation der Halswirbelsäule zu erreichen. Diese Monate waren für mich eine ziemliche Angstpartie. Ich hatte Angst, nicht mehr reisen zu können, nicht mehr Sport treiben zu können und nicht mehr am Schreibtisch schreiben zu können. Der Trick, diesen ganzen Wahnsinn auszuhalten, bestand darin, einen Traum zu haben, in den sich niemand einmischen konnte, eine Sache, die mich mit Freude in die Zukunft blicken ließ. Mein Traum war die Wüste. Zudem war mir die mitreißende Lebensfreude meiner Frau, ihr ansteckendes Lachen, ihre liebevollen Gesten und ihr Enthusiasmus, Dinge anzupacken, die eigentlich aussichtslos erscheinen, eine große Hilfe. Rita wusste viel eher als ich, dass das, was ich in Kenia erlebt hatte, viel Zeit brauchte, ehe ich damit leben konnte. Es klingt vielleicht kitschig, doch ich weiß nicht, was ich in dieser Zeit ohne sie gemacht hätte.

Es ist schon seltsam: Eigentlich weiß niemand so richtig, was zwei Menschen miteinander verbindet, auch sie selbst wissen es oft nicht. Meist kommen sie erst dahinter, wenn sie sich verlieren. So war es auch bei uns. Schon während der Schulzeit hatten Rita und ich uns kennengelernt. Wir stellten fest, dass wir am gleichen Tag Geburtstag hatten. Sie war siebzehn, ich neunzehn. Wir klönten und lachten viel, gingen auf Partys und fuhren zusammen nach Spanien zu einem Strandurlaub im Apartmenthaus an der Costa Brava. Es war eine schöne und wilde Zeit voller Pläne und Träume, viel Händchenhalten und Zärtlichkeit. Eine ganze Weile »gingen wir miteinander«. Dann verloren wir uns, und über viele Jahre ging jeder einen anderen Weg. Doch irgendwann führte uns ein geheimnisvolles Band wieder zusammen.

Mittlerweile leben wir mehr als fünfundzwanzig Jahre zusammen, zumeist sehr glücklich. Doch Freude und Leid liegen im Leben bekanntlich oft eng beieinander, wie ich nicht nur auf meinen Reisen in den Wüsten der Welt erfahren habe. Genauso erging es mir (oder uns) oft zu Hause in Hamburg, vor allem im vorletzten Sommer, als wir uns entschlossen hatten, zu heiraten. Es war ein herrlicher Vormittag auf dem Standesamt – mit vielen Freunden, die uns überraschten. Es regnete getrocknete Rosenblätter, und Roy Black sang aus einem batteriebetriebenen Ghettoblaster »Ganz in Weiß«. Zu Sekt und Orangensaft mussten Rita und ich durch ein weißes Bettlaken springen, aus dem wir zuvor ein knallrotes Herz ausgeschnitten hatten. Und am Abend? Noch bevor die ersten Gäste zur Hochzeitsfeier eintrafen, kam Ritas Mutter überraschend ins Krankenhaus. Vor lauter Aufregung war sie beim Friseur unter der Trockenhaube ohnmächtig geworden. Doch damit nicht genug. Achtundvierzig Stunden später starb mein Vater Harry Karsten. Schon seit Jahren hatte ein Herzleiden seinen Lebenswillen angegriffen. Und oft haderte er damit, nicht mehr all das tun zu können, was sein Leben größtenteils ausmachte: viel, viel Sport treiben, vor allem Fußball spielen, Besuche im Kino, gutes Essen und gelegentlich ein Wettlauf mit unserem VW-Golf, immer dann, wenn wir nach einem Besuch bei ihm aus der Parklücke fuhren und Rita langsam Gas gab, während er energiegeladen neben unserem Wagen herlief, lachend und winkend.

Im Nachhinein frage ich mich, ob mein Vater am Tag unserer Hochzeit schon ahnte, dass er bald sterben würde. Ahnte er, dass seine Kräfte nachließen? Ahnte er, als er erneut ins Krankenhaus kam, dass er am Ende seines Lebens angekommen war und dass er nur noch eine bestimmte Anzahl von Atemzügen vor sich hatte? Spätestens hier endet meine Vorstellungskraft. Und ab hier bleibt nur noch die Erinnerung an ihn – und Worte, die mir die Luft zum Atmen nehmen: aus, vorbei, unwiederbringlich, für immer. Ich bin nur froh, dass

Rita und ich in seiner letzten Stunde bei ihm im Krankenhaus waren. Es war bestimmt in seinem Sinne.

Wenn ich heute an diese Tage im Wechselbad der Gefühle zurückdenke, weiß ich: Ein Unglück kommt selten allein, und mir fällt ein treffender Vers aus Shakespeares »Hamlet« ein: *Wenn die Leiden kommen, so kommen sie wie einzelne Späher nicht, nein, in Geschwadern.*

# Wüste in der Tundra

*Kobuk-Wüste ~ Alaska ~ 1999*

Im äußersten Norden Alaskas, inmitten von Tundra und Wald, erstreckt sich die Kobuk-Wüste mit ihren grandiosen Wanderdünen aus fein gemahlenem Gletschersand. Vor mehr als zwanzigtausend Jahren zogen hier die »ersten Indianer« hindurch, die aus dem Inneren Asiens über die längst versunkene »Bering-Landbrücke« nach Alaska kamen und Amerika eroberten – lange vor Kolumbus.

*Die Wüste ist die Landschaft der Offenbarung. Sie ist uns sowohl genetisch als auch physiologisch fremd; sie ist karg, ästhetisch abstrakt und seit jeher feindseliges Gebiet. (...) In Form und Gestalt ist sie kühn und von erregender Wirkung auf die Phantasie. Die Sinne werden von Licht- und Raumeindrücken über-wältigt, von dem kinästhetischen Novum der Leb-losigkeit, den hohen Temperaturen und dem Wind.*

Paul Shepard, Man in the Landscape: A historic View of
the Esthetics of Nature

*F*ünf Schatten in der Abenddämmerung: pirschende Jäger in Mammut-, Karibu- und Polarfuchsfellen. Die wilden Gesichter sind unter ihren langen schwarzen Haaren fast versteckt. In den Händen halten sie Speere und Keulen. Auf den Sehnen der straff gespannten Bögen liegen die schussbereiten Pfeile. So schleichen die Krieger langsam heran. Mit einem ungelösten Schrei auf den Lippen schrecke ich plötzlich hoch, suche Orientierung und schwanke für einige Momente zwischen Traum und Wirklichkeit. Dann verflüchtigen sich die furchteinflößenden Bilder, die der Phantasiewelt eines Traumes entsprungen sind, als hätte es sie nie gegeben. Und als ich kurz darauf aus dem Zelt trete, sehe ich statt kriegerischer Indianer trübe Grauschleier, die wie gespenstische Gestalten um das Biwak huschen. Seit das wolkige Tief vom Beringmeer herübergezogen ist und das Sandmeer der Kobuk-Wüste unter einer meterhohen Nebeldecke begraben hat, werde ich jene Gruselstimmung nicht mehr los, die mir immer wieder Bilder prähistorischer Indianer vorgaukelt, die sich mit bedrohlicher Gebärde nähern. Noch am Morgen funkelte das gelbe Sandmeer der nördlichsten Wüste der Erde in der Sonne. Bis jene dichte Nebelwolkenwatte von der Küste herantrieb, sich in der Ferne um verkrüppelte Baumriesen wickelte und mit den hohen Dünenkämmen kollidierte.

Besorgt suche ich mit den Augen nach einem lichten Ausweg. Doch es gibt ihn nicht. Zu dicht ist die graue Masse, die uns in den örtlichen Legendenteppich einwebt. Abgeschnitten vom Rest der Welt, sind wir für mehr als fünfzig Stunden

Gefangene des Nebels; das ist eine Ewigkeit, wenn sich der Bewegungsradius auf die wenigen Meter des Zeltes erstreckt. Erst am Morgen des dritten Tages kommt Wind auf und lichtet das Nebelvakuum. Zerrupfte Wolkenbüschel verziehen sich. Ich sehe zweihundert, vierhundert, sechshundert Meter weit und überblicke schließlich die schier grenzenlose Weite des hohen Nordens.

Ich befinde mich in Alaska, einem Land der Superlative, mit Überfluss an Weite, Wald und Wildnis: drei Millionen Seen, dreitausend Flüsse, fünftausend Gletscher, siebzig aktive Vulkane, sechstausend Wölfe und vierzigtausend Braunbären. Um ein Leben wie »Lederstrumpf« und »Der mit dem Wolf tanzt« zu führen, sind wir von Anchorage in den hohen Norden geflogen, nach Beringia, Alaskas nördlichste Provinz, die am »finis terrae« liegt, am »Ende der Welt«. Diese nur schwer zugängliche Region zählt zu den am wenigsten erforschten Gebieten der Erde. Hier, zwischen Alaska und Sibirien, wo die Inseln »Little« und »Big Diomede« liegen – die eine ist russisch, die andere alaskanisch –, kommen sich die Kontinente Amerika und Asien so nahe wie nirgendwo sonst. Nur dreiundvierzig Seemeilen trennt hier ein schmaler Streifen des Beringmeers die Vereinigten Staaten von Russland.

Im Jahre 1729 hat Vitus Bering, der Kolumbus des russischen Zaren, diesem Gewässer seinen Namen gegeben. Damals war der dänische Entdecker mit Segelschiffen zwischen dem Nordpolarmeer und dem Pazifik unterwegs. Mit mehr als sechshundert Forschern und Kartographen suchte er im Auftrag Peters des Großen nach den Ufern Amerikas, dessen gesamte nördliche Westküste noch unbekannt war. Ich bin nach Alaska gekommen, um der historischen Route der »ersten Indianer« zu folgen, die vor mehr als zwanzigtausend Jahren aus dem Inneren Asiens über die längst im Meer versunkene »Bering-Landbrücke« nach Alaska wanderten. Meine

Reiseroute ist ein geographischer Traum: Von der Bering-
meerküste geht es quer durch Alaska, entlang der berüchtigten »Inside Passage« nach Vancouver und weiter durch die
nordamerikanischen Indianerstaaten Montana, Wyoming und
Dakota. Es ist eine Strecke von rund achttausend Kilometern,
die ich aus der Sicht der frühen Paläoindianer erleben möchte –
zu Fuß und im Faltboot, mit einem Geländewagen und per
Buschflugzeug. Ziel der Reise ist das Reservat der Crow, der
»Krähenmenschen«, in Montana. Einmal im Jahr treffen sich
dort Tausende von Indianern zum »Powwow«, einem riesigen Familienfest, das als größtes Indianertreffen der Welt gilt,
wo Angehörige verschiedenster Stämme ihre vergessene Kultur zelebrieren und sich mitten im Computerzeitalter auf ihre
spirituelle Vergangenheit besinnen.

Seit ich als Jugendlicher das Buch des deutschen Wissen-
schaftsautors C. W. Ceram »Der erste Amerikaner« las, der
sich mit den frühesten Spuren indianischer Vorfahren be-
fasste, fasziniert mich die Idee, auf der Route der »ersten
Amerikaner« zu reisen – durch Wüste, Tundra und Wälder,
über Gebirge, Flüsse und Seen. Und mit dieser Faszination
stelle ich schließlich eine Gruppe von Gefährten zusammen,
die mit mir die Liebe zur Wüste und Wildnis teilen und sich
für die indianische Geschichte interessieren. Mit von der Partie sind der Amerikaner Richard Villa, der in den USA als
Ranger tätig ist, André Poling, Fotograf und Naturfreund, sowie mein älterer Sohn Dirk (21), der mit dem Studium der
Forstwissenschaft begonnen hat und sich irgendwann einen
Arbeitsplatz zwischen Natur und Schreibtisch erhofft.

Unsere Vier-Mann-Expedition beginnt in Kotzebue, einem
kleinen Fischerdorf am Beringmeer, wo einst die »Bering-
Landbrücke« existierte und die Vorfahren der Indianer – in
mehreren Einwanderungswellen – den Spuren großer Tier-
herden folgten und dabei von Asien nach Amerika gelang-

ten. Möglich ist auch, dass die frühen Paläoindianer die Meerenge zwischen Sibirien und Alaska in einfachen Booten überwanden, deren Gerippe aus Treibholz oder Walknochen gefertigt waren. Schon damals wurden einsitzige Kajaks oder »Umiaks« verwendet, in denen bis zu zwölf Mann Platz fanden. Umspannt waren die Gerüste dieser Ruderboote mit Walrosshaut, die mit Waltran und Robbenöl eingefettet und auf diese Weise wasserdicht gemacht wurden.

Auch wir verwenden beim Aufbau unserer aus Deutschland mitgeführten Faltboote ein skelettartiges Holzgerüst, das mit einer widerstandfähigen PVC-Haut überzogen wird. Und während die Paläoindianer ihre ganze Habe noch in Fellbeuteln und geflochtenen Körben mit sich führten, verstauen wir unser Gepäck in wasserdichten Packsäcken: Sturmzelt, Schlafsack, Isoliermatte, Kocher, Essgeschirr, Notapotheke, Regenkleidung, Pullover, Seile, Angelschnüre, Werkzeug, Vorräte für mehrere Wochen nebst Kompass und dem ganzen Kartenkram.

Mitte Juli geht es den Kobuk River aufwärts. Es ist ein Fluss mit wenig Gefälle, der leicht zu befahren ist und der durch mäandernde Deltaweite in die Kobuk-Wüste führt, eine der ungewöhnlichsten Landschaften Beringias. Inmitten von dichten Wäldern und einsamster Tundra, die mit Moosen, Flechten, Blumen und Büschen das Land grün, grau, rot und violett färbt, erstreckt sich ein ausgedehntes Sandmeer, das ebenso gut in der zentralen Sahara wie in der Wüste Gobi liegen könnte. Bis zu dreißig Meter hohe Dünenzüge gleichen hier gigantischen Sandreptilien, die mit markanten Wülsten, Buckeln und Riffelungen versehen sind.

Schon die Urbesiedler Amerikas waren in diesem nördlichsten Sandmeer der Erde unterwegs, das der Wind vor etwa 33 000 Jahren aus hellem Flusssand formte. Was die Vorfahren der Indianer hier an Waffen und Werkzeugen hinterließen, fanden Archäologen mittlerweile bei einem Ort namens Onion Portage, einer der bedeutendsten archäologischen Fundstätten der Arktis. Überdies ist die Kobuk-Wüste, die sich auf einer Fläche von rund siebzig Quadratkilometern erstreckt, keine Einöde im herkömmlichen Sinn. Daran ist vornehmlich das polare Klima schuld. Sturm und Regen sind hier die charakteristischen Merkmale. Hinzu kommt ein strenger Winter, der diese Region sieben Monate im Jahr in einem sibirischen Kälteschock erstarren lässt. Schnee und Eis decken dann das gesamte Sandmeer zu.

Am Morgen nach unserer ersten Nacht im Kobuk-Sandmeer steigen aus den mäandernden Flussläufen Nebelschwaden wie windzerzauste Spinngewebe auf, fliegen um unsere Biwaks. Farben und Konturen der Landschaft lösen sich auf. Grau werden die Sandwogen und die Wälder. Grau wird das Wasser der Flüsse und die Tundra. Wie Dampfschwaden verschlingen die milchigen Nebelwolken die Landschaft, und wir fühlen uns wie in einer überdimensionalen Waschküche. Eingemummt in wetterfeste Kleidung, halten wir in alle Richtungen Ausschau. Doch die dichten Schwaden verhängen die Fernsicht. Innerhalb von nur dreißig Minuten verschlingt der trostlose Nebel das Land. Kein Baum, kein Strauch, kein Berg ist zu erkennen. Es ist einer dieser düsteren Grauschleiertage, in denen sich jeder von uns in sich selbst zurückzieht. Der eine macht Tagebuchnotizen, der andere werkelt an seinen Kameras oder bereitet auf dem Gaskocher einen heißen Tee, während Dirk es sich im Schlafsack gemütlich macht und liest. »Was schmökerst du da?«, frage ich ihn, als ich zurück ins Zelt komme. »Jack London, der Seewolf«, antwortet er nur kurz, will allem Anschein nach nicht gestört werden. »Das ist ja genau das richtige Thema für diese Region«, sage ich und denke an die Romanfigur Humphrey van Weyden, jenen Mittdreißiger aus Jack Londons berühmtem Roman, der nach einem Schiffsunglück in der Bucht von San Francisco, mitten im Nebel, von dem Robbenfänger »Ghost« aufgefischt wird. Doch anstatt ihn im nächsten Hafen an Land zu setzen, macht Kapitän Wolf Larson, der Seewolf, den jungen Schriftsteller zum Küchenjungen, der gegen seinen Willen die ganze Härte der arktischen Natur erfährt.

Auch wir erleben in der alaskanischen Kobuk-Wüste die nicht auf menschliches Maß bezogene Natur. Erst engt der gespenstische Nebel zwei Tage lang unseren Bewegungsradius ein, und dann kommt böiger, ungehemmter Wind auf. Wildes Sausen und Heulen erfüllt die Luft, schwillt an, und die Temperatur sackt in arktische Tiefen. Sandfontänen gischten über unsere Zelte, peitschen die Planen, die wie Segeltuch knattern. Erneut suchen wir in unseren Kunststoffbehausungen Zuflucht und stemmen uns gegen die dünnen Planenwände, wenn heftige Fallböen am Gestänge rütteln und das Zelt auf die Seite legen wollen.

Dreimal springen Dirk und ich aus dem Biwak, um die losgerissenen Halteseile mit klammen Fingern wieder zu befestigen, während wir um jeden Atemzug ringen und die Sandkörner im Gesicht brennen. Eine Sisyphusarbeit! Denn kaum haben wir die wild schlagenden Schnüre an den langen Sandheringen verknotet, da springen sie auch schon wieder aus dem aufgewühlten Boden. Dennoch geben wir nicht auf, versuchen weiter, den Leinen festen Halt zu geben. Erst als sich das taube Gefühl in den Händen in Schmerz verwandelt, kriechen wir zurück ins Biwak, wo wir die fortwährenden Stöße des wilden Tobens bis zum Einbruch der Helligkeit »abwettern« und sich der Sturm endlich beruhigt. Es ist wie eine Erlösung. Vollkommen erschöpft sinken wir auf unser Lager und schlafen bis zum späten Nachmittag.

Es folgen Bilderbuchtage, in denen sich die wüste Szenerie

in ihrer ganzen Großartigkeit zeigt. Die Sonne scheint, und der düstere Himmel von gestern ist jetzt blau. Nur ein leichter Wind weht aus Nordost. Es ist einer dieser Tage, in denen sich Wohlbehagen breitmacht und ich mit meinem Sohn über die ausgedehnten Dünen streife. Dünen, so weit das Auge reicht, begrenzt von grüner Tundra oder üppigem Wald. Dünen, die einen überwältigenden Anblick bieten: phantastische Sandkonturen mit formschönen Reliefs, die jede Vorstellungskraft übersteigen, mal weich, mal fließend, mal scharf geschnitten – mal pathetisch, mal gewaltig.

Die Blickwinkel vervielfachen sich, während sich die klassischen Wanderdünen nach Belieben verändern und sich immer wieder von neuem erfinden. Herrlichste Kompositionen im Großen und im Detail, vom Wehen des Windes gezeichnet und in Form gebracht. Strukturen und Arrangements, die unsere Wahrnehmung schärfen, uns verblüffen und fesseln. Jede Sandwelle ist ein Wunder an Schönheit und Vollkommenheit. Manche erinnern an eine erstarrte Brandungswoge und sind wie eine Riffkante geschliffen. Jede Düne ist anders, keine gleicht der anderen. Die Natur kennt nun mal keinen gleichmäßigen Zustand. Hier ist alles im Fluss und wirkt dennoch still und erstarrt. Nur hin und wieder entdecken wir in den ausgedehnten Sandteppichen ein paar pittoreske Pflanzen, ein paar Gräser oder Büschel. Mehr nicht. Ansonsten gibt es nur Sand, mal hart wie ein Brett oder weich wie Tiefschnee, über den unsere Füße dahinrollen, im gleichförmigen Rhythmus der Schritte, die von den Wellenbewegungen der Dünen bestimmt werden.

Wenn wir beim Dünenwandern keinen Verbindungsgrat finden, müssen wir tief hinab und anschließend wieder hoch hinauf. Je steiler die Dünenflanke, desto mehr gibt der Sand nach, rutscht unter den Füßen. Der Sand bietet keinen festen Halt, sodass wir nur mühsam vorankommen. Zwei Schritte vor, einen zurück. Doch es lohnt sich: Oben auf den Dünenkämmen, wo wir auf den schmalen Graten sitzen, bieten sich uns herrliche Aussichten. Umgeben von Sicheln und Kegeln, Rundungen und Wölbungen, langen Rücken und freien Gassen, erleben wir die ganze Vielfalt einer Wüste aus Sand, wo Ordnung und Ästhetik herrscht. Hier offenbaren sich Aerodynamik und Schwerkraft des Windes, dem Former und Verformer dieser uralten Wanderdünen, die im Laufe der Jahrtausende aus fein gemahlenem Gletschersand aufgehäuft wurden. Hier, inmitten zeitlos erscheinender Landschaften, kommen mir die Worte des amerikanischen Wüstenliebhabers John C. Van Dyke in den Sinn, eines asthmakranken Kunsthistorikers aus New Jersey, der gegen Ende des 19. Jahrhunderts aus gesundheitlichen Gründen nach Kalifornien reiste und dort – zwischen Los Angeles und Mexiko – die lebensfeindlichen Wüsten mit einem Pony und einem Foxterrier durchstreifte und dem Charme der Wüste verfiel. In seinem Buch »The Desert«, das ihn zur Kultfigur für Wüstenfans machte, schreibt er im Jahre 1901:

*Kein Land kommt an Erhabenheit – dem allerhöchsten Grad von Schönheit – der Wüste gleich, ihren ausgedehnten Ebenen, ihren furchterregenden Bergketten und ihrem weiten Himmelszelt! Nirgendwo sonst werdet ihr es gleich hier sehen, wie die gebirgigen Dome, die spitzen Gipfeltürme, die felsigen Minarette in das goldene Feuer von Sonnenauf- und Sonnenuntergang getaucht werden; nirgendwo sonst werdet ihr es gleich hier sehen, wie bei Abenddämmerung die Täler in rosa und lila Dunst getränkt sind, wie die großen Tafelgebirge und Plateaus in der blauen Ferne verschwimmen, wie die Schluchten und Canyons sich mit purpurnem Schatten füllen. Niemals wieder werdet ihr Licht und Luft und Farben wie diese sehen; nie wieder opalene Luftspiegelungen wie diese, rosige Dämmerungen wie diese, glühendes Zwielicht wie dieses.*

Nach nur wenigen schönen Tagen tobt eines Abends ein Gewitter von urzeitlicher Gewalt über uns. Wie Sprengsätze explodieren die Donnerschläge und rollen über eine schwarz bewölkte Weite, die von blauweißen Blitzen in ein gespenstisches Licht getaucht wird. Die Blitze entfachen am Himmel ein wahres Feuerwerk und fahren als grelle Lichtexplosionen durch das schwarze Gewölk. »Mein Gott, hier lösen wirklich alle gruseligen Wetterstimmungen einander ab. Und die Schönwetterperioden sind so kurz, dass man kaum Atem holen kann«, sagt Dirk in missgelaunter Stimmung. Ich stimme ihm mit einem Nicken zu. Mit schlechtem Wetter haben wir in dieser fernen Weltecke gerechnet, mit so schlechtem aber nicht. Eingemummelt in die Schlafsäcke liegen wir in unserem Biwak und schauen durch den schmalen Zelteingang hinaus. Wir blicken in ein regelrechtes Inferno. Manche Donnerschläge währen länger als eine Minute. Wir spüren, wie die Luft vibriert. Und die Landschaft, die im Licht der Blitze oftmals nur für Sekunden zu sehen ist, wirkt abweisend, fast feindlich. Es ist eine Welt, in der die Paläoindianer einst die dämonischen Gewitter dem Zorn der Götter zuschrieben.

Bereits in Kotzebue erfuhren wir von Einheimischen, dass die Gewitter im hohen Norden nicht ungefährlich sind. Einige Menschen sind hier schon vom Blitz erschlagen worden. Kein Wunder, dass uns etwas mulmig ist, vor allem, weil wir einen etwas erhöhten Lagerplatz auf einem kleinen Sandplateau gewählt haben, der sehr nahe an einem der mäandernden Flussläufe liegt – und Wasser zieht bekanntlich den Blitz an. Da schlägt auch schon ein Blitz mit ohrenbetäubendem Krachen in einen Baum, kaum dreihundert Meter von uns entfernt. Wir schrecken zusammen und sehen den Baum lichterloh brennen, einer riesigen Fackel gleich: ein leuchtendes Elmsfeuer in gespenstischer Dunkelheit.

Die ganze Nacht währt das Gewitter, und die Blitzschläge nehmen kein Ende, sind grell und bizarr. Wir erleben bange Stunden, in denen sich Wachsein und Schläfrigkeit verwischen und in denen ich mich frage, warum ich nicht mit meinem Sohn irgendwo im Warmen sitze, vielleicht zu Hause in Hamburg, wo ich doch einem zivilen Beruf nachgehen könnte. Doch gegen Morgen, als das Gewitter weiterzieht und alle Bedrohlichkeit entschwindet und aus dem dunklen Gewölk sintflutartige Wolkenbrüche herabstürzen, stellt sich wieder jenes Gefühl ein, das mir beim Unterwegssein immer wieder aufs Neue wie eine Sucht ins Blut fährt: ein Gefühl der Freiheit und Geborgenheit, ein Gefühl, das mir sagt:»Hier bist du richtig!« Also krieche ich – in heimeliger Stimmung – noch tiefer in den Schlafsack, lausche dem Rauschen des Regens, der auf unser Planendach trommelt, und sage lachend zu Dirk:»Auf dem Mond ist es jetzt bestimmt nicht gemütlicher.«

Dirks Antwort ist nur ein brummiges Knurren, was ich durchaus verstehen kann. Schließlich ist er den Naturgewalten noch nie so ausgeliefert gewesen. Noch nie hat er die Natur so sehr als Feind erlebt. Doch nicht ein Mal hat er in den vergangenen zwei Wochen geflucht oder sich beklagt. Niemals hat er Anzeichen von Unmut geäußert. Im Gegenteil: Alle Widrigkeiten erträgt er stoisch. Er ist ein toller Kerl, der viele angenehme und besondere Seiten hat. Ich genieße es, mit ihm in der Wildnis unterwegs zu sein und ihn in einer völlig fremden Welt zu erleben. Es ist eine abgeschiedene Welt, die nur im kurzen Sommer zu bereisen ist, wenn das Kobuk-Sandmeer frei von Schnee und Eis ist. Nur dann ist es eine Lust, zwischen den anmutigen Sandvariationen der Kobuk-Wüste umherzuwandern; selbst wenn zuweilen das Wolkengebräu wie ein Alb über uns hängt, Windfurien am Zelt rütteln, Gewitter mit sintflutartigen Güssen hereinbrechen oder labyrinthartige Flussarme am Rande der Wüste nur wenig

Wasser führen, sodass wir unsere Boote – Eigengewicht fünfzig Kilo, Gepäck hundert Kilo – schließlich auf den Schultern durch den feuchten, schollenartig verbackenen Sand schleppen, bis zum nächsten Wasser führenden Teilstück, und dann immer weiter und weiter in die Wildnis Alaskas eintauchen, wo die verschiedensten Tiere in Sicht- und Hörweite kommen: schwere Elchbullen, die durch das Dickicht brechen, Weißkopf-Seeadler, die sich kraftvoll ins Blaue schwingen, Karibus, die breite Flüsse durchschwimmen, Bären, die in respektabler Distanz übers Ufer traben, und Wölfe, die uns nachts aus bernsteinfarbenen Augen mit berechnendem Interesse beobachten.

Wenn mächtige Bergketten zu unüberwindbaren Hindernissen werden, sind wir gezwungen, per Buschflugzeug einen Umweg zu machen, um bald darauf erneut die sinnfälligen Fährten der indianischen Vorfahren aufzunehmen. Diese Spuren begegnen uns in Form von alten Ortsnamen, rätselhaften Felsgravuren und geheimnisvollen Höhlenmalereien, die gleichsam die Wandergeschichte der Paläoindianer dokumentieren. Vor allem wenn wir zu Fuß und mit dem Rucksack im dichten Busch unterwegs sind, können wir nachvollziehen, unter welchen Strapazen die Urbesiedler Amerikas überlebten – denn noch heute sind die schier endlosen Urwälder Alaskas eine »grüne Hölle«, in der jedes Jahr Menschen »verloren gehen«. Nur gebrochen dringt hier die Sonne in das dichte Grün, wo uns manchmal Barrieren aus umgestürzten Baumriesen den Weg versperren; dann steigen wir über morsche Stämme und Astskelette, stolpern über knorrige Wurzeln und sinken bis zum Knie in Sumpflöcher, wo uns Moskitos und Schwarzfliegen plagen oder große Brummer, die uns durchs Hemd blutig beißen.

Südlich des Yukon und des Tanana River fliegen wir in einer kleinen Cessna durch die gigantische Bergwelt der Wrangell Mountains. In dieser Region, die doppelt so groß ist wie die Schweiz, erheben sich die elf höchsten Berge Nordamerikas – bis zu fünftausend Meter ragen sie in den Himmel. Mit Pickel und Steigeisen klettern wir hier die mehr als zwanzig Meilen lange Eiszunge des Kennicott-Gletschers hinauf, auf deren zerklüfteter Kruste die Schöpfung noch immer am Werk ist. Lawinen reißen hier ständig neue Rinnen auf, mächtige Eismauern stürzen zusammen, und grünblaue Schmelzwasserströme rauschen zu Tale. Schon für die Paläoindianer muss Alaskas Gletscherwelt ein imposantes Szenario gewesen sein.

Unterhalb des Gletschers fahren wir auf den stürmischen Fluten des Chitina und Copper River. Wie Pingpongbälle tanzen unsere Faltboote über schäumende »rapids«, hüpfen tosende Schnellen hinab, umkurven Fels und Strudel. Als wir an einem Wasserfall keine passable Möglichkeit zur Portage finden, seilen wir uns an einer senkrecht abfallenden Felswand ab – mitsamt unseren Booten und allen Habseligkeiten.

Abends, wenn die Sterne wie Katzenaugen glitzern, verarzten wir unsere täglichen Blessuren. Die Wildnis schenkt uns nichts. Doch die Lagerfeuerromantik entschädigt für alle Beschwernisse. Herrlich ist der Biss in die Mettwurst, eine Tasse heißer Tee, das Heulen der Wölfe und der Blick in die Klarheit des nordischen Nachthimmels, wenn wir uns körpermatt auf den Schlafsäcken ausstrecken.

Auch in der »Inside Passage«, jener fjordähnlichen, fischreichen Wasserstraße, die 1600 Kilometer von Juneau bis Vancouver reicht, genießen wir das Gefühl von Abenteuer und Weite. Hier, wo Tausende von Inseln mit zahllosen Buchten und dichte Wälder mit schroffen Felsküsten wechseln, verbringen viele Buckelwale den Sommer. Urplötzlich tauchen sie neben unseren Booten auf. Die schnaufenden Leviathane mit ihren muschelbedeckten Riesenleibern und kraftvollen Flossenschlägen sprühen eine Atemblase nach der anderen in die Luft, ehe sie wieder in der Tiefe verschwinden. An der Insel Ketchikan, Lachshauptstadt der Tlingit- und Tsimshian-Indianer, machen wir fest. Früher lebten diese Stämme als Wassernomaden, und noch heute betreiben sie mit großen Booten Fischfang. Wir besuchen hier die weltgrößte Sammlung von Totempfählen, deren geschnitzte Bilder von Mythen, Lebensweisen und den Stammesgeschichten uralter Kulturen erzählen.

Jenseits von Vancouver folgen harte Tage im Kernland der Indianer. Idaho, Wyoming und Dakota müssen zu Wasser und zu Land – auf historischer Route – regelrecht erobert werden, was uns eine Menge Stehvermögen abverlangt. Das gilt auch für die »Badlands«, eine hundert Kilometer lange Kette aus bizarr geformten Schluchten und Felstürmen, die archäologische Schatzkammern beherbergen. Zahlreiche Versteinerungen von Tieren aus dem Tertiär beweisen, dass die Paläoindianer bereits vor 12000 Jahren hier ein bevorzugtes Jagdrevier hatten. Um die Mittagszeit wird dieses Felslabyrinth aus hellem Tuffgestein für uns zu einem überhitzten Ofen. Dann brennt die Sonne vom wolkenlosen Himmel, und ein glutheißer Wind fegt durch die Canyons. Zudem sehen wir viele Klapperschlangen. Kein Wunder, dass die Sioux diese menschenabweisende Region »Makoshika« nennen, »schlechtes Land«.

Anderntags führt unser Weg durch die Black Hills, einen mächtigen Gebirgszug, der so üppig mit Tannenwäldern der Ponderosa-Föhren bewachsen ist, dass er aus der Ferne fast schwarz wirkt. Viele Legenden ranken sich um diese düstere, mystische Region, die die Lakota-Sioux gleichwohl als »Paha Sapa« verehren – als »heilige Erde«. Es ist die Wiege ihres Volkes und gleichsam das Zentrum ihres Universums.

Hier, in der Südwestecke South Dakotas, wandere ich mit den Bisons. Fast zweitausend Tiere leben in dieser Region. Es ist die größte Herde der USA, die völlig unerwartet über einen großen grünen Hügel zieht: Schmutzigbraune Pelzrücken füllen die Prärie mit urweltlicher Kraft. Bis auf sechs, sieben Meter komme ich an die äsenden Wiederkäuer heran und halte mit ihnen Schritt, in einem Meer aus Gras, Salbei und Dachtrespe. Der Blick in ihre großen, metallisch schimmernden Augen lässt mich ihre Wildheit spüren. Zudem ist da dieser strenge Geruch, der jede Herde wie schweißig-klebriger Staub umwabert, ein Geruch, den ich nie vergessen werde. Er raubt einem fast den Atem. Zudem mag ich kaum glauben, dass die Bisons, deren Urheimat Süd- und Ostasien war, ebenso wie die Paläoindianer über die ehemalige Landbrücke zwischen Sibirien und Alaska kamen, als im Zeitalter des Pleistozäns Vergletscherungen gewaltige Wassermassen banden. Noch zu Anfang des vorigen Jahrhunderts zogen 40 bis 60 Millionen Büffel durch das im Wind wogende Grasland der Prärie, ehe rot- und weißhäutige Felljäger sie zu Abermillionen niedermetzelten. Heute beträgt die Anzahl der zottigen Urrinder nur noch ein Bruchteil der einstigen Menge.

Gleichwohl ist hier, im traditionellen Indianerland, alles wie im Film: die atemberaubende Landschaft, in der Natur und Historie einander auf schwebende Weise durchdringen, das Blau des Himmels, das trunken macht, und die schier grenzenlose Weite der Prärie. Als die spanischen Konquistadoren die nordamerikanischen Grasländer 1541 unter Francisco Vasquez de Coronado erreichten, erschienen sie ihnen wie ein endlos wogendes Meer, und wir selbst kommen uns hier wie winzige Raupen vor.

In Montana, bei Crow Agency, dem Zentrum des Reservats, in dem die »Krähenmenschen« leben, errichten die Indianer einmal im Jahr aus über tausend Zelten eine gigantische Tipi-Stadt mitten in der Prärie, umgeben von Ständen mit Kunsthandwerk und Buden, die honigsüße Maiskolben, Flankensteaks und indianische Tacos anbieten. Es ist das größte Indianertreffen (»Powwow«) der Welt, nicht weit vom Little Big Horn entfernt, wo die Krieger verschiedener Stämme sich im Juni 1876 verbündeten und General George Armstrong Custer und sein 7. Kavallerieregiment besiegten. Es war der größte militärische Triumph der Indianer in der Auseinandersetzung mit den stetig nach Westen vordringenden »Bleichgesichtern«.

Bis heute entspricht der Ablauf des »Crow-Powwow« alter Tradition: Nach dem abendlichen »Grand Entry«, dem großen Einzug aller geschmückten Tänzer und Tänzerinnen, beginnen anderntags die Ehrenzeremonien und Tanzwettbewerbe. Indianer aus Süd-, Mittel- und Nordamerika schweben dann leichtfüßig übers Gras, während die Trommeln im Takt monotoner Rhythmen über der Tipi-Stadt dröhnen – sieben Tage lang. Die Gesänge und Trommelklänge erzählen von der Geschichte des roten Volkes: woher sie kamen, wohin sie zogen. Die meisten Tänze haben ihren Ursprung in religiösen Zeremonien. Sie stammen noch aus jener Zeit, als die Krieger in Gruppen auf die Jagd gingen, erklärt mir Plain Bull, ein Wortführer der Crow. Jedes Mal, wenn die Krieger nach Tagen oder Wochen ins Dorf zurückkehrten, wurde ein »Powwow« veranstaltet. Dann tanzten Frauen und Kinder in der Mitte eines Kreises ums große Feuer, während die Krieger sich außen herum bewegten. So ist es noch heute.

Als Gäste der Crow dürfen wir nachts mit ihnen am Feuer sitzen. Im Schein der Flammen wirken die Menschen in der Runde wie Schattenwesen. Eine merkwürdige, fast schon mystische Stimmung überkommt mich, und es ist naheliegend, dass man vom Geist der Natur spricht. Politik, Wissenschaft, Wirtschaft, vermeintliches Weltwissen – moderne Denkkategorien versagen hier. »Die Natur zeigt uns den Wert des Lebens«, sagt Plain Bull, mein indianischer Freund, und nimmt beim Reden etwas Erde in die Hand, die er durch seine Finger rieseln lässt. Tatsächlich fassen Indianer die Erde anders an als Weiße. Sie berühren sie behutsam, als sei sie ein Teil von ihnen selbst. Viel kann man lernen an den Lagerfeuern der Indianer, wenn man in die Flammen starrt und dem Wortwind der Ureinwohner lauscht. Das sind Momente, in denen ich alte Tugenden neu entdecke: ein einfaches Leben leben, den Besitz teilen, etwas für andere tun und sich einen »heiligen Raum« schaffen, etwa um einer Pflanze für ihr Hiersein zu »danken«. Sich vom Schutzschild des rationalen Denkens zeitweise trennen, um sich für andere Wirklichkeiten zu öffnen. Sich jenseits der Alltagsblindheit in ein Tier, einen Baum, einen Felsen, eine Sanddüne oder in einen Sturm verwandeln, um sich vom eingefahrenen Dialog mit sich selbst zu lösen. Hinter diesen scheinbar absurden Gedanken steckt indianische Spiritualität: die Wahrnehmung des Gestrigen hinter der Fassade des Materiellen, eine Lebensart, von der sich der Hightech-Mensch immer weiter entfernt hat.

Wenn die letzten Strahlen der Sonne am Horizont erglühen und die Dunkelheit über die Tipi-Stadt hereinbricht, tanzen sich die Indianer in Trance. Unermüdlich hüpfen sie übers Gras, stampfen im Kreis, angetrieben vom pulsierenden Trommelschlag – ein gutturales Getöse aus ferner Vergangenheit. Traditionell ist auch die Kleidung der Indianer: von Kopf bis Fuß Wildleder, dazu Federschmuck, Glasperlen und lange Fransen. Je später der Abend, desto mehr mutieren die schweißglänzenden Gesichter zu geheimnisvollen Masken, und ich ahne, dass die Seelen dahinter jetzt auf eine Zeitreise gehen. Wie hypnotisiert begeben sich die Indianer während dieses Rituals ins Reich Manitus, werden zu tanzenden Traumjägern, zu Kriegern, die durch bloße Vorstellungskraft wieder zurück zur Freiheit finden, zurück zu ihren Wurzeln. Plötzlich packt mich ein bunt bemalter Crow-Indianer am Arm und drückt mir einen großen Tomahawk in die Hand: ein Zeichen der Einladung. Ich soll in ihren Kreis kommen, um beim sogenannten Freundschaftstanz mitzumachen, zur Ehre des Großen Geistes. Unsicher mische ich mich unter die trampelnde Menge, während Trommeln und Gesänge immer lauter und schneller werden. Die Musik geht unter die Haut. Die Klänge sind unheimlich, reißen mich mit. Wie ein ungelenker Marabu hüpfe und stolpere ich über das Gras und versuche, in den Takt der Indianer zu kommen. Irgendwann beginnt mein Körper vom stetigen Trommelschlag regelrecht zu vibrieren. Meine Seele schlägt Purzelbäume, und ich fühle mich so wohl, dass ich mich fast schäme. Dieses Hochgefühl kollidiert mit meinem schlechten Gewissen. Schließlich weiß ich, dass die Indianer unter miserablen Bedingungen in Reservaten leben, wo sie von der Regierung finanziell nur unzureichend unterstützt werden. Versorgung und Sicherheit sind zwar gewährleistet, aber Abhängigkeit, Verführung zum Nichtstun und fehlende Selbstentfaltung sind die Folgen.

Doch all das, so scheint mir, verflüchtigt sich in den Tagen des »Powwow« bei Trommelklang und Tanz. Vor allem das Singen der nicht übersetzbaren Worte, die das Wehen des Windes, die Weite des großen Himmels oder andere heilige Dinge fühlbar machen, locken in den Indianern ein noch immer verinnerlichtes Lebensgefühl hervor. Ich kann die Kraft förmlich spüren, die durch die bunt geschmückten Körper fließt. Und etwas Altes lebt wieder auf. Es ist, als würden über dem Zeltdorf die Geister der Urväter erscheinen: Sitting Bull,

Crazy Horse, Red Cloud, Quanah Parker. Ganz deutlich nehme ich wahr, dass die Powwow-Tänzer zu Geschöpfen einer längst vergangenen Zeit werden. Wenn sie sich in einen selbstvergessenen Zustand hineinsingen und -tanzen (ganz ohne Einfluss von Alkohol), verdrängen sie den Weißen in sich und finden zu Freiheit und magischer Kraft zurück. In diesen Augenblicken kommen mir die Worte des Blackfoot-Indianers Crowfoot in den Sinn: *Was ist das Leben? Es ist das Aufleuchten eines Glühwurms in der Nacht. Es ist der Hauch eines Büffels im Winter. Es ist der kleine Schatten, der über das Gras huscht und sich im Sonnenuntergang verliert.*

Kein Zweifel: Hier im Crow-Reservat erlebe ich etwas, das bereits vor vielen hundert Jahren fast ebenso geschehen ist. Ich fühle mich zurückversetzt in der Zeit und habe nur einen Wunsch: Einen weisen alten Mann möchte ich treffen, so einen aus meinen Kindheitsträumen, der mir alles über das Land der Indianer erzählt, wie sie einst über Eis und Gebirge, durch Wüste und Wälder zogen und sich eine Heimat eroberten. Dieser alte Mann soll mir sagen, warum die Indianer im Einklang mit der Natur leben, die Weißen aber gegen sie. Warum die Indianer Vater Himmel und Mutter Erde verehren, während die Weißen ihre Umwelt zerstören. Warum die Indianer mit ihren Träumen und Visionen leben, während die Weißen oftmals nur nach Geld und Macht jagen. Doch kein weiser alter Mann kommt, der mir Antworten gibt.

# Dem Himmel ganz nah

*Wüste Sinai ~ Ägypten ~ 1987 und 2004*

Aus der Vogelsperspektive betrachtet, bildet die ägyptische Sinai-Halbinsel ein riesiges Dreieck zwischen Afrika und Asien. Der Mond –»Sin« – gab dieser Wüste ihren Namen. Eroberer aller Zeiten zogen hier von einem Kontinent zum anderen: Alexander der Große, die Römer und die Kreuzritter. Heute führen hier, im Land der Bibel, wo Moses einst die Zehn Gebote empfing, die Beduinen mit Ziegen und Kamelen ein karges, aber ungebundenes Leben.

*Jeden Morgen an einer anderen Stelle der weiten Wüste erwachen, aus dem Zelt treten und sich in der Herrlichkeit des klaren Morgens bewegen; die Arme ausbreiten und sich halb entblößt in der frischen reinen Luft recken; auf dem Sand sich den Turban umwickeln und sich in den Schleier aus weißer Wolle hüllen, sich berauschen an Licht und Raum; beim Erwachen die sorglose Freude haben, nur zu atmen, nur zu leben ...*
*Und dann wieder aufbrechen, hoch oben auf dem Dromedar, dem unermüdlichen Läufer, das sich im gleichmäßigen Passgang bis zum Abend vorwärts bewegt. Träumend immer weiter, immer weiter und immer weiter.*

Pierre Loti, Die Wüste

*E*in heller Mond steht hoch am schwarzen Wüstenhimmel. Über mir dehnt sich der weite Schwung der Milchstraße in jene unglaublichen Fernen, die mir zuweilen regelrecht unheimlich erscheinen. Sternschnuppen regnen in die gespenstische Weite der ägyptischen Wüste Sinai, und die Luft ist kristallklar, durch keinerlei Luftfeuchtigkeit gefiltert. Es ist einer jener Augenblicke, in denen Dunkelheit und Stille, die zusammen oft ein tückisches Reizvakuum ergeben, einen heiligen Moment schaffen, den ich mir so sehr ersehnt habe.

Ich stehe in 2285 Meter Höhe auf dem Gipfelplateau des Mosesberges, unter mir die Einsamkeit verwehter Karawanenwege, wo einst Moses vor mehr als dreitausend Jahren das Volk der Hebräer durch die Einöde führte. Neben mir breitet mein vierzehnjähriger Sohn Aaron die Arme aus, als wolle er das ganze Weltall einfangen. Ich schaue auf seine Hände, die sich über den Kopf recken, und sehe, wie er mit seinen Fingern nach den Sternen greift. Es ist ein verwirrendes, aber schönes Gefühl beim Verweilen dieses Augenblicks. Es hat etwas mit der Magie dieser Landschaft zu tun, in der die dramatisch geformten Felsriesen mit dem noch dunklen Firmament eine Brücke bilden. Und dann ist da noch diese ungeheure Stille. Nirgendwo höre ich ein Geräusch. Es herrscht das kompakte Schweigen der Abgeschiedenheit. Und in diese Lautlosigkeit hinein sagt mein Sohn: »He, Papa, hier oben herrscht eine ganz andere Stille. Irgendwie ist es viel stiller als still.« Die Worte treffen mich wie ein Blitz, und ich frage mich: Sind das wirklich die Worte meines Sohns? Oder hat die Wüste sein Gehirn auf den Kopf gestellt – mit nichts als Weite, Wind und Sand? Doch dann kriecht Aaron in den Schlafsack und streift die Kopfhörer seines CD-Players über. Und leise, ganz leise höre ich einen immer schneller werdenden Gesangsschwall. Das sind die Stimmen der deutschen Rockgruppe »Revolverheld«, die meinen Sohn in die Träume begleiten. Und ich weiß jetzt: Aaron ist ganz normal, ein Junge, der im 21. Jahrhundert zu Hause ist, selbst wenn er zurzeit mit seinem Vater durch die ägyptische Wüste Sinai zieht.

Einundzwanzig Tage haben wir uns genommen, um mit Kamelen durch das Land der Beduinen zu ziehen. Einundzwanzig Tage, die ich mit meinem Sohn verbringen möchte. Einundzwanzig Tage, in denen die natürliche Kluft zwischen Vater und Sohn hin und wieder entschwinden wird. Einundzwanzig Tage, in denen ich meinem Sohn die Wüste Sinai zeigen möchte, damit er noch besser verstehen kann, weshalb sein Vater so häufig in die Weiten aus Sand und Stein zieht, die der Sehnsucht reichlich Raum geben.

In einundzwanzig Tagen möchte ich Aaron nahebringen, was mich vor siebzehn Jahren – damals war ich vierunddreißig Jahre alt – an der Wüste Sinai so faszinierte. Diese Region hat einen besonderen Ruf, denn hier geht es vor allem um einen »Weg«, der Jahrtausende alt ist, der alle Zeitströmungen überdauerte und der eine Kraft in sich birgt, die sich unserem heutigen Denken weitgehend entzieht. Es ist der Weg von Moses, dem Begründer des Monotheismus, der vor 3200 Jahren auf der Flucht vor den ägyptischen Soldaten das Volk der Hebräer durch die Wüste Sinai führte, um in das »Gelobte Land« zu gelangen, das »Land der Verheißung«, wo Milch und Honig fließen.

Auf den Spuren des Alten Testaments reiste ich im Jahre 1987 zum ersten Mal über die Sinai-Halbinsel. Zu Fuß und mit Kamelen folgte ich einer uralten Route, die mich auf einer Strecke von vierhundert Kilometern auch zum Berg Horeb (Dschebel Musa) führte, wo Moses einst die steinernen Tafeln mit den Zehn Geboten empfing. Nachdem ich auf meinen Reisen und bei den Begegnungen mit den Menschen der Wüste die unterschiedlichsten Götter und Glaubensrichtungen kennengelernt hatte, erschien es mir naheliegend, auch jene Region der Welt zu erleben, wo Moses – als einziger Prophet der Bibel – Gott geschaut hatte. So war es vor allem die Geschichte des jüdischen und des christlichen Glaubens, die mich in die ägyptische Wüste führte, wo ich jenes Gebiet erkunden wollte, das als Ursprungsland des Glaubens gilt – wo das Göttliche körperlich Gestalt annahm und sich die Vergänglichkeit mit dem Ewigen vereinigte.

Schon seit Kindesbeinen interessierte ich mich für das Mysterium Gottes, doch erst mit Anfang dreißig suchte ich in Bibliotheken und Antiquariaten nach Büchern über spirituelle und religiöse Erfahrungen, Bücher über kirchliches und weltliches Wertedenken, über Menschen, die mit der rational-wissenschaftlichen Welt und der biblischen Schöpfungslehre in Konflikt geraten waren. All diese Bücher führten mich schließlich in jene Gegend, in der Gläubige unterschiedlichster Religionszugehörigkeit noch heute gemeinsame Anknüpfungspunkte haben, die für Juden, Christen und Muslime gleichsam unlösbar mit ihrer Religionsgeschichte verbunden ist: die Wüste Sinai.

Fest verankert zwischen den Kontinenten Afrika und Asien ragt die Sinai-Halbinsel wie ein überdimensionaler Keil in das Rote Meer hinein – ein 62000 Quadratkilometer großer Faltenwurf der Urnatur, an dessen Westküste der Golf von Suez liegt und in dessen Osten sich der Golf von Akaba bis zur Küste von Saudi-Arabien erstreckt. Ganz Nordrhein-Westfalen hätte gleich zweimal Platz in diesem vegetationsarmen Wüstendreieck, das in einem Zeitraum von Jahrmillionen durch mannigfaltige Versteinerungen der Meeresablagerungen entstanden ist. Intensive Erdbeben haben einst gewaltige Kräfte entfacht und mächtige Felsmassive wie von Geisterhand verschoben, übereinandergetürmt, wieder zusammengedrückt und dem Sinai auf diese Weise seine Form und Struktur gegeben. Es ist eine grandiose Wildnis aus Sandmeeren, Steppen, Hochplateaus und Gebirgen. Im Norden der Halbinsel dehnen sich weite Hügelketten, windmodellierte Dünenareale und weite Kalksteinwüsten. Zudem ist da noch die Hochebene von Et-Tih, deren höchste Erhebung 1000 bis 1200 Meter erreicht. Diese unwirtliche Region dehnt sich bis zum Mittelmeer aus, in das auch der Wadi El-Arish mündet, der sogenannte »Ägypterfluss«. Der Süden dagegen, der am Kap Ras Mohammed ins Rote Meer ragt, ist von Urgestein dominiert. Seine rauen Landschaften sind von erodierten Felsformationen und engen Schluchten geprägt. Chaotische Trümmerfelder und ausgedörrte Flusstäler wechseln ab mit himmelhohen Gesteinssäulen, riesigen Türmen und Zinnen, die an Kathedralen erinnern.

Im Süden der Sinai-Halbinsel befindet sich auch das Zentrale Gebirgsmassiv, das von Nordwesten nach Südosten verläuft und doppelt so lang wie breit ist. Die höchsten Erhebungen dieses imposanten Felsgewoges aus Granit, Gneis, Porphyr, Syenit und Sandstein sind der Abbas Basha (2383 m), der Ahmar (2318 m), der Dschebel Musa (2285 m), der auch »Mosesberg« genannt wird, sowie der Dschebel Katharin, der mit 2642 Metern der höchste Berg der Sinai-Halbinsel ist. Das Zentralmassiv des Sinai, wo der Frühling sehr kurz ist, der Sommer lang und trocken und der Winter ausgesprochen kalt (manchmal mit Schneefall auf den Berggipfeln), wirkt vor allem durch die vielfältigen Gesteinsmischungen äußerst abwechslungsreich. Imposante Felswände sind immer wieder von Kalk, Mangan, Gips und Eisen durchzogen, im wechselnden Licht zwischen Tag und Nacht: goldgelb am Morgen, blaugrau am Nachmittag, rot-violett in der Abenddämmerung. Da wechselt olivgrünes Granit mit rosigem Felsspat, schwimmt schwarz-braunes Diorit inmitten manganbrauner Felswände, mäandern bernsteinfarbige Linien über schwefelgelbe Gesteinsklötze. Und immer wieder ziehen sich blauschwarze Basaltbänder durch die Bergflanken. Diese Farbgebung stammt bereits aus jener fernen Zeit, als der Graben des Roten Meeres einbrach und heiße Magmaströme aus vulkanischer Tiefe durch die Erdrisse drangen und mit dunklen Streifen die hochgewuchteten Felswände durchzogen. Kein Wunder, dass schon die Chaldäer, jenes semitische Volk aus Südmesopotamien, dessen Stämme bereits vor der Geburt Christi im Sinai lebten, dem gewaltigen Wüstendreieck den Namen »Sin« gaben, was so viel wie »Mond« bedeutet. Selbst der Amerikaner Neil Armstrong, der 1969 als erster Mensch seinen Fuß auf den Mond setzte, meinte anlässlich einer Reise über die Sinai-Halbinsel: »Ich will verdammt sein, wenn das hier nicht genauso aussieht wie da oben.«

Hier, inmitten der gigantischen Landschaftsszenerien des Sinai, ist es wahrlich nicht schwer, sich dem Ursprung der Schöpfung nahe zu fühlen und an jene Textstelle der Bibel zu denken, mit der das Alte Testament beginnt: *Am Anfang schuf Gott Himmel und Erde. Und die Erde war wüst und leer, und es war finster auf der Tiefe; und der Geist Gottes schwebte auf dem Wasser. Und Gott sprach: Es werde Licht! Und es ward Licht. Und Gott sah, dass das Licht gut war. Da schied Gott das Licht von der Finsternis und nannte das Licht Tag und die*

*Finsternis Nacht. Da ward aus Abend und Morgen der erste Tag.* (1. Mose 1,1–6)

Seit Moses um das Jahr 1220 vor Christus mit etwa 600000 Hebräern aus Ägypten floh und sich auf eine vierzig Jahre dauernde Odyssee machte, um das »Gelobte Land« zu erreichen, ist dieser Landstrich unlösbar mit der Religionsgeschichte verbunden. Hier, im formenreichen Nichts der Wüste, schaffte sich Moses ein größeres Gegenüber und ließ einen religiösen Glauben entstehen, der, trotz vielfältiger Anfeindungen, seit Jahrtausenden Bestand hat. Diese Region gilt daher Juden, Christen und Muslimen als »Heiliges Land«, wo der Gottesglaube erstmals verkündet wurde. Darüber hinaus war die Sinai-Halbinsel seit jeher ein Land der Völkerbewegung und der Eroberer. Bereits in den Jahren 3000 bis 1100 vor Christus besuchten Karawanen der Ägypter diesen wüsten Landstrich, den sie »Ta-Su« (Trockenes Land) nannten. Damals gelangten viele Bergleute in diese Gegend, um im Auftrag der Pharaonen die reichen Türkis- und Kupfervorkommen abzubauen. Wenn eine Mine ausgeschöpft war, errichteten die Ägypter eine Stele, wodurch die Namen von neununddreißig Pharaonen (von Semerkehr VII./1. Dynastie bis zu Ramses IV./20. Dynastie) überliefert sind.

Drei klassische Karawanenwege führten damals über die Sinai-Halbinsel: Entlang des Mittelmeers verlief die sogenannte »Heerstraße«, die Ägypten mit Mesopotamien verband und die von den Römern später »Via Maris« (Meeresstraße) genannt wurde. Die »Pharaonenstraße« führte vom Nil bis nach Jerusalem, während die Stadt Suez Ausgangspunkt der berühmten »Pilgerstraße« war, die über den Mitla-Pass und Akaba bis nach Mekka reichte. Diese Route gilt auch heute noch als wichtige Ost-West-Verbindung zwischen Ägypten und Saudi-Arabien und wird vor allem von muslimischen Pilgern genutzt.

Die frühesten Bewohner der Sinai-Halbinsel sollen Nomaden gewesen sein, die noch vor der ersten Dynastie der Ägypter hier lebten, was protosinaitische Inschriften beweisen, die von Wissenschaftlern entdeckt wurden. Es sind die ältesten Inschriften der Sinai-Halbinsel, in denen die Urnomaden als »Herren des Sandes« bezeichnet werden. Schon vor Tausenden von Jahren passte sich dieses Volk an das Leben in der Einöde an. Heute leben im Sinai noch etwa 70000 Beduinen. Die eine Hälfte ist in den vergangenen Jahren dem Ruf der ägyptischen Regierung gefolgt und in die Küstenstädte gezogen. Dort wurden die Beduinenfamilien sesshaft und wohnen in grauen Betonsilos oder Containerdörfern, arbeiten als Händler oder Angestellte in Feriensiedlungen, Hotel-Diskotheken und Tauchschulen, jobben in Fischfabriken oder im Transportwesen. Die andere Hälfte lebt noch immer in Zelten aus gewebter Kamelwolle und betreibt Viehzucht. Wie zu Zeiten Mose ziehen sie mit ihren Ziegen, Schafen und Kamelen durch die Wüste, ständig auf der Suche nach neuen Weide- und Wasserplätzen. Für sie bedeutet das Kamel nicht nur »Baraka« (Glück und Segen), es ist auch Zeichen ihres Wohlstands. Meist leben die nomadischen Beduinen in festgefügten Schutzgemeinschaften, aufgeteilt in verschiedene Familienclans, die jeweils von einem Stammesherrn, dem Scheich, geführt werden. Er allein entscheidet über die Zusammenschlüsse mit anderen Nachbarstämmen, über den Wechsel der Weideplätze und über den Standort ihres Lagers. Zudem ist er verpflichtet, das heilige Gastrecht auszuüben, eine besondere Tugend der Beduinen: *Denn Allah*, so steht es im Koran, *hat den hochgeschätzten Gast gesandt, dessen Leben gilt es nun zu schützen, und für dessen Wohlbefinden muss bereitwillig mit Speisen und Getränken gesorgt werden.*

Mittlerweile bestimmen die Geschehnisse auf der Sinai-Halbinsel nicht nur das geistige, sondern auch das politische

Schicksal der Menschen – wie beispielsweise der »Sechstagekrieg« von 1967, als israelische Soldaten die ägyptische Halbinsel eroberten, fünfundsechzig Jahre nachdem Theodor Herzl den Anspruch auf den Sinai als Teil Israels angemeldet hatte. Erst nach den Friedensabkommen von Camp David (Sommer 1978) und Washington (März 1979) zwischen den ägyptischen, israelischen und amerikanischen Staatsoberhäuptern, Anwar al-Sadat, Menachem Begin und Jimmy Carter, begann der Rückzug der Israelis aus dem Sinai, wodurch Ägypten in den Besitz zahlreicher Ölquellen, Militärbasen und rund zweitausend Kilometer gepflasterter Straßen gelangte.

Als ich mich 1987 entschloss, den Spuren Mose nachzureisen, musste ich zwischen mehreren Wegen wählen, wobei Archäologen und Bibelforscher vor allem für zwei Routen plädieren. Grundlage ihrer Theorien ist das Alte Testament. Zahlreiche Textstellen geben darüber Aufschluss, auf welchem Weg Moses mit dem Volk Israel durch die Wüste Sinai gewandert sein könnte. Zum einen spricht man von der »Nordroute«, die womöglich am Mittelmeer (Bardawil-See) entlangführte. Zum anderen gibt es in der Bibel eine Fülle von Hinweisen und Indizien für eine »Südroute«. Zahlreiche Wissenschaftler sehen diese Südstrecke als den tatsächlichen Weg der hebräischen Odyssee an. Auch ich entschied mich für diesen Weg, der vermutlich östlich der Großen Bitterseen und am Ostufer des Golf von Suez entlang verlief. Von dort soll Moses die Hebräer zum Zentralmassiv des Sinai geführt haben und weiter nach Norden, vorbei an der heutigen Stadt Eilat durch die Wüste Negev bis in das verheißene Land Kanaan.

Es war Anfang November, als ich mit Carsten Wulff, einem Fotografen und guten Freund, nach Ägypten reiste. Das ist die beste Zeit für eine Wanderung durch den Sinai. Die Temperaturen erreichen am Tag kaum fünfundzwanzig Grad Celsius, während es nachts bis auf zehn Grad abkühlt. Unsere Zwei-Mann-Expedition begann in dem kleinen Oasendorf Abu Zenima, am Westufer der Sinai-Halbinsel, wo Bohrinseln wie Ungetüme aus dem Roten Meer ragen. Hier trafen wir Sajid, einen achtzehnjährigen Beduinen, der sich als ortskundiger Führer anbot, uns durch die Wüste zu begleiten. Bis spät in die Nacht feilschten wir um den Preis von zwei Kamelen, die wir zum Transport der Lasten benötigten. Schließlich zahlten wir für die Wüstenschiffe umgerechnet vierzig Euro, und Sajid bekam zehn Euro pro Tag.

Am nächsten Morgen besorgte Sajid eine polizeiliche Genehmigung für unsere Wüstenreise, ehe die Kamele, ein Bulle und zwei Stuten, zur Tränke geführt wurden. Sie nahmen ausgiebig Wasser auf. Erst als ihre Bäuche kleinen Ballons glichen und die Flanken von einem Netz hervortretender Venen überzogen waren, hatten sie genug. »Es ist unglaublich, wie viel so ein Kamel saufen kann!«, staunte Carsten. Ich stimmte ihm nickend zu und sagte: »In fünfzehn Minuten kann ein Dromedar bis zu zweihundert Liter saufen. Und dann ist es auch noch ein Weltmeister im Wassersparen. Auf langen Hunger- und Durststrecken soll es mit dem eigenen Wasservorrat mehr als dreißig Tage auskommen!« Überdies können Kamele nicht nur ungeheure Mengen Flüssigkeit speichern, sondern bei großer Hitze und Trockenheit auch viel Wasser abgeben. Ohne Schaden ertragen Kamele eine Dehydration von mehr als fünfundzwanzig Prozent, wobei das Blutvolumen konstant bleibt und das Herz normal weiterarbeitet. Für einen Menschen wäre ein derartiger Wasserschwund tödlich. Das Fett im Höcker dient in Trockenperioden als zusätzliche Kraftreserve, wobei die im Fett chemisch gebundene Flüssigkeit freigesetzt wird. Bei diesem Abbau des Energiespeichers benötigt das Tier allerdings viel Sauerstoff, muss also viel atmen, sodass eine Menge Flüssigkeit durch Mund und Nieren entweicht. Bis zu fünfundzwanzig Prozent seines Körpergewichts kann ein Dromedar bei solch einem »Flüssigkeitsverlust« verlieren – ohne Gefahr für die Gesundheit. Ebenso ungewöhnlich ist es, dass ein Dromedar nicht schwitzt. Wenn nämlich die Außentemperatur beispielsweise über 36,5 Grad ansteigt, kann das Tier seine Körpertemperatur bis auf 42 Grad erhöhen. Im Gegensatz zum Menschen verdickt sich aber das Blut bei Überhitzung nicht. Die Nase wird dabei zur Klimaanlage, wobei die Nasenschleimhäute das Wasser aus der ausgeatmeten Luft zurückgewinnen. Nachts sinkt die Körpertemperatur, als gäbe es einen angeborenen Thermostat, wieder auf 34 Grad, sodass sich die Hitze im Körper nicht stauen kann.

Nach ausgiebiger Tränke beluden wir die Kamele mit großen Satteltaschen, in denen nicht nur unsere Ausrüstung verstaut war, sondern auch alle Nahrungsmittel: Nudeln, Kartoffeln, Bohnen, Tomaten, Zwiebeln, Nüsse, Mehl, Salz, Zucker, Tee, frisches Obst und etwas Lammfleisch. Schließlich hängten wir an die Schattenseite der Tiere mehrere zerbeulte Plastikkanister, in denen das Trinkwasser schwappte. Dann konnten wir endlich aufbrechen, hinaus in die Wüste Sinai.

An langen Seilen führten wir unsere Kamele, die mit ihren tellergroßen Füßen vorwärts tappten, durch weite Sandebenen und zerfurchte Wadi-Windungen. Erst am Nachmittag kletterten Carsten und ich gelegentlich in die Sättel, überließen uns dem schaukelnden Gang der Lastentiere, bis der harte Sattel irgendwann drückte und sich Gesäßbeschwerden einstellten. Meist stützten wir uns dann auf das Sattelhorn, rückten mal nach links, mal nach rechts, bis der abgegriffene Vergleich vom »Schiff der Wüste« zur spürbaren, in jeder Bandscheibe schmerzenden Realität wurde. Also stiegen wir wieder ab und führten unsere Lasttiere erneut am Zügel. Während wir über windgeschliffenen Geröllschutt und verkarstete Kalksteinplateaus wanderten, waren unsere Augen damit beschäftigt, nach verdorrtem Strauchwerk Ausschau zu halten, das wir fürs abendliche Lagerfeuer benötigten. Sajid war am Abend für das Feuer sowie die Zubereitung des Essens zuständig. Carsten und ich ließen die Kamele niederknien, luden sie ab und legten ihnen Beinfesseln an, um zu verhindern, dass sie in der Nacht fortliefen. Anschließend fütterten wir die Tiere, stellten das Zelt auf und richteten alles für das Nachtlager her.

Später, nach dem Essen, wenn der Himmel die Farbe dunklen Samts angenommen hatte und die Kamele ihr Futter wiederkäuten, machten wir es uns im Sand bequem. In diesen stillen Stunden griff ich oft zum Tagebuch und ließ das Erleben in der Wüste noch einmal Revue passieren: Da war das Wandern und Reiten durch menschenleere Weite, der stetige Wind, der seit Jahrtausenden mit landschaftsformender Kraft über Berge und Täler strich, das trunken machende Blau des Himmels, die pflanzenlosen Leerzonen, der Schweiß, der Staub, die trockene Luft, die blendende Helligkeit ohne Farben, das Suchen nach einem Flecken Schatten, die Minimierung der eigenen Ansprüche, die Reduktion als Gewinn, der Genuss des kostbaren Wassers – und schließlich die Vorfreude auf das Nachtlager, wenn die strapazierten Glieder Entspannung und Erholung spürten, man am knisternden Lagerfeuer das Essen zubereitete und im Freien unterm Himmel schlief. All das waren Momente, durch die wir die Einfachheit des Lebens tagtäglich zurückgewannen, in denen ich eine tiefe Dankbarkeit gegenüber diesen elementaren Erfahrungen empfand. Denn was ist Freude, Behaglichkeit und die Entspannung des geplagten Körpers, wenn man nicht vorher das Gegenteil erlebt hat? Vielleicht ist dieses Prinzip sogar in allen Lebensbereichen gültig: Das »Glück des Lebens« wissen oftmals nur jene zu schätzen, die es lange Zeit entbehren mussten.

Durch knochentrockene Wadis und über ausgefranste Gebirgsbänder führte unser Weg immer weiter nach Süden. Stetig stiegen wir höher und höher hinauf, hinein in das Zentralmassiv des Sinai und vorbei an steil aufragenden Felswänden, wo es kaum Ausblicke in die Weite gab. Überall stieß das Auge auf hohe Gesteinsformationen, die monumentalen Plastiken oder riesenhaften Schattengestalten glichen und die uns das Echo ferner Zeiten spüren ließen.

Manchmal gab der borkige Verwitterungsschutt unter unseren Füßen nach, brach wie Blätterteig auseinander. Pulvrige Staubbänder tanzten dann um die langen Beine der Kamele, während Sajids Sandalen, die aus alten Autoreifen gefertigt waren, bei jedem Schritt gegen die Fußballen knallten. Das Geräusch klang wie Peitschenschläge und hallte über Bergkämme und Canyons hinweg. Ein anderes Mal zwangen uns große, von der Erosion auseinandergesprengte Gesteinsblöcke, die auf den schmalen Pfaden lagen, zu Umwegen über terrassenartige Geröllhalden. Vor allem auf brüchigen Felsparcours und halsbrecherischen Pässen grenzte es fast an ein Wunder, dass den Tieren nichts Schlimmes passierte, wenn ihre Polsterfüße für Augenblicke zwischen den Felstrümmern stecken blieben. Zudem lösten die Tritte unserer Lasttiere immer wieder kleine Erdrutsche aus, und in einer dichten Staubwolke rutschten zerborstene Steintrümmer von den schmalen Felsstufen in die Schluchten hinab, während die Tiere brüllten und an der Halfterleine zogen. Sie waren kaum zu halten, spürten die Gefahr, auf dem lockeren Felsgrund ihren Halt zu verlieren und in die Tiefe zu stürzen.

Anderntags spielte eines unserer Kamele verrückt. Gleich

in der Frühe, nach dem Festzurren des Gepäcks, gebärdete sich der Bulle regelrecht bösartig. Er fletschte die Zähne, keilte mehrmals aus und ließ keinen von uns in den Sattel steigen. Sajid schlug vor, dem Tier ein paar Stunden Ruhe zu gönnen, doch als wir am Mittag Besuch von einigen Beduinen bekamen, wurde das Kamel mit Gewalt zu Boden gedrückt, mit Seilen gefesselt und anschließend mit Stöcken verprügelt und mit Sand beworfen. Sand in den Augen mag kein Kamel. Ich war entsetzt über die Brutalität und wollte dazwischengehen, doch Sajid hielt mich zurück und gab mir zu verstehen, dass ich mich nicht einmischen sollte. Deutlich spürte ich, dass die Widerspenstigkeit des Kamelbullen eine bittere Erfahrung für ihn als jungen Beduinen war. Nichts fürchtete er anscheinend mehr. Wie jeder Beduine hatte er vor Hunger und Durst kaum Angst. Und auch die entsetzliche Kälte bei Nacht, in den Wintermonaten, soll ein Nomade des Sinai ohne Essen bis zu sieben Tagen ertragen können. Doch wenn sein Kamel ihn im Stich lässt, ist ihm der Tod gewiss. Also warf auch Sajid dem störrischen Kamelbullen noch ein paar Handvoll Sand in die Augen. Winselnd blähte die geplagte Kreatur ihre Nüstern, stülpte die gewaltige Zunge wie einen großen Hautsack zwischen den Lefzen hervor und zitterte am ganzen Leib. Doch die Bestrafung zeigte Wirkung: Zwei Stunden später wirkte das zuvor so widerspenstige Tier wie geläutert, und wir konnten unsere Wüstenreise fortsetzen, als wäre nichts gewesen.

Am Fuß einer gigantischen Felswand, neben der sich die Landschaft scheinbar willkürlich erweiterte und verengte und wo Licht und Schatten rhythmische Spannungselemente auf den zerborstenen Erdboden warfen, trafen wir Mohammed, einen Beduinen mittleren Alters. Mit gekreuzten Beinen hockte er an einer Feuerstelle neben dem ausgedörrten Stamm einer Tamariske. Auf den knisternden Flammen stand eine rußige Teekanne. Gleich daneben lagen Dolch und Gewehr. Sein Körper war in nachthemdartige beige-braune Stoffbahnen gehüllt. Auf dem Kopf trug er eine rot-weiße Kufija, das Kopftuch vieler Sinai-Beduinen. Aus dem wettergegerbten Gesicht strahlten zwei braune Augen. Deutlich war das rasselnde Geräusch seines Atems zu hören, als er in das Feuer blies und mit einem Stock in der Asche herumstocherte, bis kleine gelbe Flammen aus der rot glühenden Asche aufflackerten.

Mit einem freudigen »Haya allah al-rijal« (Gott grüßt die Männer) lud uns Mohammed ein, an seiner Feuerstelle Platz zu nehmen. Bei stark gesüßtem Tee und einer Handvoll Datteln tauschten wir Neuigkeiten aus. Schließlich kramten Mohammeds faltige braune Hände unter der Galabija einen kleinen Lederbeutel hervor. In seine Hand, die zu einer kleinen Schale gewölbt war, schüttete er einige kleine grüne Tabakkrumen. »Kif, kif«, sagte er und fügte mit blitzenden Augen hinzu: »Das ist gut für den Kopf.« Wir wussten sofort, was es war: Marihuana. Für das tabakähnliche Gemisch aus Blüten und Blätterspitzen der weiblichen Hanfpflanze bekam Mohammed in den Städten viel Geld – oder fünf bis zehn Jahre Gefängnis. Marihuana und Haschisch ersetzen bei den Beduinen des Sinai nach wie vor den Alkohol, der laut Koran allen Moslems verboten ist. Meist tragen die Nomaden ihr Marihuana in einem kleinen Brustbeutel und bezeichnen den Gebrauch des Rauschmittels als völlig harmlos. Gleichwohl haben jahrzehntelange Untersuchungen die Gefahren des Marihuana bewiesen: Bestandteile dieses Rauschmittels greifen das genetische Material an, verlangsamen die Zellteilung und hemmen die DNS-Bildung – die Bausteine der Chromosomen. Bei Männern kann überdies die Zeugungsfähigkeit beeinträchtigt werden, sodass sich die Zahl der Spermien verringert und sich abnorme Samenzellen vermehren. Im weiblichen Hormonhaushalt einer werdenden Mutter hat der Gebrauch von Marihuana vor allem für Neugeborene verheerende Folgen. Versuche mit Rhesusaffen haben massive Zerstörungen der Gehirnzellen deutlich gemacht.

Wie selbstverständlich passierten wir Millionen Jahre alte Ufergestade und bizarre Schluchtenlabyrinthe, durch die einst urzeitliche Ströme rauschten und in denen sich heute riesige Steinkorridore dehnen – mit einem Gewirr von Mulden und Anhöhen, die mittlerweile den Lebensraum für zahlreiche Tiere bilden: Hier gibt es den Steinbock, die Dorcas-Gazelle, den Fennek (Wüstenfuchs), die Hyäne und den Klippschiefer, ein marderähnliches Nagetier. Noch sehr viel zahlreicher sind Ameisen, Spinnen Tausendfüßler, Schlangen und Skorpione. Einmal, als ich mich abends auf einer Decke im Sand ausgestreckt hatte, entdeckte ich neben meinem rechten Arm einen fingerlangen, braun-gelben Skorpion mit drohend nach vorne gekrümmtem Schwanz, dessen Spitze in einen giftigen Stachel auslief. In einem Reflex rollte ich mich zur Seite, als Sajid den Skorpion auch schon mit einem Steinklotz in den Sand drückte und an einem langen Dorn aufspießte.

Erst jetzt wurde mir bewusst, dass wir seit Tagen in einem Gebiet unterwegs waren, in dem es die gefährlichsten Arten von Skorpionen gibt. Fossilienfunde haben mittlerweile den Beweis erbracht, dass sich diese am Boden lebenden Spinnentiere seit etwa 300 Millionen Jahren nur geringfügig weiterentwickelt haben. Zahlreiche morphologische Übereinstimmungen mit den Seeskorpionen (Eurypterida) haben ergeben, dass sich alle Skorpione aus einem gemeinsamen Stamm entwickelten, wobei die Eurypterida das Wasser nie verließen und vor 200 Millionen Jahren ausstarben. Die auf dem Land lebenden Skorpione hingegen, die sich aus ihren im Wasser lebenden Vorfahren entwickelten, verfügen seit eh und je über ein Atemsystem, das aus vier Buchlungen besteht, die auf der Körperunterseite nach außen münden und den Kiemen der Fische sehr ähnlich sind. Von Sajid erfuhr ich überdies, dass die Skorpione im Sinai während der Dämmerung am aktivsten sind. Zur Orientierung verlassen sie sich auf ihre sensorischen Haare, die auf den klauenartigen Gliedmaßen sitzen. Diese Härchen werden bei gewissen Tonfrequenzen – zu denen auch die menschliche Sprache zählt – in Schwingungen versetzt, was dem Skorpion als Warnsignal gilt. Sein Stich erzeugt zumeist nur leichten Schmerz, während das Gift – je nach Gattungsart – ganz unterschiedliche Wirkung hat. Zu den gefährlichsten Arten zählt zweifelsohne der »Buthus occitanus«, der ebenso in Nordafrika wie in Südeuropa zu Hause ist. Er verfügt über ein spezielles Nervengas, das dem Gift einer Kobra gleicht und einen Menschen innerhalb weniger Stunden töten kann.

Jenseits der Raha-Ebene, wo das Volk der Israeliten einst um das Goldene Kalb tanzte, rückten die schroffen Bergriesen enger zusammen und geleiteten uns in das langgestreckte Tal des Wadi-el-Dair. Mächtige Palmen und grünes Buschwerk wuchsen hier aus der Steinwüste. Wir sahen plätscherndes Wasser und üppige Weinreben, die sich an knorrigem Gestänge emporrankten und den Garten des Katharinenklosters mit prägten. Hoch darüber erhoben sich die granitenen Gipfel der Sinai-Berge: Der St. Katharinen-Berg (2642 m) und der Dschebel Musa (Mosesberg) mit einer Höhe von 2286 Metern.

Das Katharinenkloster gilt als ältestes christliches Kloster und kleinste Diözese der Welt. Seit mehr als 1400 Jahren ist es ununterbrochen bewohnt. Auf einer Höhe von 1570 Metern wurde es im 6. Jahrhundert von den Baumeistern des römischen Kaisers Justinian (482–565) errichtet, und es heißt, es befinde sich genau an jenem Ort, wo Moses von Gott den Befehl erhielt, das Volk der Hebräer aus der Knechtschaft der Ägypter zu führen. Noch heute ist das Katharinenkloster eine wuchtige Trutzburg, die einst Zufluchtsort für viele Christen war, die Schutz vor marodierenden Beduinen suchten. Hinter mächtigen Umfassungsmauern aus Granit, die durch die differierenden Bodenkonturen unterschiedliche Höhen von bis zu zwanzig Metern erreichen, befinden sich ein Glockenturm und zahlreiche Wohngebäude. Vierundzwanzig griechisch-orthodoxe Mönche bewirtschaften heute das Kloster; im ausgehenden Mittelalter sollen es bis zu vierhundert gewesen sein. In der »Bruderschaft des geistlichen Friedens« führen die Mönche ein zurückgezogenes und weltabgewandtes Leben. Früh um vier Uhr beginnt ihr Tag mit dem Morgengebet und der heiligen Liturgie. Das Abendgebet findet von 15 bis 17 Uhr statt. Alle anderen Stunden sind dem Studium alter Manuskripte gewidmet oder mit Gartenarbeit ausgefüllt sowie mit meditativen Wanderungen in die umliegende Bergwelt.

Der Name des Klosters bezieht sich auf die »heilige Katharina«, die als Dorothea im Jahre 294 nach Christus im ägyptischen Alexandria geboren wurde. Nach dem Besuch der Schule studierte sie Philosophie, Physik, Mathematik, Astronomie, Medizin, Dichtkunst und Musik. Ein syrischer Mönch machte sie mit dem Christentum vertraut und taufte sie auf den Namen Katharina. Zur Zeit der Christenverfolgung geriet sie in die Fänge des römischen Kaisers Maximinus, der fünfzig Weise an seinen Hof rief, um Katharina von ihrem Glauben abzubringen. Doch unter Zuhilfenahme von Zitaten griechischer Philosophen gelang es Katharina, alle Weisen zum Christentum zu bekehren. Selbst unter der Folter war es ihr noch möglich, Mitglieder der kaiserlichen Familie und des römischen Adels für den christlichen Glauben zu gewinnen. Nach ihrem Tod soll ihr Leichnam von Engeln auf den Gipfel des höchsten Sinai-Berges gebracht worden sein, der seitdem ihren Namen trägt. Drei Jahrhunderte später, so erzählt die Legende, fanden Mönche die sterblichen Überreste Katharinas und bestatteten sie im Kloster in einem Marmorsarg am Eingang zum Altar. Kreuzritter, die das Kloster im 13. Jahrhundert vor Überfällen räuberischer Beduinen schützten, brachten die Geschichte vom Märtyrertum Katharinas schließlich nach Europa, wo sie heiliggesprochen wurde. Seitdem ist das »Kloster der Verklärung« als »Katharinenkloster« bekannt.

Der einzige Zugang zum Katharinenkloster führte früher über eine Holzluke, die sich fünfzehn Meter über dem Felsboden befand. Mittels einer Seilwinde, die von vier Mönchen betätigt wurde, schwebte man in einem Sitzkorb zu dem wehrhaften Mauergeviert hinauf. Heute betritt man das Kloster zu ebener Erde. Durch ein mannshohes Holztor ließ uns ein Mönch mit schwarzer Kutte, schwarzem Käppi, langem Bart und Haar, das im Nacken zu einem Knoten geflochten war, in das Monasterium, das einen einzigartigen Wüstenschatz beherbergt: zweitausend Ikonen sowie die größte und älteste Bibliothek der griechisch-orthodoxen Kirche, die an Bedeutung nur der des Vatikans nachsteht. Als wertvollstes Buch dieser Sammlung galt der »Codex Sinaiticus«, die griechische Übersetzung einer Bibelhandschrift aus dem 4. Jahrhundert. Seit 1865 ist dieses Buch allerdings nicht mehr im Besitz der Mönche, denn damals liehen sie es an den deutschen Gelehrten Konstantin von Tischendorf aus, der es zu Forschungszwecken an den Zarenhof nach St. Petersburg brachte, von wo es niemals zurückgesandt wurde. Erst 1933 tauchte es wieder auf, als die Sowjets die einzigartige Handschrift für eine halbe Million Dollar an das British Museum in London verkauften, wo sich der Band noch heute befindet.

Im angrenzenden Klostergarten haben die Mönche Zypressen, Oliven, Weinreben, Öl-, Aprikosen-, Pflaumen- und Kirschbäume angepflanzt. Ungeheure Mengen fruchtbaren Erdbodens wurden dafür aus umliegenden Regionen herbeigeschafft. Auch Zisternen wurden gebaut, die im Winter das Regen- und Schmelzwasser auffangen und für die nötige Bewässerung sorgen. Überdies befindet sich im Klostergarten der Friedhof der Mönchsgemeinde, wo die verstorbenen Glaubensbrüder nur für zwei bis drei Jahre zur Ruhe gebettet werden, ehe die sterblichen Überreste schließlich dauerhaft im »Beinhaus« aufbahrt werden. Dieser uralte Bestattungsbrauch entstand, weil der Felsboden im Wadi-el-Dair es unmöglich macht, tiefe Gräber auszuheben. So türmen sich seit 1400 Jahren mittlerweile mehr als 1500 Schädel verstorbener Mönche sowie unterschiedlichste Menschenknochen im Beinhaus des Klostergartens – auf dem Fußboden oder in Borden an weiß getünchten Wänden. Es ist ein schauerlicher Ort, den die Mönche zu Lebzeiten dennoch oft aufsuchen, um hier »Trost fürs ewige Leben« zu finden. Wir dagegen verspürten eher Beklemmung und Unbehagen, waren froh, als wir wieder im Freien waren und uns ans Bergsteigen machten – hinauf zum Gipfel des Mosesberges.

Im Lichtschein unserer Taschenlampen erstiegen wir im eisigen Wind den »Sikket Saidna Musa«, »den Weg unseres Herrn Moses«. Der windungsreiche Trampelpfad ist tagsüber auch mit Kamelen begehbar, doch im Dunkeln, mitten in der Nacht, kamen wir nur langsam voran, mussten mit äußerster Vorsicht auftreten, weil der Weg gelegentlich einem Kugellager aus Steinschotter glich und unter unseren Füßen zerbröckelte. Fast drei Stunden brauchten wir bis zur Gipfelkapelle. Dann standen wir an der Stelle, wo Moses vor mehr als dreitausend Jahren die Gesetzestafeln aus der Hand Gottes empfangen haben soll. Noch herrschte zwielichtige Dämmerung, doch als sich die ersten Strahlen des Sonnenlichts vom Grund des Erdschattens zu den Bergspitzen hinauf tasteten, erlebten wir eine phantastische Farborgie in Gelb-Rot, die über den gesamten östlichen Horizont fächerte. Es war eine Art Explosion ohne Donner und Druckwelle. Was für ein Ausblick! Da übergipfelten sich bizarre Bergkämme, brachen Schluchten in die Tiefe, türmten sich Gesteinsblöcke, lagen zerspaltene Felsplatten zwischen zerklüfteten Hängen. Unendlich war die Formenvielfalt der Felsriesen. »Ich könnte den ganzen Tag hier so stehen – und nur schauen«, sagte ich und atmete tief durch, während mir Tränen der Freude übers Gesicht liefen.

Etwas abseits von unserem Standort sah ich eine Gruppe von sechzehn Hongkong-Chinesen, die am Rand eines steil abfallenden Felsplateaus knieten. Mit andächtigen Gesichtern, die zum Himmel gewandt waren, zelebrierten sie Gebete, während sie ihre Arme immer wieder zur aufgehenden Sonne hin ausstreckten, als wollten sie den sich ankündigenden Tag ermutigen. Wie Botschafter aus einer anderen Welt wiegten sie ihre Körper zu einem leisen Singsang, der stetig lauter wurde. Plötzlich ertappte ich mich dabei, wie ich mitsang, mitmurmelte – natürlich nicht auf Chinesisch, sondern in meiner Mutersprache. *Vater unser im Himmel, geheiligt werde Dein Name, Dein Reich komme …* Wie lange hatte ich das Vaterunser schon nicht mehr gesprochen? In dieser Gelöstheit von Körper und Geist schien vieles möglich zu sein, trotz des vielstimmigen Gemurmels zahlloser Touristen und Pilger, trotz klickender Fotoapparate und surrender Filmkameras.

Kein Zweifel: Wer auf den Mosesberg steigt, findet Zufriedenheit und Gleichgewicht – auch in der Gemeinschaft. An manchen Tagen kommen ganze Hundertschaften zum Gipfel, Menschen aus allen Teilen der Erde, mal lachend und schwatzend, mal schweigend und betend, um der Natur, in der Rolle der erhabenen Künstlerin, oder dem Himmel und Gott nahe zu sein. Doch ein Wunder erwartet hier niemand. So einen plumpen Tausch – Pilgermarsch gegen pures Glück oder Gesundheit – hat wohl kein Wanderer auf dem Mosesberg im Sinn. Stattdessen wird einem beim Schauen oder Beten leichter ums Herz, und man kommt in eine Stimmung, in der man seine Skepsis an das ungreifbare *Etwas* verliert. *Er* hat die Natur erschaffen, völlig klar. Auf dem Gipfel des Mosesberges gibt es keine Bedenken, denn der Glaube macht es wahr.

Viele wollen heute nichts mehr wissen von Gott und dem ganzen »religiösen Kram«. Der Sieg der Vernunft hat in vielen Köpfen Einzug gehalten, und was zählt, ist das Beweisbare. Schließlich kennt man doch die Evolutionsgeschichte, die Sache mit dem Wasserstoff, den Genen, der Ribonukleinsäure. Wie soll man da noch an »göttliches Wirken« glauben. Oder doch? – Ach ja, die Frage nach dem Sinn. Für mich hat es jedenfalls Sinn, an *etwas* zu glauben. Im »Glauben« kann ich mich selbst vergessen, um mich zu finden. Denn »Glauben« ist Stärkung der Seele und kann zu einem bewussteren Leben führen. Und vor allem dort, wo die Natur von Menschenhand noch nicht zerstört wurde, wo vieles noch unversehrt und erhaben wirkt, ist für mich der Glaube auch Demut vor der Schöpfung.

Gleichwohl gehen viele Wanderer und Gläubige nicht gerade pfleglich mit dem heiligen Mosesberg um. Viele kommen auf ihrem Weg zum Gipfel mit etwas Essbarem, doch nur wenige tragen ihren Müll wieder ins Tal zurück, sodass leere Plastikflaschen, Ölsardinendosen, Zigarettenschachteln, Reste von Fresspaketen und Unmengen von Papier am Wegesrand liegen bleiben und Jahr für Jahr Reinigungsaktionen nötig sind, die von ausländischen Umweltorganisationen durchgeführt werden, weil es eine staatliche Müllabfuhr in der Sinai-Wüste nicht gibt.

Nicht weit vom Mosesberg kamen wir zum Wadi Nafach, einem ausgedehnten Tal von vierzehn Quadratkilometern, mit gelbem Sand, grauem Dornengestrüpp und braunen Gebirgsketten, in dem blaue Felsblöcke verstreut liegen, die der belgische Künstler Jean Verame vor fast drei Jahrzehnten bemalt hat. Mit der Zustimmung des damaligen ägyptischen Präsidenten Anwar al-Sadat war Verame 1980 mit dreizehn Tonnen blauer Farbe in die Wüste gefahren, um unterschiedlichste Felsblöcke in der Himmelsfarbe Blau anzustreichen. In monatelanger Arbeit schuf der Künstler eine »Blaue Wüste«, die er »Peace Junction« nannte – ein umstrittenes Kunstprojekt, das der Oberfläche eines fremdartigen Planeten gleicht und noch heute als Symbol für den Friedensvertrag von 1979 zwischen Ägypten und Israel gilt.

Anderntags ging es weiter in Richtung Nordosten zum »Coloured Canyon«, einem sechzig Meter hohen Sandsteinmassiv, wo sich die Felswüste in einer gigantischen Vernissage selbst ausstellt. In einer imposanten Schlucht mit senkrecht aufragenden Wänden, durch die einst reißende Ströme geschossen sein müssen und die von Wasser, Wind und Sand glatt poliert waren, kletterten wir über ausgewaschene Felsrinnen, krochen durch trichterförmige Tunnel und rutschten über windpolierte Gesteinswellen, auf denen die Natur nahezu expressionistische Erosionsgemälde geschaffen hatte. Fein ziselierte Adern liefen hier in vielfältigen Farbtönen – Braun, Gelb, Orange, Rot, Violett und Weiß – über die Canyonwände. Manchmal lag eine schwarz-bläulich schimmernde Lackschicht, »Wüstenfirnis«, über den Naturbildern. Vor allem wenn die Sonne in den Canyon leuchtete, changierten die Felswände in grandiosen Farben. Durch ein Seitental kamen wir schließlich in eine weitere Schlucht, wo wir leichten Felskrümmungen folgten, über elliptisch geformte Steinkegel stiegen und Skorpione und Hornvipern entdeckten, die an verborgensten Orten faulenzten. Bis zur Dämmerung waren wir in dieser phantastischen Anderswelt unterwegs, die unsere Wahrnehmung gefangen nahm und jeden abschweifenden Gedanken verdrängte. Alles war hier so unfassbar groß, so irreal und so wahnsinnig schön. Wir schwelgten im Farbenrausch des halluzinogenen Lichts und glaubten, das Canyonfieber hätte uns erwischt.

Am Abend trat Sajid in einen Dorn. Ohne jedes Lamento zog er den langen Stachel aus seiner Fußsohle und dem Plastiklatschen. Dabei war er sehr viel besorgter um das Schuhwerk als um seinen Fuß. Als ich die Wunde desinfizieren wollte, wehrte er ab. Stattdessen zündete er sich genüsslich eine Zigarette an, blies ein paar Rauchwolken in die Luft und drückte die glühende Zigarettenspitze in die Wunde. Ich hatte ein unbehagliches Gefühl, als Sajids Hornhaut zischte. »Das muss doch wehtun?«, vermutete ich. Doch kopfschüttelnd erwiderte er: »Nein, kein Problem, ich spüre nichts.« Dreimal wiederholte er die »Verbrennungsprozedur«, ehe er mich um Pflaster und Binde bat, die er mit einem verschmitzten Lachen um den Fuß wickelte. Keine Frage, Sajid war ein »Sohn der Wüste«, ein echter Naturbursche.

Je weiter wir nach Osten zogen, desto mehr blieben die hohen Gebirgsmassive nun hinter uns zurück. Stetig fiel das Gelände ab, und der Boden war mit dünnen Sandkrusten überzogen. Abseits eines schüsselförmigen Wadi-Beckens mit sandigen Verwehungen stieg schließlich weißer Rauch in den wolkenlosen Himmel. Und hinter einem kreisförmigen Zaun aus stacheligem Gestrüpp entdeckten wir ein kleines Beduinendorf. Ausgemergelte Hunde kläfften und knurrten, als wir näher kamen. Mit Steinwürfen vertrieben ein paar Männer die bellenden Köter, während wir mit unseren Kamelen im Schatten einiger Tamarisken niederknieten und den Tieren die Lasten abnahmen. Neben den Hütten aus unbehauenen Steinen, die frühzeitlichen Behausungen ähnelten, standen dunkle Zelte aus Schafswolle und Kamelhaar. Sie waren mit Stangen und Pflöcken errichtet und bis zu fünfzehn Meter lang und etwa drei Meter hoch. Zudem sahen wir auch ein paar einfache Behausungen, teils aus Holz, teils aus Wellblech. Die löchrigen Wände waren mit Kreidezeichnungen der Kinder dekoriert, die uns mit freudigem Geschrei begrüßten.

Ein alter Mann, derbknochig und mit schweren Händen, schenkte uns nur ein kurzes Nicken. In seinem faltigen Gesicht, dessen wettergegerbte Haut braunem Leder glich, leuchtete ein waches Augenpaar. Voller Sympathie wechselte er mit Sajid, der scheinbar zur Familie gehörte, einige liebevolle Worte, ehe er uns Ahmed vorstellte, seinen Sohn. Ahmed war ein kräftiger Mann um die vierzig, von dem eine natürliche Autorität ausging. In ein loses weißes Gewand und einen schwarz-weiß gestreiften Überwurf (Burnus) gekleidet, trug er die Kufija auf dem Kopf, das traditionelle hellblaue Seidentuch der Sinai-Beduinen, das beiderseits des Gesichts herabfiel, um Wangen und Genick vor der Sonne zu schützen. Mit einer schwarzen Kamelhaarkordel wurde das Tuch an der Stirn festgehalten. Aufgeschlossen und zuvorkommend hieß uns Ahmed willkommen. Er war der vollkommene Gegensatz zu seinem Vater. Mit freundlichen Worten führte er uns in den Schatten eines geschwungenen Kamelhaarzeltes, wo es heißen, süßen Tee und etwas zu essen gab: ein Kartoffel- und Gemüsegericht. Die Bewirtung übernahm Ahmeds Frau, eine in schwarze Gewänder gekleidete Person, großgewachsen und gewandt in Gestik und Sprache.

Die »Frau des Hauses« gilt bei den Beduinen keineswegs als Sklavin. Durch das raue Dasein des Wüstenalltags sind die Geschlechter im Sinai eng zusammengerückt, teilen sich täglich anfallende Arbeiten. Die Zubereitung der Mahlzeiten zählt zu den Hauptaufgaben einer Beduinenfrau. Zudem kümmert sie sich um Trinkwasser und Brennholz, versorgt die Kinder und fertigt Ketten aus Glasperlen an, die zur Abwendung des »bösen Blicks« dienen. Aus den Häuten und Haaren von Kamelen, Schafen und Ziegen stellt sie Kleidungsstücke, Zeltbahnen, Wasserbehälter und kunstvolle Satteltaschen her, die nicht nur dem eigenen Gebrauch dienen, sondern von den Männern auf den Märkten der Küstenstädte zum Kauf angeboten werden. Der Mann ist überdies verantwortlich für die Herden, die den Beduinen Milch und Fleisch garantieren.

Bereits im alten Ägypten wurden die Beduinen als »Herren des Sandes« bezeichnet, was überlieferte Inschriften auf Felsblöcken beweisen, die auf der Sinai-Halbinsel gefunden wurden. Der Name »Beduine« leitet sich übrigens vom arabischen Wort »badija« ab, womit der weite Wüstengürtel bezeichnet wird, der sich von Arabien über die mesopotamische Ebene nach Palästina, die Sinai-Halbinsel und Nordafrika bis hin zum Atlantik ausdehnt. Ihr Herkunftsland ist die Arabische Halbinsel, von wo aus die Beduinen sich in die östlichen Wüsten Nordafrikas ausbreiteten und über viele Jahrhunderte Frauen, Kinder und Kamele anderer Stämme raubten. Seit der Zeit des Propheten Mohammed haben sie den muslimischen Glauben angenommen, doch die Furcht vor den in der Wüste lebenden bösen Geistern haben sie nach wie vor nicht abgelegt.

Später am Mittag, als Carsten und ich im Schatten des Beduinenzeltes ausruhten, hockte sich Ali Abdullah zu uns, ein elfjähriger Beduinenjunge, der munter drauflosplapperte und dabei unentwegt die ausgefransten Ärmel seines verschmutzten Jacketts hochschob, um die Hände zum Gestikulieren freizubekommen. Mit der verkrüppelten Rechten fächelte er immerzu seine dünnen schwarzen Haare aus dem Gesicht, die ihm immer wieder bis tief in die Augen fielen. Irgendwann trat eine verschleierte Frau in das Zelt, deren schwarzes Gewand in klassischen Falten bis auf die Knöchel fiel. Ihre Augenlider waren mit »Khol« olivenschwarz gefärbt, und an jedem Finger trug sie mindestens einen Ring. Mit gefälligen Worten bat sie uns in ihr Haus, nur ein paar Schritte weiter, wo wir in einem etwa vier mal vier Meter großen Raum auf dem Fußboden Platz nahmen. Rundum herrschte auffällige Ordnung: In der Nähe einer kleinen Feuerstelle, auf der ein bauchiger Kessel stand, der »Qidr«, sahen wir blanke Kochutensilien und bunte Emailleschüsseln. An der gegenüberliegenden Wand stapelten sich farbenfrohe Decken und dicke Schaumgummimatratzen. Gleich daneben stand eine große Holztruhe, aus der die Beduinenfrau einen mit Silbermünzen verzierten Gesichtsschleier herausnahm und uns zum Kauf anbot. Carsten zeigte sofort Interesse an dem Schmuckstück, und es entstand ein lebendiges Verkaufspalaver, bis man sich auf einen akzeptablen Preis geeinigt hatte.

Kurz darauf trat ein älterer Mann in die Hütte, der über starke Bauchschmerzen klagte. »Der Mann möchte eine Medizin. Vielleicht habt ihr etwas Hilfreiches im Gepäck dabei«, sagte Sajid. Ich nickte kurz, verließ das Haus und ging zu den Kamelen, um die Notapotheke aus dem Gepäck zu kramen. Als ich zurückkam, hatte sich vor der Hütte eine lange Schlange mit »Patienten« gebildet, die über Durchfall, Kopfschmerzen, Husten und Hautentzündungen klagten. Auch Ali Abdullahs Mutter war inzwischen dazugekommen. Sie erzählte, dass ihr Sohn vor ein paar Tagen in einen Dornenstrauch gefallen war. Mit einem Stück Blech hatte der Vater versucht, die Dornen aus dem Unterarm herauszuschneiden, was aber nicht gelungen war. Im Gegenteil, die Verletzungen sahen übel aus. Eine Blutvergiftung war nicht auszuschließen, was Ali Abdullah bislang aber nicht anzusehen war. Er befand sich in bester Stimmung, während seine Mutter uns mit sorgenvollem Blick fragte, ob wir ihren Sohn auf dem Kamel bis ins Krankenhaus von Nuweiba, am Golf von Akaba, mitnehmen könnten. Gesagt, getan. Nach dem Desinfizieren der Wunden am Unterarm und dem Anlegen eines provisorischen Verbandes brachen wir auf – mit Ali Abdullah, der es sich im Sattel meines Kamels bequem machte.

Tags darauf wanderten wir gegen Mittag zwischen zwei rauchig-violetten Bergleibern hindurch, hinter denen die Wüste steil zum Meer hin abfiel. Ein lauer Wind trug intensiven Salzgeruch in die Wüste, und wir mochten kaum glauben, was wir plötzlich sahen: Vor uns in der Ferne dehnte sich eine tiefblaue Wasserfläche, die bis zu den dunstigen Bergsilhouetten Saudi-Arabiens reichte: der Golf von Akaba. Zwei Stunden später stießen wir mit unseren Kamelen auf ein schwarzes Asphaltband, das entlang der Sinai-Küste verläuft, einen flimmernden Highway mit lärmendem Verkehr, über dem pechschwarze Dieselwolken zogen. Ein Lkw-Fahrer, den wir heranwinkten, war sofort bereit, Ali Abdullah ins Krankenhaus von Nuweiba zu bringen, während wir mit unseren Wüstenschiffen weiter durch windgeformte Dünen zum Meer zogen.

Als wir die Kamele bald darauf an die blaue Wasserstraße heranführten und ihre langen Schatten von schaumbesetzten Wellen überspült wurden, sprangen wir in euphorischer Stimmung in die anrollende Brandung. In Hemd und Hose peitschten wir mit den Händen das erfrischende Wasser, tobten und tanzten wie Kinder. »Angekommen!«, rief ich – nach einer Wegstrecke von vierhundert Kilometern in der Wüste Sinai. Es war ein Gefühl, für das es keine Worte gibt.

Siebzehn Jahre nachdem ich zum ersten Mal die archaische Wunderwelt der Sinai-Wüste erlebt hatte, bin ich erneut auf der ägyptischen Halbinsel unterwegs. Diesmal will ich zu einem imposanten Saurier aus Sandstein, der von der Erosion in Jahrmillionen geformt wurde. Mit von der Partie sind mein Sohn Aaron (14), Hamed (35), ein erfahrener Beduine, der im Sinai jede Quelle, jeden Brunnen und jede Akazie kennt, sowie sein vierzehnjähriger Neffe Machmud. Mit seinem weiten Gewand, einem weißen Kopftuch und dem arabischen Krummdolch wirkt Hamed wie eine Gestalt aus Tausendundeiner Nacht. Aaron ist mächtig beeindruckt, doch die zerrissene Kleidung des jungen Machmud verwirrt ihn. Nur widerwillig klettert mein Sohn am Tag unseres Aufbruchs in den Kamelsattel. Sein Dromedar kauert missmutig im Wüstensand, stößt Gurgeltöne aus und zeigt beängstigend lange Zähne. Die gespaltene Oberlippe mümmelt sich um einen holzigen Dornenstrauch. Grünlicher Brei kleckert aus dem Maul, als sich das Höckertier wie eine Hebebühne aufrichtet. Krampfhaft klammert sich Aaron an den Sattelknauf, thront zwei Meter über dem Erdboden und quengelt: »Mit so einem Tier kann ich niemals zweihundert Kilometer durch die Wüste reiten. Das ist unmöglich, Papa!«

Es ist Ende Oktober, als wir Dahab, einen kleinen Ort am Golf von Akaba, der von Korallenriffen und goldgelbem Sandstrand gesäumt ist, verlassen und in die Wüste aufbrechen. Die mörderische Sommerhitze, bei der sich der Sand bis zu fünfzig Grad Celsius aufheizt, ist längst entschwunden. Gleichwohl ist es in diesen Tagen sehr schwül. Wir schwitzen schon bei fünfundzwanzig Grad und greifen immer wieder zur Gerba, dem Wassersack, der an der Seite unserer Kamele schaukelt. Er fasst etwa dreißig Liter und besteht aus Ziegenhaut, deren Öffnungen an Hals, Schwanz und Läufen fest verschnürt sind. Morgens wird die Gerba mit etwas Wasser besprüht. Die Verdunstung im leichten Zugwind der dahinschaukelnden Kamele hält das Wasser schön kühl. Mehr Vorzüge gibt es allerdings nicht, denn schon am zweiten Tag in der Wüste schmeckt das Trinkwasser nach »Ziege von innen«.

In den großen Packtaschen, die die Kamele mit federnden Schritten durch die Einöde tragen, steckt alles Notwendige für das nomadische Unterwegssein: Lebensmittel, Campingausrüstung, Foto-Equipment. Wir reisen ohne viel Ballast, wie die Beduinen, die im Sinai auf ihren Wüstenreisen meist nicht mehr als fünfzehn Teile mit sich führen: Sattel und Decke, Sandalen und Djellaba (ein lockerer Wüstenmantel), Kufia (ein Kopftuch), etwas Tabak, Streichhölzer, Kochgeschirr, eine warme Jacke, ein paar Lebensmittel, Messer, Zeltplane sowie eine Gerba für das Trinkwasser. Wie wenig der Mensch doch zum Leben braucht!

Dann machen wir es wie die Kamele: gehen und gehen und gehen. Geduldig setzen wir einen Fuß vor den anderen, ziehen von Einsamkeit zu Einsamkeit und verlassen fast unmerklich das 21. Jahrhundert. Die ersten Tage in der Wüste sind für Aaron vor allem Staunen: Die Weite! Der Himmel! Der Sand! Das Gebirge! Der Staub! Die plötzliche Dunkelheit der Nacht! Das Lagerfeuer! Der Mond! Die Sterne! Die flüsternden Stimmen des Windes! Die Kamele, ihr Gurgeln und Brüllen, ihr Blubbern und Furzen! Und natürlich die archaischen Landschaften: ausgetrocknete Flussbetten, schollenartige Erdteppiche und formschöne Dünenwogen. Mal ist der Sand weich wie Puder, mal hart wie ein Brett. Aaron ist begeistert, springt vom Kamel und stürmt die steilen Dünenflanken hinauf, Sandwoge rauf, Sandwoge runter. Irgendwann fällt er atemlos zu Boden, liegt auf dem Bauch und fühlt, wie sich der warme Sand gegen seine Rippen drückt. »Wow! Das ist ja noch viel besser als 'ne Wärmflasche!«, ruft er und verharrt eine ganze Weile, während er – beinahe fassungslos – in die Weite blickt, wie man eben Dinge anstarrt, die so viel größer sind als man selbst. Ganz langsam, Tag um Tag, taucht Aaron in eine völlig fremde Welt ein, und die Wüste wird für ihn zur sinnlichen Erfahrung.

Wenn die Sonne tiefer rutscht, knien unsere Dromedare nieder und werden entladen. Abends bekommen sie einen Eimer Hirse, morgens etwas Stroh. Dann bauen Aaron und ich das Nachtlager auf, während Hamed und Machmud ihre Läufer ausbreiten und sich ihren Gebeten widmen. Mit erhobenen Händen richten sie sich zum östlichen Himmel aus, verbeugen sich gen Mekka und haben den Blick nach innen gerichtet. Den Geist von allem Unwichtigen »entleert«, beginnen sie zu psalmodieren, geben sich ganz den Schwingungen ihrer spirituellen Koranformeln hin und preisen »Allah« mit den schönsten seiner neunundneunzig Namen.

Plötzlich schreckt Aaron zusammen. »Da!«

»Was ist?«, frage ich.

»Dort drüben hat sich irgendwas bewegt.«

»Hast du was erkennen können?«, will ich wissen.

»Es war nur eine kurze Bewegung, wie ein Schatten, aber ich bin mir ganz sicher … Irgendetwas ist dort zwischen den Felsen …«, flüstert mein Sohn und weist mit seiner rechten Hand zu einem braunen Gesteinsensemble.

»Da, sieh doch!«

Tatsächlich – auf einem der Felsbrocken, gleich hinter unserem Lagerplatz, steht nun ein Tier mit hellem Fell, einem kleinen Hund ähnlich, der uns neugierig fixiert. »Das ist ein Fennek«, sage ich leise.

»Ein Wüstenfuchs?«

»Ja, ein Wüstenfuchs«, erwidere ich und sehe, wie der Fuchs seine übergroßen Ohren hoch aufgestellt hat.

»Er beobachtet uns«, meint Aaron und ist ganz aufgeregt. Seine Augen saugen sich an dem possierlichen Tier regelrecht fest. Und fasziniert fragt er: »Sind Wüstenfüchse gefährlich?«

»Nein, für uns Menschen nicht. Es ist übrigens der kleinste Fuchs der Welt. Seine Schulterhöhe ist oft nicht höher als zwanzig Zentimeter.«

»Ein wunderschönes Tier«, staunt Aaron. »Und diese großen Augen und riesigen Ohren ...«

»Die großen Ohren nutzt der Wüstenfuchs als Wärmeabstrahlung. Er geht nämlich meist nur nachts auf Nahrungssuche, um am Tag jeden überflüssigen Wasserverlust zu vermeiden. So kann er seine Körpertemperatur weitgehend konstant halten.« Überdies verbringt ein Wüstenfuchs den Tag ungestört in seinen etwa einen Meter tiefen Höhlengängen, die er mit kräftigen Gliedmaßen und großen Pfoten bis zu einer Länge von neun Metern in eine Sanddüne gräbt. Dort schläft er bis zur Abenddämmerung, ehe er im Dunkeln auf Nahrungssuche geht und sich von Kleintieren und Pflanzen ernährt. Lange Zeit wurde der Fennek von Nomaden gejagt und gefangen, weil überspannte Touristen ihn als Souvenir kauften. Heute ist der Handel mit den Wüstenfüchsen zum Glück verboten. Neugierig macht Aaron auf einmal ein paar Schritte auf den Fennek zu, doch sofort wendet sich der kleine Fuchs ab und tritt den Rückzug an. Wie ein flüchtiger Schatten verschwindet er hinter einigen Felsblöcken und lässt sich nicht mehr blicken.

Später am Abend backen wir Fladenbrot aus Wasser, Mehl und Salz über der Glut des Feuers und kochen eine kräftige Suppe mit Zwiebeln, Tomaten, Paprika, Kartoffeln und Zucchini. Dazu gibt es allerlei Gewürze und »Fata«, gebratenes Lammfleisch. Als die Flammen des kleinen Feuers unter der kupfernen Teekanne tanzen, sitzen wir im Halbkreis der Satteltaschen, die uns vor dem Wüstenwind schützen, der jetzt in regelmäßigen Abständen über das Lager weht. Der Himmel ist fast schon schwarz, und wir schauen regungslos zu den Sternen hinauf, die nun die Herrschaft der Nacht übernehmen. »Ist Moses wirklich hier mit seinem Volk vierzig Jahre durch die Wüste gezogen?«, fragt Aaron, den Kopf auf den Arm gestützt und mit den Augen nach der Mondscheibe suchend. Irgendwie scheint er in dieser magisch-mystischen Landschaft den Geist der Bibel zu spüren, und seine erste Wüstentour bekommt einen Hauch Spiritualität.

Vor Sonnaufgang brüht Hamed den ersten Tee – mit frischer Minze, grünen Teeblättern und reichlich Zucker. Mit gekreuzten Beinen sitzt er im rötlichen Schein der Feuerstelle und stellt einige Teegläser vor sich hin. Nur flüchtig berührt er ein paarmal die Teekanne, die in der Mitte des Feuers steht, das mit einigen Steinen umrahmt ist. Als der Teesud singt, greift er zur Kanne, hält sie über die Gläser und gießt den Tee in hohem Bogen – mit viel Schaum – in die kleinen Gläser. Seine Bewegungen zelebrieren diese Handlung: Er ist der »Teemeister«. Mit vier bedächtigen Schlucken genießen wir das heiße Getränk – süß, stark, erfrischend – und wissen: Ein Schluck Tee ist in der Wüste ein Geschenk.

Die Luft ist noch kalt, lähmt die Glieder. Aaron freut sich darüber, dass man sich nicht waschen muss. Es gibt nur einen Becher Wasser zum Zähneputzen. Rund ums Biwak entdecken wir im Sand unzählige bräunlich-schwarze Kügelchen. Das ist Kameldung, der über den Boden verstreut liegt. Zudem sehen wir ein paar Eidechsen und verschiedene Schlangenspuren. Ich erinnere mich, dass ich vor Jahren in der kenianischen Nachorugwai-Wüste, im Südwesten des Turkana-Sees, einmal eine Sandviper im Rucksack hatte. Nur mit Glück bin ich ihrem giftigen Biss entgangen.

Nach dem Frühstück und dem Beladen der Tiere gehen wir weiter. Oben brennt die Sonne, und unter den Stiefeln knirschen schwarze Steine zwischen safrangelbem Sand. Morgens geht Aaron noch mit viel Elan, die Kopfhörer mit Musik auf den Ohren. Erst gegen Mittag klettert er in den Sattel seines Kamels, das er schon nach drei Tagen richtig zu nehmen weiß. Wie ein Beduine reitet er durch die Weite, abwechselnd im Schritt, im Trab oder im Galopp. Machmud hat ihm viele Tricks, Kniffe und Befehle gezeigt, mit denen ein Kamel am Zügel zu führen und zu lenken ist. Beide – Aaron und Machmud – kommen gut miteinander aus, auch wenn sie nicht die gleiche Sprache sprechen. Was sie verbindet, sind Neugier und Phantasie, Toleranz und Respekt.

Am siebten Tag verfärbt sich der Himmel bedrohlich graubraun. Bleierne Wolkenburgen türmen sich auf, und ein Sandsturm überfällt uns. Der Boden hebt ab, und am helllichten Tag bricht die Nacht herein. Die Sichtweite ist gleich null. Die Kamele knien nieder, und wir befeuchten ihre Lefzen, binden uns selbst nasse Tücher vors Gesicht. Dicht pressen wir uns an die Höckertiere, während der Sturm mehr und mehr anschwillt und ganze Wogen aus Sand wie Brandungsbrecher über uns hinwegpeitschen. Es knistert und faucht in der Luft. Zwei Stunden lang liegen wir hinter der schützenden Deckung. Dann ist der Spuk vorbei.

Anderntags steigen die ausgreifenden Gebirgswogen langsam zum Zentralmassiv an. Ausgedörrte Wadiläufe, die wie riesige Tentakel durch die zernagten Bergmassive mäandern, führen von einer Felsarena zur nächsten. Wie vor siebzehn Jahren erlebe ich erneut das gigantische Schluchtenlabyrinth des Sinai-Massivs. Ringsum stehen Felszyklopen und Dome aus Granit, Sandstein und Porphyr, aus dem die alten Ägypter einst ihre Obelisken formten. Am Dschebel Musa fliegen wir förmlich den Berg hinauf, so schön ist das Steigen in der kühlen Abendluft. Zum Sonnenaufgang sind wir am Gipfel fast allein und genießen eine Stille wie am Anbeginn der Welt, während der Himmel von violett bis türkisblau leuchtet. Das sind Augenblicke, in denen die Wüste zum Quell religiöser Mystik wird. Je trockener und ausgedörrter die Erde, desto fruchtbarer der Geist. Dieser Berg gleicht wahrlich einem überdimensionalen Akku voller Energie.

Vierzig Kilometer weiter, im Herzen der Sinai-Halbinsel, sind wir am Ziel unserer Reise: Vor uns liegt eine zweihundert Meter lange Sandsteinformation, die einem ruhenden Saurier gleicht. Von Wind und Wetter über Jahrmillionen geschliffen, dient dieser imposante Dino-Körper den Beduinen seit Jahrhunderten als Wegmarke, Treffpunkt und Kultstätte. »Hier könnte man den vierten Teil von ›Jurassic Park‹ drehen«, lacht Aaron und klettert behände wie eine Bergziege den steinernen Saurierleib hinauf. Als er auf dem fast fünfzehn Meter hohen Kopf des Sauriers steht, winkt er mir zu, setzt sich auf den Sandstein und blickt hinaus in die Weite, die sich vor ihm öffnet und ins Grenzenlose dehnt.

Viel hat Aaron in den vergangenen Wochen gelernt, denke ich. Machmud hat ihm die spärlichen Pflanzen der Steinwüste gezeigt und das Holz des Kapernbusches, das die Beduinen als Brennmaterial schätzen. Er hat gelernt, dass bestimmte Pflanzen nur an bestimmten Stellen wachsen, dass sich die Samen der Wüstenpflanzen durch die kleinen Kügelchen des Kamelkots verbreiten, die auch wie Briketts brennen und außerdem als Spielsteine genutzt werden. Er hat erfahren, dass eine Fata Morgana gespenstisch realistisch wirken kann, dass der Wind filigrane Muster in den Sand zeichnet und dass die ältesten Sterne arabische Namen haben, zum Beispiel Beteigeuze, Deneb und Enif. Auch hat er archaische Erosionsprozesse wahrgenommen: Geröll schleift ab, trockener Erdboden zerbröselt, Farben verwittern, und Sand deckt zu oder legt frei. Zudem hat er viel über das Kamel aufgeschnappt, hat gelernt, dass die Akazie als Zuckerbrot der Dromedare gilt, dass der Schwanz eines Kamels den Urin wie eine Dusche versprüht, dass sich Dromedare mit ihren langen, schönen Wimpern bei Sturm den Sand aus den Augen fegen und dass ein durstiges Kamel künstlich Fieber erzeugt, sodass die Körpertemperatur auf zweiundvierzig Grad steigt und es somit nicht mehr schwitzt und auch kein Wasser verliert. Natürlich hat Aaron auch mitbekommen, dass der Chech, das meterlange Turbantuch, nicht nur vor Sonne und Wind schützt, sondern auch als Fliegengitter, Kopfkissen oder Schal zu gebrauchen ist, dass man in der Wüste Blechteller, Schüsseln, Löffel und Gabeln nach dem Essen mit Sand sauber scheuert und dass man beim Unterwegssein mit Kamelen nicht nur ständig packen sowie auf- und entladen muss, sondern auch unzählige Knoten von Schnüren und Seilen zu binden oder zu lösen hat.

Weiter hat Aaron neu sehen, hören und schmecken gelernt; seine Augen haben sich an kleinen Eidechsen, Käfern und Pflanzen festgesaugt; in den Ohren hat er – in großer Stille – das eigene Blut rauschen gehört, im Getöse des Sandsturms konnte er sein eigenes Wort nicht mehr verstehen – und beim Abendessen am Lagerfeuer hat er Gewürze zu schmecken bekommen, von denen er bislang nichts wusste. Er weiß jetzt, wie es ist, wenn man anstatt in einer Häuserschachtel mit Zimmer, Fenster, Tisch, Stuhl und Bett im Freien lebt, mit dem unentwegten Kontakt zum Boden, gehend, sitzend, liegend. Vielleicht ist es gerade das, was einen in der Wüste so erdet. Vor allem aber hat Aaron erfahren, dass die Wüste entweder glühend heiß oder eisig kalt ist, stockfinster oder gleißend hell, absolut still oder brausend stürmisch – nie etwas dazwischen. Man liebt die Wüste oder lehnt sie ab. Kein Mensch kommt umhin, sich zu entscheiden.

# Wo die Karawanen zogen

*Sahara-Durchquerung – vom Atlantik zum Nil*
*Marokko, Algerien, Tunesien, Libyen, Ägypten ~ 2008*

In der Sahara, der größten Wüste der Welt, entstand in
tausend Jahren ein Netz umfangreicher Karawanenwege, auf denen das Kamel als Lasttier unabdingbar
war, bis Autopisten und Flugverkehr die wirtschaft-
liche Existenz des traditionellen Nomadenlebens zu
gefährden begannen. Eine der größten saharischen
Handelsrouten reichte einst mehr als 5500 Kilometer
weit vom Atlantik zum Nil. Dieser uralte Transportweg führte durch fünf nordafrikanische Länder:
Marokko, Algerien, Tunesien, Libyen, Ägypten.

*Zu einer Reise durch die Sahara gehört eine ähnliche*
*Ausrüstung wie zur Seereise auf einem Segelschiff. So*
*wie der Kapitän eines Segelschiffes nie mit Bestimmt-*
*heit vorhersagen kann, an dem und dem Tag werde*
*ich den Hafen erreichen, ebenso wenig kann der*
*Karawanenführer zuverlässig behaupten, an dem*
*oder jenem Punkt wird Wasser zu finden sein oder in*
*so und so vielen Tagen werden wir bei einer Oase*
*anlagen.*

Gerhard Rohlfs, Quer durch Afrika

*D*ie Hunde kommen in der Nacht. Es ist ein ganzes Rudel: neun große und ausgemergelte Tiere mit gefletschten Zähnen und bedrohlichem Bellen. Vermutlich sind sie vom Geruch der Sardinendose angelockt worden, die ich am Abend geleert habe. In den Bewegungen ihrer mageren Lenden liegt etwas Feindseliges, das mich mit Entsetzen erfüllt. Angst schnürt mir die Kehle zu. Und während die verwilderten Hunde mich dreimal umkreisen, packe ich den dicken Holzknüppel, den ich bei meinem Schlaflager deponiert habe, laufe wie ein Derwisch auf die verwilderten Vierbeiner zu und schlage mit dem Stock um mich. Erschrocken springen die kläffenden Hunde auseinander, verschwinden aber erst in der dunklen Ferne, als ich einige Trockenzweige in der Glut meines kleines Lagerfeuers entzünde und sie, mit den brennenden Ästen um mich wedelnd, auseinandertreibe.

Ich befinde mich im Süden Marokkos, um die Sahara, die größte Wüste der Welt, von Westen nach Osten zu durchqueren. Auf den verwehten Spuren einer der größten Karawanenrouten der Erde, die einst vom Atlantik bis zum Nil führte, will ich durch Marokko, Algerien, Tunesien, Libyen und Ägypten gehen und wie ein Nomade eine Strecke von etwa 5500 Kilometern zurücklegen. Es ist der Marsch meines Lebens. Vier Jahre lang habe ich diese Reise durchdacht, geplant und vorbereitet. Vier Mal bin ich in den vergangenen Jahren im Norden Afrikas zu Fuß, mit Kamelen oder im Buschtaxi unterwegs gewesen, um Teilstrecken der Route in Augenschein zu nehmen, auf der über Jahrtausende hinweg die Warenströme zwischen den großen Handelszentren im Westen und Osten der Sahara flossen. Zudem bin ich in den vergangenen Jahren mehrmals kreuz und quer durch Nordafrika gereist, um Menschen zu treffen, deren Hilfe ich für die Durchquerung der Sahara unbedingt benötigte.

Ganz bewusst habe ich die Monate Juni bis November für diese Tour ausgewählt. Im Sommer herrscht in der Sahara zwar glühende Hitze, und die Temperaturen am Erdboden übersteigen gelegentlich sogar fünfzig Grad Celsius, doch seit Jahren habe ich mich daran gewöhnt, viele Wochen und Monate während der Sommerzeit in der Wüste zu verbringen, und so sollte das geplante Unternehmen weder für mich noch für meine Begleiter ein Problem sein. Viel mehr fürchte ich den Wüstenwinter, wenn die eisige Kälte am Morgen in die Knochen kriecht, das Trinkwasser gefriert und mein Körper kaum richtig in Gang kommt. Im Übrigen habe ich mir beim Unterwegssein in den Sommermonaten angewöhnt, ausschließlich morgens von 5.00 bis 10.00 Uhr und abends von 18.00 bis 22.00 Uhr zu laufen. Tagsüber raste ich im dürftigen Schatten meines Zeltes. Zudem bin ich nach wie vor ein begeisterter Nachtwanderer und liebe es, mich am Himmel zu orientieren, wenn sich in der Dunkelheit die Sterne über mir zu Kunstwerken bündeln.

Angefangen hat mein Sahara-Marsch in Agadir, Marokkos Touristenzentrum am Atlantik, das nach dem Erdbeben vom 29. Februar 1960 völlig neu erbaut wurde und das an einer der schönsten Buchten der Welt liegt. Hier, wo sich die Hotellerie eines ganzjährigen milden Klimas erfreut und die Netze der Fischer nach jeder Flut gefüllt sind, sitze ich frühmorgens am Strand, der sich über acht Kilometer erstreckt und an einigen Stellen mehrere hundert Meter breit ist. Mein Blick schweift über die Wellen, die sich sanft im Sand verlieren. Es ist noch vor Sonnenaufgang, und der weiße Strand ist einsam und verlassen; so ist er mir am liebsten. Eine ganze Weile sitze ich ganz allein so da und verliere mich in Träumereien, bis meine Gedanken schon die Route einschlagen, die ich mir für die nächsten Monate vorgenommen habe. Wenn es keine andere Möglichkeit gibt, oder wenn es die persönliche Sicherheit notwendig macht, werde ich auf meiner Reise auch mal einen Lkw oder ein Sammeltaxi in Anspruch nehmen. Das gelegentliche »Mitgenommenwerden« ist mir heute lieber als der sportive Extremmarsch. Mit vierundfünfzig Jahren muss ich niemandem mehr etwas beweisen, weder mir noch anderen Menschen. Ich gehe ausschließlich durch die Wüste, weil ich Lust am Gehen habe und mich gern in der Weite aufhalte.

Fünfzehn Kilogramm wiegt meine Ausrüstung, die ich im Rucksack auf den Schultern trage. Alles ist sorgfältig ausgewählt: Sturmzelt, Nahrungsmittel, Trinkwasser und Foto-Equipment. Als Schutz vor Sonne, Wind und Sand habe ich natürlich wieder den »Chech« – ein langes Musselintuch – um Kopf, Hals und Mund gebunden. Ich sehe aus wie eine Mumie, als ich mich vom Strand erhebe und durch die verkehrsreichen Straßen Agadirs gehe, hinaus aus der Stadt – nach Osten. Kleidung zum Wechseln, Filmmaterial für die Fotokameras sowie wichtige Lebensmittel und Trinkwasser habe ich per Taxi zu verschiedenen Oasen, die auf meiner Route liegen, vorausgeschickt.

Zunächst einmal muss ich aber durch den Hohen Atlas, ein Gebirge, das über viertausend Meter aufragt und das nicht majestätisch ist, sondern dramatisch. Nach viertägiger Wanderung steigt das Land immer steiler an, und von einem natürlichen Saumpfad wechsele ich schließlich auf eine kurvenreiche Asphaltpiste, die ins Hochgebirge mäandert. Mehrere Kilometer laufe ich am Rand der verkehrsreichen Straße, bis wild hupende Kamikazefahrer mit ihren klapprigen Fahrzeugen so nahe an mir vorbeijagen, dass manchmal nur eine Postkarte zwischen mich und den Wagen passt. Also finde ich mich kurze Zeit später auf der Ladefläche eines Lkws wieder, mit dem ich weiter durchs Gebirge rattere, wo ich eine grandiose Trostlosigkeit erlebe: Wüste und Hochgebirge in einem, eine Landschaft wie aus Dantes Hölle.

Dann erreiche ich Marrakesch, was so viel wie »Stadt« bedeutet. Mein erstes Etappenziel war einst der wichtigste Karawanentreffpunkt Marokkos. Es ist eine Stadt wie ein orientalisches Märchen, umrahmt von Palmenhainen und Olivenplantagen, am Fuße schneebedeckter Berge. Hier, wo am frühen Morgen die Rufe der Muezzins von über hundert Minaretten per Lautsprecher die Stadt wecken, schimmern Hausfassaden und Wehrmauer in allen Rottönen. Mittendrin leuchtet das üppige Grün wunderschöner Parks, während auf dem großen Marktplatz Djemaa el Fna, dem »Platz der Geköpften«, wo einst die kahl geschorenen Häupter der Hingerichteten auf hohen Pfählen dem Volk zur Schau gestellt wurden, ein buntes Treiben herrscht. Dieser Platz ist die Bühne für den faszinierendsten Jahrmarkt Afrikas, einen Ort der Magie. Hier sehe ich Gaukler, Schlangenbeschwörer, Akrobaten, Wahrsager, Barbiere, Quacksalber, Zahnärzte und zahllose Stände und Buden mit Gewürzen und Kräutern. Ich sehe Wasserverkäufer, die mit klingenden Glocken ihr frisches Nass in kleinen Messingbechern anbieten, geschickte Affen, die einen Salto nach dem anderen vollführen, verhüllte Frauen, die ihre schwarzen Tücher bis unter die Nase hochgezogen haben, würdevolle alte Männer in Kapuzenmänteln, die betend im Schutz hoher Mauern hocken, und Händler, die ihre verbotene Ware im Vorbeischlendern flüsternd anbieten: »Haschisch? Haschisch?«

Mitten auf dem großen Marktplatz haben sich zudem viele Freiluftrestaurants gruppiert, wo Küchendämpfe aufsteigen, die mit verführerischen Gerüchen locken; gleich daneben bewegen schwarze Tänzer ihre schweißnassen Körper im Rhythmus der Trommeln und Tamburine. Und nicht zu vergessen die unzähligen Kinder, die mich leicht stoßen oder an der Kleidung zerren, die sich mir mit braunen, flehenden Kulleraugen und aufgehaltenen Händen in den Weg stellen und betteln. In der sich daran anschließenden Medina (Altstadt), einem Gewirr enger Gassen, reiht sich ein Laden an den anderen, wo neben Apfelsinen, Feigen und Melonen auch Keramikteller, Berberdolche, Pantoffeln, Djellabahs, Spiegel, Teppiche, Armreifen, Silberketten und Ledergürtel in allen Variationen angeboten werden. Hier kann man sich auch ein bisschen wie James Stewart fühlen, den Alfred Hitchcock 1956 als »Mann, der zuviel wusste« durch das Gassenlabyrinth der Souks jagte. Denn all das Gewusel, das Feilschen, das lebenslustige Palavern und die betörenden Düfte beschwören den Zauber des Orients herauf. Hier fühlt man sich wie vor tausend Jahren, als die großen Handelskarawanen noch von der alten Königsstadt Marrakesch in alle Himmelsrichtungen zogen.

Tags darauf erkunde ich die Stadt und bekomme viel zu sehen: die Koutoubia-Moschee mit dem siebenundsiebzig Meter hohen Minarett, das zu den schönsten Türmen der arabischen Welt zählt. Noch heute darf diese Moschee kein Christ betreten; ich besichtige die Ruinen des El-Badi-Palastes, der als schönste Palastanlage des ganzen Maghreb gilt und der zwischen 1578 und 1603 als Residenz des Saadier-Sultans Ahmed el Mansour erbaut wurde, und die imposanten Stadttore Bab er Robb und Bab Agnaou aus dem 12. Jahrhundert, wo unter dem Meriniden-Sultan Abou Thanit die Köpfe von sechshundert hingerichteten Rebellen aufgespießt wurden.

Am späten Nachmittag sitze ich dann auf der luftigen Dachterrasse des Café de France und erfrische mich mit einem aromatischen »thé à la menthe«. Unter mir wogen die Menschenmassen des Djemaa el Fna, und hinter den roten Stadtmauern glitzern die schneebedeckten Gipfel des Hohen Atlas. Nur etwa neun Kilometer weit liegen sie entfernt, nach Norden, während sich im Süden die Sahara erstreckt. Sie ist ganz nahe, ich kann sie schon spüren.

Sahara – schon der Klang des Namens weckt Sehnsüchte nach einer anderen Welt. Man denkt an ozeangleiche Sandmeere und bizarre Vulkangebirge, an grelles Sonnenlicht, flimmernde Hitze und eiskalte Nächte. Man denkt an die blau gewandeten Tuareg und an ihre kupfernen Teekannen, die auf den Flammen eines Reisigfeuers stehen. Vor allem denkt man aber an das Brummen der Dromedare, an die unerreichbare Ferne des Horizontes und an Sand, an fließenden Sand, gelb, weiß, grau oder ockerfarben, der, vom stetigen Wind angetrieben, ruhelos über die Weite zieht und alle Spuren von Leben verwischt.

Noch heute nennen die arabischen Wüstenbewohner die Einöde nach der Farbe des gelblich-rötlichen Sandes: »essah-ra«. Für sie gilt diese atemraubende Weite als Garten Allahs, aus dem der Herr alles Überflüssige entfernt hat, damit wir Menschen das wahre Wesen der Dinge erkennen. Von Westen nach Osten misst die Sahara etwa 5500 Kilometer und von Norden nach Süden selten weniger als 1600 Kilometer. Mit neun Millionen Quadratkilometern ist sie ein riesiger Naturgroßraum von ozeangleicher Weite, in dessen Stille man die Rotation der Erde zu spüren glaubt. Schon der Grieche Herodot, der »Vater der Geschichtsschreibung«, erzählt von der Unermesslichkeit der Sahara-Sandmeere und berichtet von einem unbekannten Land, schön und schrecklich zugleich, wo Menschen in Erdhöhlen wohnen, Eidechsen mit zwei Köpfen leben und der »Basilisk« Angst und Schrecken verbreitet, jenes seltsame Tier – halb Hahn, halb Schlange –, das jahrtausendelang die Phantasie des Abendlandes beschäftigte. Als Inkarnation des Bösen wurde der Basilisk in dunklen, feuchten Löchern oder tiefen Brunnen vermutet, und schon sein Blick konnte töten, so besagte es der Volksglaube.

Ebenso unwahrscheinlich erscheint die Tatsache, dass die Sahara vor etwa 150 Millionen Jahren ein blühender Garten Eden war, ein Land mit feucht-kühlen und gemäßigten Zonen, mit tropischen Wäldern, Sümpfen und Seen, wo bis zu achtzig Tonnen schwere Dinosaurier lebten, deren Skelette inzwischen zu Hunderten im Staat Niger im sogenannten »Tal der Saurier« aus dem Wüstensand gegraben wurden. Heute hingegen fehlt in der Sahara weitgehend das Wasser, das Grundelement allen Lebens, und die Landschaft ist geprägt von Dünenmeeren, Felsmassiven, Geröllplateaus und einigen palmenumrankten Oasen. In diesem gigantischen Raum von kontinentalen Ausmaßen unternahmen bereits die alten Ägypter erste Expeditionen. Später, drei bis vier Jahrhunderte vor Christus, folgten dann die Phönizier, die die Wüste bis zu ihrem Westrand erkundeten, ehe im 14. Jahrhundert der wohl berühmteste arabische Reisende Ibn-Battuta die Sahara durchquerte.

Bahr bela ma, »Meer ohne Wasser«, nannten die ersten Karawanenführer den trockengefallenen Ozean der Sahara, den sie mit ihren Kamelen wie auf einer Seereise durchschifften. Schwerbeladen mit Salz, Seide, Gold, Edelsteinen, Gewürzen und Menschensklaven, pendelten ihre Karawanen zwischen Marokko und Mali, zwischen Niger und Algerien, zwischen Libyen und Ägypten, wobei sie es verstanden, sich an prägnanten Merkmalen der Landschaft sowie an der Sonne und den Sternen zu orientieren. Damals waren die Karawanenführer davon überzeugt, dass Allah die Sterne am Nachthimmel eigens für sie zum Zwecke der Navigation geschaffen hatte, damit sie den richtigen Weg durch die Wüste fanden. So kam es, dass in jenen Tagen alle wichtigen Sterne arabische Namen trugen und arabische Gelehrte schon in frühester Zeit die Kunst der Astronavigation beherrschten. Schließlich entstand in der Sahara – im Laufe von tausend Jahren – ein Netz weitläufiger Karawanenrouten, das den Tuareg über viele Jahrhunderte hinweg Arbeit, Handel und Überleben garantierte, ehe Asphaltstraßen und Sandpisten den traditionellen Karawanenbetrieb fast überflüssig machten.

Die ersten großen europäischen Sahara-Expeditionen erfolgten erst im 18. und 19. Jahrhundert. Damals war die Phantasie vieler Europäer von Gerüchten über ungeheure Schätze und sagenhafte Oasen beflügelt. Im Süden der Sahara sollten sogar glanzvolle Reiche liegen, deren Städte blühenden Wohlstand und Gelehrsamkeit versprachen. So kam es, dass sich zahlreiche Abenteurer und Forscher in jene unbekannten Zonen der Sahara locken ließen, in denen jedes Wunder möglich schien. Jede Expedition glich damals einem Zeitsprung in eine ferne, exotische Welt, in der ungeheure Entbehrungen und Strapazen zu bewältigen waren, um die geheimnisumwitterte Wüste zu enträtseln.

Jenseits des Hohen Atlas verlasse ich die ehemalige französische Festung und heutige Provinzhauptstadt Quarzazate. Ohne Funkgerät, Handy oder GPS-Gerät suche ich mir mit einem Armeekompass und mit Hilfe von detailliertem Kartenmaterial eine optimale Route, durch eine Landschaft, die nun stetig ihr Gesicht verändert, denn der Hohe Atlas bildet eine scharfe Grenze zwischen dem feuchten und fruchtbaren atlantischen Klima und dem trockenen der Sahara.

Endlich habe ich Zeit, Zeit für die Wüste und Zeit für mich selbst, während ich aufmerksam einen Fuß vor den anderen setze und die Nervenenden und der Magen vor Erwartung kribbeln. Gleichförmig und dauerhaft schreite ich voran. Es ist, als würde ich an einer Gebetskette unablässig Perlen abzählen. Der Fünfzehn-Kilo-Rucksack liegt indessen bequem auf den Schultern, abgestützt von einem zehn Zentimeter breiten Hüftgürtel. Die Stiefel aus Leder und Kunstfaser mit Hakenösen, ohne Fütterung und mit einer kräftigen Profilsohle, sitzen wunderbar. Füße und Gelenke haben einen sicheren Halt. Trotz des äußerst unwegsamen Geländes habe ich nach den ersten Tagen nirgendwo Druckstellen oder Blasen. Knöchel und Fersen sind völlig frei von Beschwerden. Selbst die Zehen verfügen über genügend Spielraum. Und meine anfängliche Sorge wegen etwaiger Verstauchungen hat sich als bislang unbegründet erwiesen. Ich fühle mich hervorragend, und alles ist gut.

Unter einem zerfließenden Blassblau wandere ich über ausgedörrte Sandebenen, geröllartige Steinflächen und trockene Wadiläufe, sauge die ganze Großartigkeit der kargen Landschaften in mich auf. Alle drei bis vier Stunden peile ich ausgeguckte Punkte in der Weite an, die dann zu Etappenzielen werden. Habe ich einen der jeweiligen Punkte erreicht, zeichne ich die bewältigte Wegstrecke in meine Karte ein: Maßstab 1:200000. So fügt sich Kilometer an Kilometer. Nicht nur in der Wirklichkeit, auch auf dem Kartenblatt.

Das Wetter ist zum Glück mein Freund. Nach drei Tagen makellosen Blaus bedeckt sich der Himmel zusehends, doch die Hitze hält sich in Grenzen, es ist kaum mehr als fünfunddreißig Grad Celsius warm. Zudem geht ein leichter Wind. Über Agdz und Tazzarine laufe ich zwanzig bis vierzig Kilometer am Tag, wandere mutterseelenallein über die Oberfläche eines fremden Sterns, auf dem die Einsamkeit herrscht, die mir früher so große Angst machte. Doch mittlerweile empfinde ich die Einsamkeit als pures Glück, das mir viele Geheimnisse in meinem Inneren lüftete und mir Antworten auf existenzbewegende Fragen gab. Wenn ich eine Trinkpause mache und das stetige Gehen für einige Minuten unterbreche, stürze ich das Wasser nie hastig oder gierig hinunter. Ich trinke ganz langsam, in kleinen Intervallen, und genieße jeden Schluck. Hier, in der abgeschiedenen Einöde, bedeutet jeder Becher Flüssigkeit Leben, Überleben. Und zu Hause, in Deutschland? Da wissen wir oft die Bedeutung von Wasser oder Brot gar nicht mehr zu schätzen.

An manchen Tagen wandere ich auch nachts, wenn die silbernen Strahlen des Mondes die kargen, tischflachen Ebenen in ein magisches Licht tauchen und ich mich dann an den glitzernden Fixpunkten der Sterne orientiere. Nur bei absoluter Finsternis, wenn sich kein Stern am Himmel zeigt, setzt ein auf all meinen Wüstenreisen wiederkehrendes Phänomen ein, das ich nur selten in den Griff bekomme: Eben noch fühlte ich mich der Wüste ganz nahe, nahm sie als Freund wahr, doch sobald die Finsternis wie ein schwarzes Tuch über mein Biwak fällt, wird sie zum Feind. Mein bewegungsloses Ausgesetztsein in absoluter Dunkelheit setzt mir plötzlich mehr zu als alle Anstrengungen eines langen Marsches über Geröll und brüchige Wadiläufe. In solchen Stunden fühle ich mich wie der einsamste Hund der Welt. Das sind Stunden, in denen ich die Isolation fast schmerzhaft im Körper spüre. Zudem schweifen meine Gedanken weit ab, und mit einem Mal habe ich Sehnsucht nach meiner Familie, würde mich freuen, wenn ich mit ihnen jetzt irgendwo zusammensitzen könnte, um zu erzählen und zu lachen. Um solche Gedanken in die Schranken zu weisen und die zermürbende Niedergeschlagenheit zu bändigen, setze ich die Kopfhörer auf und versuche, mit etwas Musik aus dem MP3-Player mit dem Einsamkeitsfrust fertig zu werden. Nur so kann ich die Menschenferne in manchen Stunden ertragen, bis mich irgendwann der Schlaf übermannt. Dennoch schlafe ich in der Wüste niemals so tief wie zu

Hause. Unter freiem Himmel ist mein Geist viel zu aufgewühlt vom täglichen Erleben. Also liege ich mit »ausgefahrenen Antennen« einfach da und registriere im Unterbewusstsein alles, was um mich herum geschieht. Mein Gehirn filtert und prüft jedes Geräusch, ist in ständiger Alarmbereitschaft. Es ist eine Art dämmernde Entspannung, an die ich mich gewöhnt habe: Ich schlafe und bin doch wach, mit der Intuition und dem Instinkt eines Tieres, das die Gefahren seines Terrains kennt.

Jeden Morgen ziehe ich um fünf Uhr los. Das Frühstück besteht aus einigen Schlucken Wasser, einer Handvoll getrockneter Pflaumen und mehreren Hartkeksen. Mehr brauche ich nicht.

650 Kilometer liegen bereits hinter mir, als mich eine seltsame Unruhe befällt. Es ist, als würde mir irgendetwas Bedrohliches im Nacken sitzen. Im gewohnten Schrittrhythmus lausche ich in die Weite. Doch außer dem Glucksen des Trinkwassers im Kanister, der im Rucksack steckt, höre ich nichts. Bis auf einmal dunkle Wolken aufziehen und mir der Wind Sand ins Gesicht fegt. Ich binde mir ein Tuch vor Nase und Mund. Es riecht nach Sturm, und in der Tat: Wenig später braust eine mächtige Staub- und Sandwalze heran, verdunkelt den Himmel und überfällt mich mit orchestralem Geheul. Es ist kaum möglich, das Biwak aufzubauen. Kräftige Böen beuteln die Zeltplane und reißen mich einige Meter mit. Schließlich gelingt es mir, die Halteleinen des flatternden Ungeheuers am Boden einer Senke zu befestigen. Doch der Wind wird immer stärker und scheint aus allen Richtungen zu kommen. Das Schlimmste erwartend, krieche ich auf allen vieren ins Biwak. Bevor ich den Reißverschluss hinter mir schließe, schaue ich mich noch einmal um und traue meinen Augen nicht: Der Sturm schiebt eine himmelhohe braune Wand über das Land.

Kurz darauf wird mein Zelt kräftig durchgerüttelt. Mit jedem Stoß zerrt, reißt und drückt der Sturm an der Plane. Wie Brandungswellen peitschen die Sandfontänen über mein kleines Kunststoffhaus. Es ist, als ob sich der Erdboden ringsum löst. Ich habe das Gefühl, als würde mein Zelt im Sand schwimmen und beginne mit innerer Auflehnung zu schimpfen, führe einen wütenden Dialog mit dem Sturm – aber nur so lange, bis mir wieder bewusst wird, dass dieser Sandsturm nichts anderes ist als ein physikalisches Phänomen: brutal und gefühllos, gleichgültig und rätselhaft.

Die ganze Nacht irre ich im Labyrinth meiner Gedanken umher, bis der Schlaf mich überwältigt. Als sich ganz sacht das erste Morgenlicht zeigt, ist das wilde Toben vorbei. Ich bin erleichtert. Neugierig schlüpfe ich aus meinem platt gedrückten Zelt und spüre meinen Körper kaum. Die Freude, diesen Sandsturm überstanden zu haben, lässt mich alle Strapazen der kräftezehrenden Nacht vergessen, und lähmende Schwerfälligkeit weicht großer Euphorie. Eine Stunde später ist der Himmel fast wolkenlos blau, und ich spüre nur einen sanften, warmen Wind. Rasch packe ich meine Sachen zusammen, schultere den Rucksack und liefere mich wieder dem »Wüstengehen« aus. Und während ich mit den Augen ganz konzentriert den Weg suche, der mich über wild zerrissenes Gelände weiter nach Osten führt, ist sie schon nach wenigen Kilometern wieder da – die Lust, im wahrsten Sinne des Wortes das Weite zu suchen.

Im Kontrast zwischen dunklen Steinebenen und grau-gelben Sandflächen, die mit verschiedenstem Gestrüpp bewachsen sind, treffe ich ein Stück weiter auf eine Gruppe von fünf Berbern, die ein auf der Seite liegendes Kamel umringen. Ich spreche die Männer an, die in braune Djellabahs gekleidet sind und auf dem Kopf den traditionellen Burnus tragen. Ich grüße sie freundlich auf Muslim-Art: »Salam Aleikum!« (Friede sei mit Euch!) Dabei führe ich die Linke zum Herz.

»O Aleikum Salam!«, erwidern die Berber, und es folgt der obligatorische Händedruck, wobei sich die Finger der Rechten dabei nur sanft berühren, ehe die Hand zu den Lippen geführt wird. Die Männer sind nervös, einige schauen bedenklich drein und starren unablässig zu dem Kamel am Boden. Mir ist die Situation nicht geheuer, bis ein junger Berber namens Yussuf erklärt: »Die Stute bekommt ein Fohlen!« Mit einer kurzen Geste gibt mir Yussuf dann zu verstehen, dass ich bleiben und zusehen kann. Wenig später ist die Geburt in vollem Gange. Mit gestreckten Hinterläufen liegt die Kamelstute halb auf der Seite und wirft stöhnend ihren Kopf hin und her. Wieder und wieder zieht sie die Luft tief durch die Nüstern ein und presst. Zwei Männer hocken dicht daneben. Der eine streichelt mit flacher Hand sanft die Flanke der Stute, der andere zieht sacht an dem Jungen. Kopf und Vorderbeine des Neuankömmlings ragen schon schlaff aus dem Mutterleib. Die Männer sind in heller Aufregung, als das Tier nach kurzer Pause erneut mit dem Pressen beginnt und das Junge immer weiter aus dem Leib drückt, während zwei kräftige Hände einen Fuß des zerbrechlichen Fohlens umfassen und im Atemrhythmus der Mutter daran ziehen. Plötzlich flutscht das Junge aus dem Leib, mit einem Plumps, dem ein Schwall Fruchtwasser folgt. Dann wird die Nabelschnur abgebunden, und der Kopf der Stute schwenkt herum, sie beschnuppert das Neugeborene und nimmt die Witterung ihres Jungen auf.

»Allah sei Dank, es ist ein Hengst«, ruft Mohammed, der Besitzer der Stute, und klatscht freudig in die Hände. Nass und schlüpfrig ist das Fohlen, das die Berber aus dem Gehäut der Fruchtblase schälen: ein zittriges Bündel Leben, das blökend und strampelnd mit aller Macht auf die Beine will. Im Vergleich zum winzigen Rumpf wirken die langen Beinchen des Fohlens wie dünne Stelzen, die die Balance kaum halten können, als es nach den Zitzen tastet und schließlich zu saugen beginnt.

Als der Abend schon seine Schatten wirft, bieten mir Yussuf und seine Freunde, die zu einem Familienbesuch in der Oasenstadt Rissani waren und nun einige Kamele in ihr Heimatdorf bringen, ein Lager für die Nacht. Und weil ich aus Allemagne bin, wo sein älterer Bruder lange gearbeitet hat, beschenkt er mich mit Rosenwasser. Später sitzen wir zu sechst um ein Feuer, und es herrscht fröhliche Stimmung. In der Asche des Lagerfeuers wird knuspriges Fladenbrot gebacken, ohne Hefe, nur aus Roggenmehl, Wasser und Salz. Anschließend belegen wir es mit Ölsardinen, Tomaten und Zwiebeln, dazu gibt es Schwarztee mit frischer Pfefferminze und Zucker. Aus einer rußigen Kanne schenkt Yussuf den Tee aus großer Höhe in ein kleines Glas. Es heißt, das erste Glas Tee ist bitter wie das Leben, das zweite Glas ist süß wie die Liebe, und das dritte Glas ist sanft wie der Tod.

An diesem Abend erfahre ich viel über die Berber, deren Heimat der Hohe Atlas und Antiatlas ist. Drei große Berbergruppen gibt es in Marokko: die Beraber, die Rifberber und die Chleuh. Man unterscheidet sie vor allem durch ihre Sprachen, wobei es etwa fünftausend Dialekte gibt, die zur hamitischen Sprachfamilie zählen und nichts mit dem Arabischen gemein haben. Bis ins dritte Jahrtausend vor Christus kann man die Geschichte der Berber zurückverfolgen, doch noch immer ist nicht genau bekannt, woher dieses Bauernvolk einst kam. Sie selbst nennen sich »Imizighen«, was so viel wie »Mensch von edler Herkunft« bedeutet.

Anderntags komme ich zu einem riesigen Ruinenfeld, einem trostlosen Gelände mit windzernagten Überresten von Lehmbauten, Torbögen, Moscheen und Wohnhäusern. Es sind die Ruinen der legendären Handels- und Karawanenstadt

Sijilmassa, einst Heimat der noch heute regierenden Dynastie der Alaouiten, die aus Arabien stammen und mit dem Propheten Mohammed verwandt sind. Vor etwa neunhundert Jahren befand sich hier ein blühender Markt, auf dem Araber und Berber nicht nur Datteln, Hirse, Gewürze, Elfenbein, Straußenfedern, Felle und kunstvolle Stoffe tauschten, sondern auch Gold und Silber. Vor allem zwischen dem 11. und 15. Jahrhundert war Sijilmassa eine wichtige Station der Transsaharakarawanen, die aus Schwarzafrika kamen und viele Sklaven in den Norden Afrikas verschleppten. Nomaden der umliegenden Regionen brachten überdies ihr Vieh zum Verkauf, während Tuareg das wichtige Salz heranschafften, das nach wie vor aus dem malischen Taoudeni geholt wird. Noch zu Beginn des 19. Jahrhunderts hatten in Marokko etwa vierhundert Gramm Salz den Wert von einer Unze Gold.

Die Zerstörungen kriegerischer Nomaden im frühen 19. Jahrhundert sowie der sich immer schneller entwickelnde Seehandel führten schließlich zum Niedergang von Sijilmassa. Hinzu kamen die Transportmittel der Moderne: die Lkws, die motorisierten Feinde aller Nomaden, die den traditionellen Karawanenhandel verdrängten und die Mobilität der Wüstenvölker mehr und mehr einschränkten.

Immer tiefer wandere ich in das »Tafilalet«, das größte zusammenhängende Oasengebiet Marokkos. In Nord-Süd-Richtung dehnt es sich über dreißig Kilometer aus, in Ost-West-Richtung maximal sechzehn Kilometer. Eine Million Palmen wuchsen hier einst, deren Datteln den Wohlstand der Bauern garantierten. Inzwischen haben schlimme Dürreperioden den Palmenbestand auf etwa 350000 Bäume dezimiert, wobei mir das frische Grün der umwucherten Städte Erfoud und Rissani dennoch als Garten Eden erscheint. Ein ausgeklügeltes Bewässerungssystem, das von den Flüssen Ziz und Gheris gespeist wird, versorgt die Felder und Palmen, die von der immer weiter vordringenden Wüste bedroht sind. Getragen von den Schwingen des Windes, löscht der gefräßige Sand ganze Ortschaften von der Landkarte und tilgt jährlich zwanzigtausend Quadratkilometer Savannenland. Zudem gibt es noch andere Ursachen für das unaufhaltsame Vordringen der Wüste: die Veränderung des Klimas, die extremen Temperaturschwankungen, die ewig heißen Passatwinde, die raschen Luftdruckwechsel und die hohe Verdunstung. Nicht zu vergessen der Mensch, der durch Überweidung, Abholzung und Abbrennung das Gleichgewicht der Natur zerstört hat.

Es ist schwer zu glauben, dass sich nur etwa fünfzig Kilometer weiter, zwischen goldgelb flimmernden Sandbergen, ein tropisches Korallenriff über dem Wüstenboden erhebt, wo ich Versteinerungen (Ammoniten und Trilobiten) finde, in denen ich Umrisse von Meeresgetier und Muscheln erkenne, die davon zeugen, dass dieser Teil der Sahara vor 350 Millionen Jahren von einem Urmeer überspült war.

Bei der ehemaligen französischen Garnisonsstadt Erfoud treffe ich Salim, mit dem ich mich hier verabredet habe. Er ist ein ortskundiger Berber und guter Freund, mit dem ich schon mehrere Wüstenreisen unternommen habe. Salim ist ein hochgewachsener, schlanker junger Mann mit lachenden braunen Augen. Er ist neunundzwanzig und noch ledig, lebt bei seiner Familie in der Wüste. Hin und wieder verdient er sich – wie sein Vater – als Karawanenführer etwas Geld im Tourismus. Salim ist ein sehr leiser Mensch, in sich zurückgezogen, und weiß alles, was ein Wüstenmann wissen muss. Von den Tuareg hat er schon als Kind erfahren, dass Blau die Farbe des Schutzes ist. Daher trägt er ein indigoblaues Gewand; Indigo schützt die Haut, ohne die Poren zu verstopfen. Sein Chech, den er als Turban kunstvoll um den Kopf geschlungen hat, ist hingegen weiß – die Farbe des Respekts. Salim spricht

Französisch, Marokkanisch-Arabisch und ein bisschen Englisch. Unterwegs verstehen wir einander aber auch ohne Worte. Wir haben gelernt, uns aufeinander einzulassen, teilen nicht nur die schönen, sondern auch die beschwerlichen Seiten des Wüstenlebens. Was zählt, sind Nähe und Vertrauen. Diesmal hat Salim zwei Kamele ausgerüstet, mit denen wir durch Algerien ziehen wollen. Voller Erwartung machen wir uns auf den Weg nach Osten, unsere Kamele mit sanftem Drang voran.

Hinter den Grenzorten Figuig und Beni-Ounif verliert sich die algerische Sahara in einer schier grenzenlosen Weite. Abseits von allen befestigten Pisten wandern wir durch einen flachwelligen Ozean aus Sand und Gesteinsbrocken, queren trockene Senken und urzeitliche Flusstäler, passieren ausgemergelte Akazien und grau-gelbe Stachelbüsche. Tag um Tag sind wir in nordöstlicher Richtung im fast Unbegehbaren unterwegs, mal laufend, mal reitend. Und das Aufregendste, was zuweilen passiert, ist das Kullern einiger Steine auf unseren Weg, während der Sand die Schritte der Kamele dämpft und unsere Augen den Horizont nicht loslassen, der manchmal wie mit dem Lineal gezogen wirkt.

Weiter und weiter ziehen wir durch öde, leicht gewellte Trockensteppe, durch weite Sandfelder und zerrissene Felsstaffeln. Dann geht es am Sahara-Atlas entlang, einer ausgedehnten Bergkette, deren Gebirgsstöcke über zweitausend Meter aufragen. Diese ausgedehnte Bergkette ist die Fortsetzung des Hohen Atlas, der quer durch Marokko bis nach Algerien reicht. Im Gegensatz zu diesem mächtigen Gebirgsmassiv ist der algerische Sahara-Atlas keine Barriere, sondern eine durchlässige Gebirgskette mit zahlreichen Schluchten, Pässen und Passagen, die vor allem von Karawanen genutzt wurden, die aus Schwarzafrika kamen. Auch heute noch ziehen arabische Nomaden mit ihren Herden durch diese Bergwelt, um besonders im trockenen Sommer den Süden des Landes zu verlassen und im kühleren Norden ausreichende Weidegründe zu finden.

Wie gespenstische Schatten gleiten die dunklen Berghänge auf unserem Weg vorbei. Fast alle Felstürme haben einen Namen, für den es keine rationale Erklärung gibt; zumeist rührt er von vielfältigen Legenden her, die von Geistern und Dämonen berichten, von wehrhaften Festungen und großer Liebe. Es sind bizarre Berge, die in west-östlicher Richtung »Monts des Ksour« oder »Djebel Amour« heißen. Zu Füßen der Sahara-Atlas-Berge umgehen wir das imposante Sandmeer des Großen Westlichen Erg (Grand Erg Occidental), dessen nuancenreiche Farbtöne sich im wechselnden Lichtspiel zwischen Sonnenauf- und Sonnenuntergang stetig verwandeln – von blendendem Weiß zu Goldgelb und Rötlich-Braun. Es ist eines der größten Sanddünengebiete der Sahara, vielgestaltig und formenreich. Wohl noch nie ist diese menschenleere Region, in der es weder Dörfer noch Straßen gibt, von einem Menschen durchquert worden. Manche Wanderdünen erreichen hier eine Höhe von zwei- bis dreihundert Metern; sie gelten als Inbegriff der saharischen Landschaft, wenngleich nur etwa zwanzig Prozent der größten Wüste der Welt tatsächlich von Sand bedeckt ist.

Von Bodenwelle zu Bodenwelle zieht unsere kleine Karawane durch eine trockene Weite, die bis zu den Enden des Himmels reicht. An dünnen Seilen führen wir die bepackten Kamele durch einen scheinbar leeren Raum. Doch wirklich leer ist er nicht. Denn am Abend, wenn wir unser Lager errichtet haben und ein paar Schritte ums Biwak machen, sehen wir, wie viele Tiere in dieser Ödnis leben. Der weiche Sand ist meist mit unzähligen Fährten gemustert. Wir entdecken die zarten Abdrücke von Käfern, Eidechsen, Springmäusen – und Hornvipern. Gut getarnt hinterlassen diese giftigen Wüstenschlangen dennoch eindeutige Spuren im Sand, nach denen wir genau Ausschau halten.

Ebenso sorgsam achten wir auf Skorpione, von denen es in der Sahara siebzehn verschiedene Arten gibt. Die meisten davon sind giftig. Besonders gefährlich sind die Dickschwanzskorpione. »Ein Stich brennt wie Feuer, und die Giftmenge, die manche Skorpione wie bei einer Spritze dosieren können, wirkt für Menschen in schlechter körperlicher Verfassung lebensbedrohlich«, erzählt Salim, während wir auf einem Sandbuckel sitzen und der untergehenden Sonne zuschauen. Glühendes Orange überflutet die Weite. Karminrotes Licht und violette Farbbänder fächern über den Himmel, und am fernen Horizont gleicht die glühende Dämmerung einem Steppenbrand, bis sich alles ringsum in einen dunklen Schleier hüllt und die Erde in ihren eigenen Schatten sinkt. Dieser Moment zeigt die ganze Faszination und Bedrohung der Wüste.

Es ist schon seltsam, wie eng Freude und Gefahr in der Wüste zusammenliegen. Da beschert uns die Sahara eine Sonnenuntergangsidylle, deren Stille nur vom Blubbern und Gurgeln der Kamele unterbrochen wird. Und eine Stunde später überprüfe ich noch einmal meinen Schlafsack und das Zelt, ob sich auch keine Hornvipern oder Skorpione für die Nacht eingenistet haben. Nur ungern möchte ich mein Lager mit derart giftigem Getier teilen.

Anderntags treffen wir zwischen weiten Dünenausläufern und brüchigem Geröllschutt auf stille Brunnen und winzige Oasen. In einem abgeschiedenen Ort, wo wir Proviant und Wasservorräte auffüllen, sitzen wir in einer kleinen Teebude, als ein paar junge Kerle eine ausgefranste Umhängetasche auf unseren Tisch werfen und davonrennen. Salim und ich hören noch die Worte »Bombe« und »Allah«, dann springen wir auf und werfen uns zu Boden ... Doch nichts passiert. Es war nur ein schlechter Scherz religiöser Fanatiker, die offensichtlich nicht einmal die eigenen Leute verschonen, denn um uns herum sind die Menschen ebenso erschrocken wie wir.

Zwei Tage später, in einem anderen verschlafenen Nest, springen plötzlich Jugendliche aus einer dunklen Gasse hervor, richten Revolver auf uns und schießen. Zum Glück sind es nur Platzpatronen. Erneut fährt uns der Schrecken in die Glieder. Und als wir schließlich noch beschimpft, beleidigt, bedroht und mit Steinen beworfen werden, spüren wir, wie groß der Hass auf alles Fremde ist. Entnervt flüchten wir in die Wüste und reiten im Trab gen Osten.

Algerien ist ein schwieriges Land, das sich gegen den Massentourismus ausgesprochen hat. Hier gibt es viel Fanatismus und zu wenig soziales Gefüge. Islamisierung und Radikalisierung geben sich die Hand. In vielen Ortschaften und Oasen ist das Klima regelrecht vergiftet. Viele Jugendliche sind sich weitgehend selbst überlassen, haben kaum Möglichkeiten, um sich ein Leben mit Arbeit und Familie aufzubauen.

Die Monotonie der Schritte führt durch ein ödes Terrain. Die Landschaft gleicht immer mehr dem Mond: kein Baum, kein Strauch, nur Kieswüste und flache Kalk- oder Sandsteinplateaus. Wir folgen einem feinnervigen Netz von Pfaden, passieren Geröllberge und kraterförmige Vertiefungen, bis wir eine breite Talsenke erreichen, von langen Palmenstreifen durchzogen. Hier treffen wir auf die bebauten Hügel der »Fünf-Städte-Oase« mit den Orten El Ateuf, Bou Noura, Melika, Beni Isguen und Ghardaia, die einst als Festungen entstanden und heute zu den rätselhaftesten Orten der Sahara zählen. Von Mauern umgeben, bilden sie eine wundersam intakte Welt aus vergangenen Zeiten, ein mysteriöses Pentapolis auf fünf Hügeln.

Um jede Aufmerksamkeit zu vermeiden, campieren wir außerhalb der Oasenstädte in der Wüste, und während Salim bei den Kamelen bleibt, streife ich durch das Gassengewirr von Ghardaia, das mich sofort in Bann zieht. Auf dem höchsten Punkt des Stadthügels, ähnlich einem Fingerhut, thront ein weißes, sich nach oben verjüngendes Minarett, dessen vier Spitzen sich in den blauen Himmel krallen. Ich bin begeistert von der kubistischen Struktur des Häusergeflechts, das über den ganzen Hügel angelegt ist. Die Stadt erstrahlt in Himmelblau, hellem Ocker, Sandbraun und Weiß. Der Fluß M'zab, der in manchen Jahren nur ein einziges Mal Wasser führt und dessen Grundwasserspiegel diese Stadt schon seit Jahrhunderten versorgt, hat den hier lebenden Menschen ihren Namen gegeben: Sie sind die Beni M'zab, die Mozabiten, die im 13. Jahrhundert auf der Flucht vor Verfolgung waren und hier eine Stadt gründeten.

Seit Jahrhunderten gelten die Mozabiten als strenggläubige Moslems, die sich konsequent nach dem Koran ausrichten. Ihr Alltag und Leben ist von tiefer Religiosität, strenger Reglementierung und einem ausgeprägten Gemeinschaftssinn geprägt. Im Mittelpunkt steht die Familie. Diese klar strukturierte Einfachheit spiegelt sich auch im architektonischen Ausdruck der Stadt wider, in der lange Zeit weder geraucht noch Alkohol getrunken werden durfte, in der es weder Telefon noch Radio gab, weder Café noch Kino. Die Anhänger dieser asketischen Glaubensgemeinschaft wurden daher oft als »Puritaner der Wüste« bezeichnet.

Von der ehemals spartanisch-religiösen Lebensführung merke ich in Ghardaia nicht mehr viel. Zu ausgelassen ist das Geschrei der Kinder, zu lärmend der Autoverkehr und zu laut die orientalischen Discoklänge. Wenn ich in dem Labyrinth der Gassen, Gänge und Pfade unterwegs bin, die sich wie Lebensadern durch die Stadt ziehen, erinnern mich die klaren, kubischen Häuserformen vielmehr an August Mackes Aquarellbilder. Vor rund neunzig Jahren malte Macke – im Alter von siebenundzwanzig Jahren – auf einer Tunesienreise einige seiner schönsten Bilder. Und auch der berühmte Architekt Le Corbusier hat sich hier durch Torbögen und Tunnelgassen für seine eigenen Arbeiten inspirieren lassen.

Ganz anders ist es in der Nachbarstadt Beni Isguen, wo eine fast klösterliche Stille herrscht, während ich treppauf zum quadratischen Wachturm aufsteige, von dem sich mir ein weiter Ausblick über das wüste Land bietet. Die Frauen sind hier tiefverschleiert. Nur ein Auge ist manchmal sichtbar. Wenn ich ihnen begegne, suchen sie sofort das Weite. Jahrhundertelang war Beni Isguen als heilige Stadt von einer Lehmmauer umschlossen, durch die nur ein einziges Tor führte.

Nach einigen Ruhetagen führen Salim und ich unsere Kamele wieder durch die unberührte Einöde. Erneut geht es hinein ins Grenzenlose, das sich in eine tiefe Leere erstreckt. Das stetige Laufen, dieses »In-Bewegung-Sein«, ist für mich nach wie vor ein großes Geschenk, das mir ungeheure Lebenslust vermittelt. Ich genieße es, wenn das Gehen zur Monotonie wird, die sich in Raum und Zeit verliert – selbst nach einer Strecke von mehr als 1800 Kilometern, die ich inzwischen seit Agadir zurückgelegt habe.

Unser Weg führt über festen Boden, der mit vereinzelten Büschen und Wüstengras bewachsen ist. Dann wieder passieren wir sandige Hügelketten und ausgedörrte Täler, über denen dünne Wolken am Himmel driften. Schritt für Schritt genießen wir die Einfachheit einer Landschaft, in der es unvergleichlich still ist und für die scheinbar kein Zeitbegriff gilt. Schließlich geht es nach Nordosten, entlang eines dahinströmenden Dünengebietes, wo der Wind den feinkörnigen Sand immer wieder in Bewegung setzt und wie Schnee über die Dünen wirbelt, während sich hoch oben auf den Kanten meterlange Sandfahnen bilden. In dieser gigantischen Dünenarena haben wir zuweilen das Gefühl, unseren angepeilten Zielen kaum näher zu kommen. Selbst Nomaden, die ich gelegentlich mit dem Fernglas in den Blick bekomme, sind in der Ferne nur schwarze Punkte, die auch nach einer Stunde des Unterwegsseins kaum größer werden. Gleichwohl sind diese weiten Sandmassen ein wunderbarer Kontrast zur städtischen Enge Ghardaias.

Wenn die Sonne im Zenit steht und das Thermometer die vierzig Grad überschreitet, rasten wir im Schatten einer Akazie. Den Kamelen hieven wir die Lasten von den Rücken und binden den Tieren Fußfesseln um, damit sie sich nicht zu weit vom Lager entfernen. Danach essen wir etwas Brot, Schmierkäse, eine Dose Ölsardinen und trockene Datteln. Dann ruhen wir in heißer, gleißender Luft aus, lesen, spielen Schach, dösen oder schlafen, bis die Gluthitze am späten Nachmittag entschwindet und wir erneut aufbrechen. So fügt sich Tag an Tag, Kilometer an Kilometer.

Am Abend, nach einem phantastischen Sonnenuntergang, ist es ganz still, noch stiller als am Tag. Selbst der Wind, der heiße Atem der Wüste, hat sich gelegt, und jedes unserer Worte wird in dieser vollkommenen Stille zur Sensation. Kein anderer Laut stört die helle Nacht der Sahara, wenn der helle Mond am Himmel steht und wir es uns nach dem Abendessen auf einer Decke im Sand bequem machen, um nach stundenlangem Dahinschlingern im Kamelsattel zu entspannen. Plötzlich entdecke ich eine leichte Bewegung unter meiner Decke. Ruckartig schrecke ich hoch und springe auf. Auch Salim ist sofort auf den Beinen und zieht die Decke vorsichtig zur Seite. »Pass auf!«, schreit er. Wie angewurzelt bleibe ich stehen, erstarre im Schritt und sehe eine etwa dreißig Zentimeter lange Schlange mit gedrungenem Körper und spitzem Schwanz in perfekter Tarnung. Der beige-braun gesprenkelte Körper hat sich zu einem gestreckten S gekrümmt und rollt in dieser seltsamen Bewegungsweise, bei der nur wenige Zentimeter der Körperfläche den Boden berühren, über den warmen Sand, der im Sommer tagsüber kochend heiß wird. Es sieht aus, als wäre der Sand lebendig geworden. »Eine Hornviper«, sagt Salim. »Ihr Biss ist unglaublich schmerzhaft. Das Gift geht sofort ins Blut, ist ohne Antiserum tödlich.« Und während Salim die Giftviper mit einem Stock aus meinem Schlaflager verjagt, denke ich: Das ist noch einmal gut gegangen.

Hinter Touggourt und El-Oued, kurz vor der tunesischen Grenze, nehme ich Abschied von Salim, der wieder zurück nach Marokko muss. Ein letzter Gruß, dann macht sich Salim auf den Rückweg, während ich weiter nach Osten wandere. Ganz allein folge ich nun wieder den sinnfälligen Spuren einstiger Karawanenzüge, achte peinlich genau auf die Kompasspeilung und laufe mit langsamen, ausgreifenden Schritten im gewohnten Rhythmus nach Nefta, wo ich, etwa dreißig Kilometer hinter der algerischen Grenze, in die schönste Oase Tunesiens komme. Nefta gilt – nach Kairouan – als zweitheiligster Ort Tunesiens. 150 Quellen versorgen etwa 400 000 Palmen mit Wasser. Schon in frühester Zeit erbauten die Römer hier die Stadt »Aggersel Nepte«. Später, im 16. Jahrhundert, wurde Nefta Zentrum des Sufismus (ein Zweig des Islams, geprägt von Askese, Meditation und ekstatischem Mystizismus; der Name »Sufismus« leitet sich vom wollenen Büßergewand »suf« ab). Meine Augen sehen eine Mischung aus Mittelalter und Moderne, die der Verstand nicht so einfach verarbeiten kann. Vor allem die zwei Dutzend Moscheen und einhundert Marabouts sind für mich faszinierend. Viele alte Gebäude in Nefta wurden jedoch durch die sintflutartigen Regenfälle im Jahr 1990 schwer beschädigt und zerstört.

Nur zwanzig Kilometer weiter liegt Tozeur, ein kleines

Wüstenstädtchen mit 40000 Einwohnern. Eine grüne Mauer von 500000 Dattelpalmen umschließt die Oase. Ein altes Bewässerungssystem, das vor zweihundert Jahren der Mathematiker Ibn Chabbat ausgeklügelt hat, sowie Bohrungen bis zu 2500 Meter Tiefe sorgen für das notwendige Wasser. Der Erfolg dieser Bewässerungssysteme ermöglicht eine Ernte auf drei Etagen: Am Boden wächst verschiedenartiges Gemüse, auf halber Höhe Aprikosen, Äpfel, Bananen, Feigen und Quitten, und zuoberst gedeihen Datteln, die zu den besten ihrer Art zählen.

In den von Arkaden gesäumten Basaren kaufe ich einige Vorräte ein, während die Einheimischen – natürlich nur die Männer – in Cafés an kleinen Tischen sitzen und sich dem Palaver und der Wasserpfeife hingeben. Schließlich suche ich mir ein kleines Hotel und schlendere durch die Altstadt von Tozeur, in der mich das Licht- und Schattenspiel der einzigartigen Lehmziegelornamentik der Häuser begeistert, die aus gelben oder hellbraunen, handgeformten Backsteinen gebaut sind, mit zahlreichen Versetzungen und Verzierungen. Viele Häuserfronten sowie Garten- und Moscheemauern stammen teilweise aus dem 14. Jahrhundert und belegen die Kunstfertigkeit arabischer Baumeister. Noch heute gelten viele dieser Lehmbauten als phantastische Zeugnisse einer außergewöhnlichen Ziegelarchitektur.

Ein weiterer Tagesmarsch führt mich zum Schott el-Dscherid. Mit mehr als fünfhundert Quadratkilometern ist es der größte nordafrikanische Salzsee, der Tunesien in der Mitte teilt und der vor etwa 1,5 Millionen Jahren durch Bewegungen der Erdkruste entstand. Als Karl-May-Fan, der als Kind »Durch die Wüste« las, erinnere ich mich hier mit Schaudern an jenen gefährlichen Salzsumpf, der ganze Karawanen in seine trügerische Tiefe zog. Welch ein Nervenkitzel bei der spannenden Lektüre, als der kleine, treue Hadschi Halef

Omar Ben Hadschi Abul Abbas Ibn Hadschi Dawuhd al Gossarah den mutigen Kara Ben Nemsi fragt: *»Siehst du den Schott, Sihdi? Hast du ihn schon mal überquert?«*

*»Nein.«*

*»So danke Allah, denn sonst wärst du vielleicht bereits zu deinen Vätern versammelt! Und wir wollen wirklich hinüber?«*

*»Allerdings«*, gab Kara Ben Nemsi kurz und knapp zurück, während sich zur Linken der beiden Orientreisenden die *freundlich glitzernde, aber trügerische Fläche* des Salzsees erstreckte. Auch ich will zur anderen Seite des Schott el-Dscherid, jener weiten, salzigen und unfruchtbaren Senke, über die Karl May weiter schrieb: *Der Anblick dieser tückischen Flächen, unter denen der Tod lauert, erinnert bisweilen an den bläulich schillernden Spiegel geschmolzenen Bleis. Die Kruste ist mitunter hart und durchsichtig wie Flaschenglas und klingt bei jedem Schritt wie der Boden der Solfatara bei Neapel; meist jedoch bildet sie eine weiche, breiige Masse, die sicher zu sein scheint, aber doch nur so viel Festigkeit besitzt, um einen leichten Anflug von Sand zu tragen. Den Führern dienen kleine, hier und da aufgehäufte Steine als Wegzeichen. Diese Steinhäufchen, »Gmair« genannt, fehlen freilich an solchen Stellen, wo auf mehrere Meter Länge der Boden von einer den Pferden bis an die Brust reichenden Wasserfläche bedeckt wird. Früher gab es auf dem Schott (...) auch eingesteckte Palmäste als Wegmarken. Der Ast der Dattelpalme heißt Dscherid; diesem Umstand also verdankt der Schott seinen gebräuchlichen Namen.*

Überdies weiß der geniale Abenteuererzähler Karl May mit großer Detailkenntnis von den Gefahren des Schott el-Dscherid zu berichten, wenngleich sein Roman, der 1892 erstmals erschien, ganz und gar erfunden ist. *Nur an einzelnen Stellen ist es möglich, sich ohne Lebensgefahr* auf den Salzsee zu wagen. Wehe dem, der auch nur eine Handbreit von dem schmalen Pfad abweicht! *Die Kruste gibt nach, und der Abgrund verschlingt augenblicklich sein Opfer. Unmittelbar über dem Kopf des Versinkenden schließt sich alsbald die Decke wieder. Die schmalen Pfade, die über die Schotts führen, werden besonders in der Regenzeit höchst gefährlich, da der Regen die vom Flugsand überdeckte Kruste bloßlegt und auswäscht. Das Wasser dieser Schotts ist grün und dickflüssig und bei weitem salziger als das des Meeres. Ein Versuch, die Tiefe des Abgrunds unter sich zu messen, würde des Geländes wegen zu keinem Ergebnis führen, doch darf wohl angenommen werden, dass keiner der Salzsümpfe tiefer als fünfzig Meter ist. Die eigentliche Gefahr beim Einbrechen durch die Salzdecke ist bedingt durch die Massen eines flüssigen, beweglichen Sandes, der unter der hellgrünen Wasserschicht schwimmt und eine Folge der jahrtausendelangen Arbeit des Samums ist, der den Sand aus der Wüste ins Wasser trieb. Schon die ältesten arabischen Forscher, wie Ibn Dschubair, Ibn Battuta, el Bekri, el Istachri und Ibn al Wardi, stimmen in ihrem Urteil über die Gefährlichkeit dieser Schotts überein. Der Dscherid verschlang bereits Tausende von Menschen, die in seiner Tiefe spurlos verschwanden. Im Jahre 1826 musste eine Karawane, die aus mehr als tausend Lastkamelen bestand, den Schott überschreiten. Ein unglücklicher Vorfall brachte das Leitkamel vom schmalen Weg ab. Es versank im Abgrund des Schotts, und ihm folgten alle anderen Tiere. Kaum war die Karawane untergegangen, so nahm die Salzdecke wieder ihre frühere Gestalt an, und nicht die kleinste Veränderung verriet den grässlichen Unglücksfall.*

Schon in den Oasenstädten Nefta und Tozeur haben mir Einheimische in den Cafés erzählt, dass einst die Römer die erste Piste über den Schott el-Dscherid bauten, um in andere afrikanisch-arabische Regionen vorzudringen. Seitdem wurde die Piste über den tückischen Salzsee, die sich durch unzählige Quellen streckenweise selbst unter Wasser setzte, immer wieder erneuert und befestigt. Zudem habe ich erfahren, wie schwierig es früher war, den Schott außerhalb der Regenzeit mit Kamelkarawanen oder allradgetriebenen Fahrzeugen zu überqueren, wenn unheilvoller Sumpf und fester Boden nicht mehr voneinander zu unterscheiden waren.

Heute führt ein vierundsechzig Kilometer langer Damm über die salzverkrustete Ebene. Zur einen Seite wird der Schott el-Dscherid von einer langen Bergkette begrenzt, und auf der anderen Seite dehnt er sich in eine grenzenlose Weite. Manchmal nehme ich den Salzsee als hitzeflimmernde Fata Morgana wahr, manchmal als fließendes Nirwana. Ein paar Palmenäste, die einst die Piste markierten, sind noch immer zu sehen. Ansonsten wirkt die Salzsandfläche völlig ausgetrocknet. Erst im Winter, wenn der Regen fällt, verwandelt sich diese Region in einen See.

In Sichtweite des Asphaltdamms wandere ich über den Schott el-Dscherid. Ich will diese einzigartige Landschaft in Weiß und Hellbraun unter den Füßen spüren, eine Landschaft, die voller Verwerfungen, Beulen und Zerstückelungen ist. Nirgendwo gibt es hier Vegetation, stattdessen sehe ich gelegentlich eine dünne Wasserschicht mit skurrilen Salzkrusten und Krumen, die in unterschiedlichstem Kolorit schimmern. Die Farben in den Wasserlachen zeigen verschiedene Mineralien an und verändern sich von Kilometer zu Kilometer – von Blau zu Rosa, von Weiß zu Gelb, von Braun zu Rot. Manchmal schwimmen Salzflocken wie Minieisberge auf den farbigen Wasserläufen. Manchmal wehen Schleier aus staubfeinem Sand über die weite Salzfläche wie müde Wirbel eines Sandsturms. Dann folgen wieder geborstene Kraterlandschaften und ausgedörrte Krusten, über die ich gegen den Horizont anlaufe, entlang der schnurgeraden Piste, wobei ich mich so ein bisschen wie Kara Ben Nemsi fühle. Es ist ein »Feeling«, das ich mir nicht nehmen lasse, selbst wenn hin und wieder ein Auto hupend an mir vorbeibraust.

Kurz vor der Abenddämmerung erreiche ich mitten im Salzsee, am Asphaltrand des langen Dammes, einige Buden mit Getränken, Tütensalz und Sandrosen. Die jungen Leute, die hier – in großer Abgeschiedenheit – ein improvisiertes Geschäft betreiben, um ein bisschen Geld zu verdienen, geben mir in ihrer luftigen Behausung ein Quartier für die Nacht; ein einfaches Bett, das in der Mitte eine tiefe Kuhle hat. Das einzige Fenster im Raum ist mit einer Plastikplane zugenagelt. Kaum habe ich meinen Rucksack abgelegt und mein Schlaflager hergerichtet, da zaubert die tief stehende Sonne ein wundervolles Licht über den Schott el-Dscherid und bringt den Himmel im Westen zum Glühen. Ich sehe ferne Berge wie Schattenrisse und verliere mich mit den Blicken in einer hindernislosen Weite. Für einige Augenblicke scheint die Zeit stehen zu bleiben, und ich nehme all die Schönheit dieses offenen Raumes wahr, der mich ergreift und berauscht. Schließlich wird der Salzsee überall dort, wo er vom Flugsand bedeckt ist, schwarz wie Samt, während einzelne Wasserlachen das Licht der letzten Sonnenstrahlen reflektieren. Dann fällt die Nacht herein.

Jenseits der kleinen Bilderbuchoase Douz, die am Sandmeer des Großen Östlichen Erg (Grand Erg Oriental) liegt und deren zentraler Marktplatz ein großes Viereck mit schattigen Arkaden, mit Tamariske und Eukalyptusbaum ist, wo einmal in der Woche viele Nomaden und Sesshafte von weit her zusammen kommen, um Gewürze, Obst, Kleidung und Alltagskram anzubieten, bin ich wieder mit Kamelen unterwegs. Bachir, ein vierzigjähriger Wüstensohn mit nur zwei Zähnen, begleitet mich auf den nächsten zweihundert Kilometern. In seiner Kinderzeit galt das Umherziehen mit Kamelen als ganz natürliche Lebensform. Gehen und Existieren waren ein und dasselbe. So hatte Bachir es von seinem Vater gelernt, wenn er ihn auf tagelanger Karawanentour im Süden Tunesiens begleitete. Heute ist sein Auskommen von der Anzahl der Touristen abhängig, mit denen er hin und wieder ein paar Tage durch die saharische Weite zieht. Bachir ist ein kleiner, unaufdringlicher, ewig lächelnder Mann, der gern singt und immer wieder ein Lied im Takt unserer Schritte anstimmt, während wir in südöstlicher Richtung durch weiße Dünenmeere ziehen, die an grandioser Eintönigkeit kaum zu übertreffen sind. Manchmal, wenn der unberührte Sand so fein wie Puderzucker ist, hänge ich die Trekkingstiefel an den Sattel und gehe in Socken. Nach einer Strecke von mehr als zweitausend Kilometern ist mir das Gehen derart zur Gewohnheit geworden, dass ich es zuweilen genieße, die eine oder andere Stunde ohne Schuhwerk zu laufen.

Vier Tage lang wandere ich mit Bachir durch schier endlose Sandweiten und fühle in vollkommener Stille, wie gleichgültig man der Wüste ist: vor allem, wenn wir auf sonnengebleichte Tierknochen treffen, auf mumifizierte Kadaver von Dromedaren. Manchmal sehen wir ganze Friedhöfe von Tierleibern, auf denen Geier hocken. Sobald wir näher kommen, fliegen sie kreischend davon. Schließlich rücken die Säulen einiger Dattelpalmen näher, und wir kommen zur Oase Ksar Ghilane. Hier gibt es Touristencamps mit Beduinenzelten, Kühlschränken, Duschen und einem Pool, der aus einer heißen Schwefelquelle gespeist wird. Als ich mich auf einem der Feldbetten ausstrecke, fühle ich mich wie im Paradies, während mir einige Worte des Schweizer Schriftstellers und Verlegers Johannes Muron (auch Gustav Keckeis) in den Sinn kommen, der 1931 in seinem geheimnisvoll-mystischen Oasenbrief »Himmel über wanderndem Sand« schrieb: *Ich*

*habe mich in der Oase verborgen. Ich fühle die heilige Mono-*
*tonie des Landes. Ich bin eingesenkt in Stille. Über mir tu-*
*scheln die merkwürdigen Köpfe der Palmen. Eine Hauchströ-*
*mung verkreuzt und entbindet ihre Fächer, und Lichtadern*
*pulsieren an der grünen Haut der fingernden Blätter. (...) Es*
*riecht nach Verlassenheit und Frieden. Viel Schlummerhaftig-*
*keit, religiöse Träumerei und süsse Unbeweglichkeit über-*
*kommt den Geist. Palmgärtner hängen reglos oben in den*
*zischelnden Kronen und singen die Sure der Fruchtbarkeit ...*

Nach zwei Tagen Ruhe schnalle ich mir wieder den Rucksack
um und laufe los. Ich bin ganz allein, mein Proviant reicht
für eine Woche. Der Mond schwimmt noch über dem weiten
Horizont, und eine unendliche Ebene hüllt sich in ein weiches
Licht, in dem ich wie im Traum wandere, kilometerweit. Ich
laufe auf uralter Karawanenroute nach Norden, durch karge
Landschaften, die sich seit Tausenden von Jahren kaum verändert haben. Irgendwann geht es ins Gebirge, sechshundert-
fünfzig Meter hoch, nach Matmata. Hier leben die Bewohner,
ausschließlich Berber, nicht in weiß getünchten, fensterarmen
Häuserkuben mit flachen Dächern, die Sonne, Sand und Hitze
abhalten, sondern in Höhlenwohnungen. Ganze Dörfer wurden auf diese Weise – termitenhügelgleich – in den ockerfarbenen Boden gegraben. Für ein ordentliches Bakschisch
führt mich ein achtjähriger Junge namens Mhemed durch die
schummrigen Höhlen, die einst als Schutz vor Vandalen dienten und heute Einblick in uralte Bautradition bieten. Es geht
von der Wohn- zur Schlaf-, von der Koch- zur Vorratshöhle.
Das Inventar ist spärlich: einige Matten zum Sitzen und Schlafen, einige Nischen zur Aufbewahrung der Kleidung, ein paar
Tonkrüge für die Vorräte. Überall ist es angenehm kühl, etwa
siebzehn Grad Celsius.

Vierzig Kilometer weiter nördlich wird die trockene, staubige Landschaft immer grüner, und ich erreiche die Oasengärten von Gabès. Am Ortsrand passiere ich das Mausoleum des Sidi Boulbaba, der einst Barbier und Gefährte des Propheten Mohammed war und der sich im Jahre 680 hier niederließ. Noch heute wird er sehr verehrt. Das moderne Gabès hat einen Busbahnhof, einen Droschkenplatz, große Avenuen, Läden, Büros und Cafés. Es herrscht Markttreiben, und vielerorts hört man Meeresrauschen. Hier, wo die schäumenden Fluten des Mittelmeers an einen langgestreckten Strand schwappen, entstand bereits in frühester Zeit ein wichtiger Handelsort, Ziel der transsaharischen Karawanen sowie der Schifffahrtsrouten. In diesem Zentrum der Seidenweberei und der Lederverarbeitung machten viele Karawanen Station, ehe sie aufs Neue hinaus in die Weite zogen, nach Ghardaia, Marrakesch, Tripolis, Kairo oder Luxor.

Die Luft flirrt über dem schwarzen Asphalt. Rechts dehnen sich Unendlichkeiten aus Hitze, Sand und Stein. Links gleitet das Blau des Mittelmeers dahin, während die Straße nach Osten führt und alle Wegweiser zur Hauptstadt des Landes zeigen, das mit vollem Namen *Al jamahiriya al arabiya al libiya ash shabiya al ishtirakiya* heißt. Seit mehr als zehn Stunden bin ich mit verschiedenen »Louages« unterwegs, jenen leicht ramponierten Sammeltaxis, die für die Beförderung von fünf Personen eingerichtet sind. Nachdem ich Gabès hinter mir gelassen habe, bin ich über Medenine, Ben Guerdane und den Grenzort Ras Ajdir nach Libyen gekommen, wo Oberst Ghaddafi von bunten Plakatwänden grüßt.

Nach den umständlichen bürokratischen Formalitäten an der tunesisch-libyschen Grenze küsse ich meinen Pass und das so schwer zu erhaltende Visum. Dann fahre ich im Auto vier Stunden nach Tripolis, die Hauptstadt Libyens, die bereits im 7. Jahrhundert vor Christus als karthagischer Handelsstützpunkt gegründet wurde und die mich mit einer unerwartet modernen Skyline begrüßt. Hier treffe ich Carsten Westphal (45), einen Freund, der mich zwei Wochen lang in die Wüste begleiten wird. Carsten ist Archäologe und Künstler. Noch vor Jahren hat er in bajuwarischen Gräberfeldern oder römischen Stadtruinen mit Kelle und Pinsel die Spuren der Vergangenheit freigelegt. Inzwischen ist er Vollblutkünstler, den ich vor fünf Jahren kennenlernte. Diese Begegnung führte zu einer gemeinsamen Reise nach Marokko. Seitdem hat Carsten verschiedenste Wüstentouren unternommen. Er ist in Ägypten, Syrien und Indien gewesen, und die Erfahrungen mit der Wüste haben seinen Malstil vollständig verändert. Früher malte er überwiegend gegenständlich. Heute erzählen seine abstrakten Bilder von den Farben, Formen und Strukturen der Wüste. Reliefbilder sind sein Metier. Er ist ein »Wüstenmaler«, der mit Sack und Pack immer wieder aufs Neue in die Einöde zieht, um mit dem vor Ort gefundenen Material – Sand, Salz, Staub und Steinpartikel – seine Farben zu mischen und alles zusammen auf die Leinwand zu bringen.

»Ich freue mich auf die Wüste«, sagt Carsten beim Abendessen im Hotel, und ich spüre seine innere Erregung. »Es gibt keine Landschaft auf der Erde«, sagt er schmunzelnd, »nach der ich mehr Sehnsucht empfinde als die Wüste. Es ist diese breite Stille und die Abwesenheit von jeder Ablenkung, die mir die optimale Konzentration auf meine Bilder gibt.« Solche Worte machen uns zu Verwandten im Geiste, und sie spiegeln sich in Carstens traumhaft-schönen Arbeiten wider, die an die Materialbilder von Emil Schumacher erinnern.

Diesmal will Carsten im Süden Libyens malen, im saharischen Akakus-Gebirge. Das ist für mich ein willkommener Abstecher abseits meiner vorgegebenen Reiseroute. Doch zuvor fahren wir 128 Kilometer weit nach Osten, an einen Ort am Mittelmeer, wo italienische Archäologen vor etwa achtzig

Jahren ein großes Stück Geschichte freilegten: Leptis Magna, das Rom Afrikas. Gegründet um 1000 vor Christus von den Phöniziern, prunkvoll ausgebaut von den Römern. Für mehr als ein Jahrtausend war es eines der bedeutendsten Handelszentren des Schwarzen Kontinents und eine der reichsten Städte des Mittelmeerraums, ehe der Sand der Sahara die antike Stätte zudeckte. Noch heute erzählen prachtvolle Tempel und Foren von der Geschichte Leptis Magnas, von den Phöniziern, die um 3000 vor Christus an den Küsten des Libanon siedelten, ehe sie von Wüstenbewohnern zu Hochseefahrern wurden und an der nordafrikanischen Küste einen idealen Anlegeplatz fanden, der später zu einer wichtigen Handelsstation ausgebaut wurde. Dieser Anlegeplatz mit natürlichem Hafenbecken, das jedes Schiff vor Sturm schützte, befand sich am Wadi Lebdah, einem nur nach schweren Regenfällen Wasser führenden Fluss, der ins Meer mündete.

Und diese kleine Handelsniederlassung an der heutigen libyschen Küste, die früher nur »Lepcis« genannt wurde, entwickelte sich im Laufe der Jahrhunderte und profitierte ebenso vom Schiffsverkehr wie auch vom Karawanenhandel. Als die Phönizier ihren Handel schließlich auf das römische Reich ausdehnten, begann die Blütezeit von Leptis Magna. Und später, als die Römer die 100000-Einwohner-Stadt unterwanderten, stieg Leptis Magna sogar zu einer der reichsten Metropolen im Mittelmeerraum auf; nach Rom und Karthago wurde sie drittgrößte Stadt des römischen Weltreiches.

Zurückversetzt in der Zeit, spazieren wir über jahrtausendealte, gepflasterte Straßen und stehen staunend vor den prachtvollen Bauten antiker Geschichte: Wir sehen Triumphbögen, Thermenanlagen, Pavillons und Wandpfeiler (Pilaster), die mit herrlichen Reliefs geschmückt sind, und erleben die grandiosen Zentren des antiken Lebens: die große Arena, wo bis zu 16000 Zuschauer Platz fanden, um den Kämpfen der Gladiatoren beizuwohnen, das hoch aufragende Theater, das als eine der ersten Bühnen Afrikas gilt, und das neue Forum, das der wichtigste Versammlungsort war, vom römischen Kaiser Septimus Severus (146–211 nach Christus) in Auftrag gegeben. Hier, wo einst mehr als hundert kostbar gestaltete Marmorsäulen und ebenso viele Statuen den Innenhof säumten, der von Arkaden eingeschlossen war, ist es, als würden wir den Lärm der Händler aus längst vergangenen Zeiten hören. Viele Säulen im neuen Forum blieben bis heute unversehrt, andere liegen zerbrochen auf dem Steinfußboden. Am beeindruckendsten wirken aber die übergroßen Häupter der Medusa, einer der ältesten mythischen Gestalten, mit denen das ganze Forum gesäumt ist. Überall findet man die ebenso abstoßenden wie faszinierenden Medusenköpfe, die den Römern als Schutzzeichen galten, weil der Blick der Medusa die Feinde zu Stein erstarren lässt. Und nicht zu vergessen die Basilika, der Gerichtshof, das größte Bauwerk jener Zeit, das an einer über zwanzig Meter breiten Säulenstraße lag. Allein der Innenraum der Basilika maß zweiundneunzig Meter, war vierzig Meter breit und in drei Schiffe unterteilt, die von zwei übereinanderstehenden Säulenreihen getragen wurden.

Der Niedergang von Leptis Magna begann mit dem Jahr 455 nach Christus, als der germanische Stamm der Vandalen auf seinem Marsch durch Nordafrika die Stadt verwüstete. Später kamen die Barbaren, Krieger aus dem Landesinneren, dann die Byzantiner und die Ägypter, ehe der heiße Sand aus der Sahara ab dem 7. Jahrhundert Leptis Magna vollkommen zudeckte und die Zeugnisse einer einzigartigen Kulturentwicklung konservierte.

Anderntags sind wir im Geländewagen gen Süden unterwegs. Unser erstes Ziel ist die Wüstenstadt Ghadames, in der wir die wunderschöne, fast verlassene Altstadt besuchen, die vor

Jahrhunderten noch eine wichtige Drehscheibe des Karawanenhandels war. Mittlerweile stehen die alten Lehmbauten unter UNESCO-Schutz. Zudem gilt die Altstadt von Ghadames als ein klassisches Beispiel dafür, dass die Sahara-Bewohner seit alters her wissen, wie man bauen muss, um der Hitze, dem Sand und dem Wind trotzen zu können. Die durch hohe Mauern geschützten Gebäude haben keine Fenster, Türen gibt es nur an der windabgewandten Seite. Die Schlafplätze der einstigen Oasenbewohner befanden sich größtenteils auf den Dächern der Wohnstätten, die durch weiß getünchte Mauern, Torbögen und kühle Tunnelgänge miteinander verbunden sind, die sich durch meterdicke Lehmmauern ziehen, in denen Bäcker und andere Handwerker ihre Waren verkauften.

Dann geht es weiter, immer weiter, schnurgeradeaus nach Süden. Vorbei an ein paar Tankstellen, Einkaufsläden und verlassenen Häusern, an denen der Lehm abbröckelt. Hier und da liegen zerfetzte Autoreifen, zerbeulte Kanister, rostige Konservendosen, zersplitterte Flaschen und jede Menge Plastiktüten, die der Wind vor sich her treibt. Alle hundert Kilometer tauchen Verkehrsschilder auf: Achtung, Kurve, Achtung, Kamel, Überholverbot. Die Fahrt ist beschwerlich, irgendwann ist das linke Hinterrad unseres Wagens beschädigt. Wir müssen den Reifen wechseln. Hundert Kilometer weiter kocht das Kühlwasser, in hohen Fontänen schießt es aus der Motorhaube, als Mohammed, unser Fahrer, den Deckel des Behälters abschraubt.

Je weiter wir gen Süden kommen, desto öder wird die libysche Landschaft: platt, weit, leer und ausgedörrt. Hier können wir die Menschen zählen, die uns am Straßenrand begegnen. Zudem passieren wir erodierte Sandsteingebilde und Abraumhalden, die mit schwarzem Wüstenlack überzogen sind, der aus einer Mangan-Eisenoxid-Mischung besteht. Gegen

Abend kommen wir in einem gewaltigen Sanddünengebiet zu mehreren Seen, deren Namen der Magie der Landschaft entsprechen: Mandara, Um el Ma, Tasrufa, Maflu, Gabroun. Manche Seen sind nur leicht mit flachem Wasser bedeckt, andere vollständig ausgetrocknet. Doch im Becken des Um el Ma, was »Mutter des Wassers« bedeutet, schimmert kräftiges Blau. Es ist ein schmales, langgezogenes Gewässer, das sich über mehrere hundert Meter erstreckt. Die Ufer sind von einem üppigen Palm- und Schilfdickicht umgeben. Ein Paradies für Stechmücken, die uns am Abend plagen. Doch mehr noch als die Insekten machen uns die Giftschlangen zu schaffen, deren Spuren wir immer wieder entdecken und die sich manchmal nur eine Handbreit tief unter dem gelben Sand verbergen. Vor allem die gefährlichen Hornvipern schlängeln sich allabendlich durch unser Lager, und mehr als einmal greifen unsere Tuareg zu einem kräftigen Knüppel und vertreiben die Schlangen oder erschlagen sie.

Noch eindrucksvoller wird die Landschaft eine halbe Tagesreise weiter, als wir im südwestlichsten Teil der Libyschen Wüste zu Fuß im Tassili Maridet unterwegs sind. Diese Landschaft, die an Wildheit nicht ihresgleichen hat, ist kein geschlossener Gebirgsblock, sondern ein grandioses Gebiet zerfallener Steinformationen, die durch Wind und Sand entstanden sind. Das Tassili Maridet ist eigentlich keine normale Landschaft, eher ein Felsenreich, das wie geträumt aussieht. Hier wechseln urwelthafte Gesteinsmassive, die wie Burgruinen wirken, mit bizarren Felsungetümen ab, die als östliche Ausläufer der algerischen Tassili-Berge gelten. Im Gegenlicht glauben wir die Umrisse von übergroßen Tierstatuen zu sehen: Giraffen, Strauße, Elefanten, Echsen, Kamele. Manche Figuren könnten sogar einem Science-Fiction-Film entsprungen sein. Wir erleben eine grandiose Bildhauerei der Natur und sind begeistert von diesem surrealistischen Felsenmeer, das von langen Sandadern durchzogen ist und an manche Bilder des spanischen Künstlers Salvador Dalí erinnert. Was für eine Welt! So phantastisch, so unwirtlich, so spektakulär – ebenso wie das Akakus-Gebirge, einige Kilometer weiter südlich, hinter Ghat, wo das zivilisierte Libyen endgültig endet. Es ist ein gigantisches Vulkangebirge, wo wir uns wie auf einem imaginären Planeten fühlen. Dieser Eindruck wird vollkommen, wenn abends die untergehende Sonne das zerschliffene Felsenmeer in ein gespenstisches Licht taucht.

Mit Kamelen ziehen wir hier durch das Land der Tuareg, wandern durch gelb-roten Sand und chaotische Steinlabyrinthe, in denen es weit und breit keine Markierung gibt. Ohne einen Führer kommt man hier nicht durch, und auch die phantastischen Felszeichnungen würden einem verborgen bleiben. Darum begleiten uns Moctar und Ahmed, zwei Tuareg in grünen, wehenden Tüchern, hochmütig in Gang und Haltung, die uns die Geheimnisse des Akakus zeigen: großartige Felszeichnungen, die aus verschiedenen Phasen frühmenschlichen Lebens erzählen. Es ist ein faszinierendes Freiluftmuseum unbekannter Künstler mit Felszeichnungen von kuriosen Menschengestalten, von Kriegern, Bauern und Jägern. Einfachste Strichmännchen mit grob gezeichneten Armen und Beinen, deren Leiber oft in die Länge gezogen sind, wechseln hier mit Jagdszenen und Darstellungen von Tänzern und Feldarbeitern ab. Seltsam ist nur, dass es keinerlei Zeichnungen von Pflanzen gibt, obwohl die Sahara so fruchtbar gewesen ist.

Schließlich rebelliert mein Magen. Mehrere Tage plagen mich Durchfall und Erbrechen. Jeder Schritt ist Schwerstarbeit, kraftlos liege ich am Abend im Zelt. Trotz der Pflege unserer Tuareg-Begleiter, einem kurzen Hospitalbesuch und Antibiotika komme ich nicht auf die Beine. Also beschließe ich, die Reise zu unterbrechen, fliege nach Deutschland. Die

Diagnose beim Arzt: Fischvergiftung. Eine ungewöhnliche Erkrankung für jemanden, der durch die Wüste wandert. Doch schuld war der verdorbene Inhalt einer Konservendose, die die Tuareg als Proviant dabeihatten. Acht Tage muss ich Medikamente schlucken, bekomme Infusionen und gönne mir viel Ruhe, dann kehre ich per Flugzeug in die Wüste zurück, um meine Reise fortzusetzen.

Wie an einer langen Perlenschnur reihen sich die libyschen Dörfer, Ortschaften und Städte nun entlang meiner Reiseroute: Gariyat, Shwayrif, Suknah, Hun, Waddan. Ich wandere über riesige Trockenebenen, karge Plateaus und ausgedörrte Gesteinsschollen, laufe durch Geröll und steige über ausgedehnte Hügelketten, die in der Ferne wie weich fließende Linien wirken, die sich bis zum Horizont schieben. Tagelang bin ich sozusagen nur Auge und sehe alles, was sich um mich herum bewegt – wenn sich überhaupt etwas bewegt.

Ganz anders erlebe ich die Wüste, wenn ich noch am Abend in diesen großen, verdorrten Weiten unterwegs bin. Im Licht von Mond und Sternen sind die Silhouetten der Landschaft dann klar erkennbar und beleuchten meinen Weg, der zumeist über harte Erdkrusten, knochentrockene Wadis und ausgedehnte Gesteinsflächen führt. Manchmal muss ich die Augen sogar gegen das grelle Mondlicht abschirmen, um Landschaftsmerkmale mit der Landkarte zu vergleichen. Dann wieder wähle ich ein Gestirn am Nachthimmel aus, nach dem ich mich orientiere. Ich suche mir einen sogenannten Zielstern, der auf meiner Position liegt, wobei ich alle Sterne vom Polarstern aus festlege. Aufmerksam beachte ich dabei, dass die Sterne gegen den Horizont zusehends schneller als im Zenit wandern, sodass ich mir etwa alle halbe Stunde einen neuen Zielstern ausgucke, der dann meine Laufrichtung bestimmt, während ich anhand meiner Karte nur noch die Zeit berechnen muss, die ich voraussichtlich für die bevorstehende Wegstrecke benötige.

Manchmal habe ich beim nächtlichen Unterwegssein aber auch das Gefühl, als ob mir jemand folgt. Ich höre Geräusche, die ich nicht richtig deuten kann, eine Art Brummen oder Zischen. Die einzigen Wesen, die mir in dieser Abgeschiedenheit folgen könnten, wären Wüstenfüchse oder Hyänen. Doch beide würden sich eigentlich vor Menschen eher verstecken, anstatt sie zu verfolgen oder gar zu attackieren. Dennoch lassen die seltsamen Geräusche nicht nach, die ich schließlich auf meine überreizten Nerven zurückführe. Vielleicht sind es Halluzinationen. Es ist gut möglich, dass der monotone Gleichklang meiner Schritte und meiner Bewegungen die Gedanken abdriften lässt und ich darum auf einmal Geräusche wahrnehme, die gar nicht existieren – zu viel Horizontlosigkeit, zu viel Einsamkeit.

Später in der Nacht, wenn ich es mir auf meinem Schlafsack und der Isoliermatte bequem gemacht habe, liege ich ganz entspannt da und genieße die tiefe Stille, die in mir das Gefühl weckt, ganz allein auf der Welt zu sein. Vollkommen ungestört schaue ich in den Glitzerhimmel, wo Milliarden von Punkten in blauschwarzer Weite funkeln. Prunkvolle Fluten in Perlmutt, denke ich und weiß: Nirgendwo sonst als in der Wüste habe ich jemals eine solche Sternenfülle erlebt. Hier, in der Klarheit des afrikanischen Sternenhimmels, schließt sich die Milchstraße hin und wieder sogar zu einem riesigen Ring, sodass ich jedes Empfinden für zeitliche Dimensionen verliere und mein winziges Biwak zu einem Teil des Alls wird.

Tagsüber, wenn nur ein paar gelegentliche Wolkenschleier den Himmel bedecken und sich kaum ein Lufthauch regt, machen mir immer wieder libysche Militärpatrouillen das Leben schwer. Wenn ich ihre Jeeps in der Ferne früh genug entdecke – wobei ich zuweilen einen Moment die Vorstellung habe, als handle es sich gar nicht um ein Fahrzeug, sondern um ein schwebendes Etwas, das dem gleißenden Lichtermeer entsteigt –, verstecke ich mich hinter Felsblöcken oder in tiefen, staubbedeckten Wadiläufen, um den ansonsten unvermeidlichen, zeitraubenden Pass- und Visumkontrollen zu entgehen. Irgendwann dringt die Tristesse dieser prähistorischen Landschaft in meine müden Knochen ein. Dieses harte, dürre Land – beeindruckend und beängstigend zugleich – ist in seinen Dimensionen unermesslich und geradezu hypnotisch in seiner Monotonie. Mit nichts vor den Augen als den ewig gleich geschwungenen Sand- und Steinflächen, in denen ich jede Größenrelation verliere, bedarf es all meiner Konzentration, um nicht schlappzumachen. Deutlich spüre ich die Erschöpfung meines Körpers und habe das Gefühl, als würde ich mit jedem weiteren Kilometer gegen mich selbst angehen, wenn ich durch eine Leere laufe, die mittlerweile der in meinem Inneren entspricht. Auch die Navigation wird anstrengender, Unsicherheiten schleichen sich ein, und immer häufiger muss ich durch das Prisma des Kompasses hindurchblinzeln und meine Peilung kontrollieren, um den Kurs zu halten. Mehr als andernorts spüre ich, dass diese wüsten Weiten Libyens nichts und niemanden brauchen – auch nicht mich. Die Wüste ist sich selbst genug.

Ziemlich ausgebrannt, spüre ich schließlich, dass meine Physis völlig überanstrengt ist. Ich habe mich in diesem schweigsamen, feindseligen Niemandsland übernommen und habe keine präzise Vorstellung davon, wie es denn nun mit mir weitergehen soll. Schmutzig, erschöpft und mit einem von Schweißbächen gezeichneten Gesicht lasse ich mich auf meinen Rucksack fallen und spüre, dass mir langsam die Kraft ausgeht. Zudem habe ich irrsinnige Kopfschmerzen. In meinem Schädel tobt eine ganze Kamelherde, und die vielen Wochen in der Wüste haben deutlich ihre Spuren auf meinem

Gesicht und meinem Körper hinterlassen: Wirr hängt meine Haarmähne herab, der Bart ist mit Sand verklebt. Um Nase und Augenbrauen schält sich die Haut. Die Lippen sind aufgeplatzt, der Oberkörper mit Mückenstichen übersät. An Armen und Beinen entdecke ich kleine, juckende Kraterbeulen. Und auch die Füße haben inzwischen leichte Blessuren.

Und plötzlich erlebe ich das Wunder des Zufalls, das mich wieder Licht am Ende des Tunnels sehen lässt: In einer großen Staubwolke kommt ein röhrendes Fahrzeug aus der offenen Weite auf mich zu. Es ist ein leicht lädiertes Sammeltaxi, das schließlich mit quietschenden Reifen neben mir hält. Der Wagen ist mit Taschen, Koffern und Plastiktüten bis unters Dach vollgepackt. Durch die Fenster sehe ich vier dunkelhäutige Männer, die mich freundlich heranwinken. »Willst du mit? Komm rein«, sagt einer von ihnen. Ich zögere noch, als mir auch schon jemand meinen Rucksack abnimmt und auf die Rückbank schiebt. »Macht mal ein bisschen Platz für den Herren hier. Er hat sich anscheinend verlaufen«, brüllt der Fahrer, und alle anderen lachen lauthals. Dann quetsche ich mich zwischen all das Gepäck, und der Wagen nimmt ächzend und stöhnend wieder Fahrt auf. Jemand fragt: »Willst du was trinken?«, und reicht mir eine Plastikflasche mit Wasser. »Ja, vielen Dank«, sage ich und lehne mich mit einem Gefühl der Dankbarkeit zurück. Alle Dinge ordnen sich nun für mich wie von selbst, und Kilometer und Zeit fließen dahin. Es geht nach Norden und Nordosten über Ajdabiya und Tobruk zur ägyptischen Grenze, dann weiter nach Marsá Matruh, das am Mittelmeer liegt, und zur Oasenstadt Siwa, im äußersten Westen Ägyptens, wo ich mich wieder richtig gut fühle, weil mir diese paradiesische Oase und die vielen Palmen guttun.

Siwa liegt zweiundzwanzig Meter unter dem Meeresspiegel in der Qattara-Senke, einer gigantischen Vertiefung inmitten eines gelbsandigen Wüstenmeers. Aus mehr als dreihundert Quellen sprudelt hier das Wasser, das 300000 Dattelpalmen und 70000 Olivenbäume versorgt. Auch üppige Gärten gibt es hier sowie Plantagen mit Aprikosen, Feigen, Orangen, Trauben und Gemüse. Auf dem Altstadthügel, einem unbewohnten Burgberg, klettere ich über pittoreske Mauerreste und Ruinen ehemaliger Wohnstätten. Hier lebten einst Berber, die Vorfahren der heutigen Oasenbewohner, sodass Siwa als einzige berberische Sprachinsel Ägyptens gilt, wo noch heute neben dem Arabischen die Berbersprache »Siwi« gesprochen wird.

Etwas außerhalb der Oase besuche ich Aghurmi, die einstige Hauptsiedlung, wo ich über eine lang ansteigende Treppe zu den spärlichen Überresten eines Tempels komme, der dem ägyptischen Gott Amun sowie dem griechischen Zeus geweiht war. Hier gab es auch ein berühmtes Orakel, dessen weise Mitteilungen über die Grenzen der einstigen Pharaonenreiche bekannt waren. So kam es, dass auch Alexander der Große bis hierher reiste, um Macht und Einfluss des Orakels zu nutzen und um sich von dessen Priestern seine Göttlichkeit und die Legitimität seiner Herrschaft über Ägypten bestätigen zu lassen, wodurch er zum Pharao wurde. Nach dem Besuch des Orakeltempels ließ sich der junge Makedone häufig mit den Widderhörnern des Gottes Amun darstellen, des Reichsgottes Thebens, der im alten Ägypten auch als Gott des Windes und Schöpfer der Welt galt.

Dreihundert Kilometer weiter östlich komme ich nach Bawiti, eine Oasenstadt mit ebenfalls großem Palmengarten, einigen Geschäften und Restaurants. Moderne Beton- und Ziegelbauten wechseln hier mit traditionellen, weiß gekalkten Lehmbauten ab, deren Wände gelegentlich mit blauen und roten Zeichnungen versehen sind. Der »Pyramidenberg« (Dschebel Dist), etwas außerhalb der Stadt, der von überall sichtbar ist, gilt als Fundort versteinerter Dinosaurierknochen, die mehr als 90 Millionen Jahre alt sein sollen. Hier wurde vor wenigen Jahren der weltweit größte Dinosaurier ausgegraben: dreißig Meter lang und fünfundsiebzig Tonnen schwer.

In Bawiti ruhe ich ein paar Tage aus und treffe, wie geplant, meinen siebzehnjährigen Sohn Aaron, der aus Deutschland gekommen ist, um mit mir durch die Libysche Wüste bis zum Nil zu wandern. Wir freuen uns über das Wiedersehen und klönen die ganze Nacht. Aaron erzählt von zu Hause, von neuen Kinofilmen, von der Bundesliga und von der Schule. Ich erzähle von Afrikas weitem Himmel, vom safrangelben Sand und von der Sucht des Gehens.

Zwei Tage später wollen wir zusammen zur letzten Etappe meiner Wüstenreise starten und mit Kamelen hinaus in die Weite ziehen. Doch die Entführung einer italienisch-deutschen Reisegruppe im Süden Ägyptens hat die Polizei- und Militärposten in Alarmbereitschaft versetzt. Eine Genehmigung zur weiteren Wanderung durch die Libysche Wüste wird abgelehnt. Also ändern wir die Route und kutschieren im Geländewagen durch herrliche Landschaften mit schwarzen Tafelbergen, weißen Kalksteingebilden und gelben Sandmeeren, kommen über Farafra und Kharga nach Baris. Noch bis ins 19. Jahrhundert hinein galt diese Oasenstadt als Knotenpunkt des berühmt-berüchtigten »Darb el Arba'en«, eine der großen nordafrikanischen Karawanenrouten; es ist die sogenannte »Vierzig-Tage-Strecke«, die vom Sudan zum Nil führt und auf der nicht nur Schätze aus Schwarzafrika transportiert wurden, sondern auch Hunderttausende von Sklaven. Für die nach Norden und Süden ziehenden Karawanen befand sich einst im Ortsteil El Maks el Bahri eine Zollstation. Bis zu tausend Kamele konnten damals an den zahlreichen Brunnen dieser Stadt mit Wasser versorgt werden.

Von Bawiti aus ziehen Aaron und ich mit Mohammed

Omar, einem versierten Führer, in die Wüste hinaus. Omar ist ein großgewachsener Nubier von fünfunddreißig Jahren mit tiefschwarzer Haut und beigefarbener Galabija. Am Ortsausgang werden wir mit unseren drei Lastkamelen noch einmal von einer Polizeipatrouille angehalten. Erneut müssen wir unsere Ausweise zeigen, und ein junger, schwer bewaffneter Polizist fragt Aaron: »Was wollt ihr denn bloß da draußen? Da ist doch nichts. Nur Sand und Stein.«

»Deshalb wollen wir ja dahin«, versucht Aaron dem Polizisten auf Englisch zu erklären. Der blickt ihn daraufhin nur verständnislos an.

Dann marschieren wir los, leicht und beschwingt. Vor uns liegen etwa zweihundertfünfzig Wüstenkilometer bis zum Nil, keine riesige Strecke, trotzdem dürfen wir nicht leichtsinnig sein, denn schon zur Zeit der Pharaonen wurde diese Einöde westlich des Nils von den Menschen »Feuerozean« und »Descheret« genannt – »rotes Land«, wo Geister und Dämonen ihre Heimstatt hatten und wo sich das Totenreich befand, in dem die Pharaonen in großen Grabstätten zur letzten Ruhe gebettet wurden. Mit roter Hautfarbe wurde in jenen Tagen auch der gewalttätige Gott Seth dargestellt, der als Personifizierung des Bösen galt. Er war der Schutzgott der Wüsten und der Oasen und wurde vom Volk einfach der »Rote« genannt. Auf alten Wandbildern ist er in Menschengestalt zu sehen, mit knochigem, überschlankem Körper und dem Kopf eines Phantasietieres, das aus Antilope, Esel, Schwein und Nilpferd besteht. Besonders schaurig wirkt das Gesicht durch abstehende Ohren und Schlitzaugen. Auf dem Kopf trägt Seth die Doppelkrone.

Für Aaron ist die Reise durch die Wüste eine Begegnung mit einer anderen Zeit. Noch vor ein paar Tagen bestimmte die Schule seinen Alltag mit Mathematik und Englisch, Physik und Chemie. Nun führt er ein Kamel am dünnen Seil durch die wüste Weite Ägyptens, und all sein Hab und Gut steckt in einer Satteltasche. Sein Leben wird nun von der Natur bestimmt – von der Sonne, vom Wind und vom sandigen oder steinigen Gelände, während in seinen Ohren die winzigen Kopfhörer seines MP3-Players stecken und er die Filmmusik des Action-Thrillers »Batman – The Dark Knight« hört. Besser als ich kommt er mit dem Wechsel der Welten zurecht – auf der einen Seite die moderne Welt mit Computer, Fernsehschirm und Wasserspülung und auf der anderen die archaische Wüstenwelt, wo Aaron zum Kameltreiber und Sterngucker wird. Dort, wo er gerade ist, versucht er sich einzurichten und sich wohlzufühlen. Manchmal bin ich regelrecht überrascht, wie mühelos er sich vom Videomenschen zum Wüstenwanderer umstellen kann und sich in die Rhythmen der Natur einfühlt und einfügt. Es ist erstaunlich, wie schnell er eine lebendige Beziehung zu Himmel und Erde entwickelt und von einer weitgehend angepassten, modernen Lebensform in eine traditionelle Nomadenwelt wechselt, frei nach dem Motto: »Nimm dich selbst nicht so wichtig, sondern schaue einfach in die Welt hinaus und nicht so viel in dich hinein.« Ich habe als junger Mensch sehr viel länger gebraucht, um die Grundsätze dieser unterschiedlichen Welten in den Griff zu bekommen.

Noch vor Sonnenaufgang sind wir meist schon unterwegs und passen uns im zwielichtigen Wüstenmeer dem gleichmäßigen Trott der Kamele an, die geduldig unsere gemeinsamen Lasten schleppen: viel Wasser, das Kraftfutter der Tiere, unsere Ausrüstung und natürlich Nahrungsvorräte. Der Rhythmus der Schritte bestimmt den Takt unserer Gedanken, während die Augen fast ausschließlich auf den Boden gerichtet sind. Und wenn die stille und karge Welt dann langsam aus der Dunkelheit auftaucht, schärfere Konturen annimmt und der

Morgenwind uns Sand gegen die eingehüllten Gesichter pustet, haben wir schon fünf oder sechs Kilometer zurückgelegt.

Sieben Tage lang navigieren wir durch die Wüste, tragen unsere Kompasstraverse mit Punkten und Linien in die Landkarte ein, passieren schroffe Berge und bizarre Sandsteinerhebungen, schorfige Kalksteinflächen und weglose Hügellandschaft, riesige Felshaufen und scharfkantige Schuttmeere, meterhohe Sanddünen, mächtige Erdwülste und gewaltige Brüche, die von den tektonischen Kräften zeugen, die diesem Teil Afrikas Form und Gestalt gegeben haben. Hin und wieder stoßen wir auch auf ein paar Kamelknochen, einen geplatzten Autoreifen oder pyramidenförmige Steinhäufchen, die einst Karawanenwege markierten.

Sieben Tage lang saugt die Wüste all unsere Kraft auf, während wir durch das Limestone Plateau ziehen und uns einen mäandernden Weg nach Osten suchen. Am Tag herrschen schattenlose Leere und flirrende Hitze, nachts, wenn die Dunkelheit einfällt, überschwemmt glitzerndes Sternenlicht die Landschaft, und nur das Brüllen unserer Kamele durchbricht dann die Stille.

Sieben Tage lang wandern wir in immer gleichen Schritten voran und erobern uns mit der Monotonie des stetigen Laufens ein Stück grenzenlosen, leeren Raum – bis wir das blaue Band des Nils sehen, die Lebensader Ägyptens, den längsten Strom der Erde (6600 Kilometer). Wohl kaum ein anderer Fluss hat mehr Forscher und Touristen angezogen. Seinen Leben spendenden Fluten verdankt die älteste Hochkultur der Welt ihre Entstehung. Wir stehen etwas erhöht auf einem Sandsteinhügel und schauen mit von Müdigkeit gezeichneten Gesichtern hinab zum blaugrünen Strom, der träge und mit großer Gelassenheit dahinzieht. Glücksgefühl und Tränenschleier, Begeisterung und Traurigkeit – es ist einer dieser Augenblicke, in denen man sich in den Arm kneifen will, um sich zu überzeugen, dass all dies kein Traum ist, sondern Wirklichkeit. Diesen Moment wird keiner von uns vergessen.

Dann denke ich zurück, schlage in Gedanken vom Atlantik zum Nil, von Marokko nach Ägypten eine Brücke – das ist der Weg, auf dem ich monatelang unterwegs war. Zwischen Afrikas Westen und Osten habe ich meine eigene Spur gezogen, eine Verbindungslinie, die der Wind längst zugedeckt hat und auf der einst die großen Karawanen zogen. Es ist ein Augenblick der Dankbarkeit und Demut, in dem mir eine Textstelle aus einem Roman von Erich Maria Remarque in den Sinn kommt: *Mir war, als ginge ich über eine hohe Brücke, von einer Seite meines Lebens auf die andere, und ich wusste, dass ich nie zurückkehren könne. Ich ging von der Vernunft in das Gefühl, von der Sicherheit in das Abenteuer, vom Rationalen in den Traum.*

Der Rest ist rasch erzählt: Am Tag darauf besteigen Aaron und ich eine Feluke aus Holz mit grob geflicktem und weit geschwungenem Dreieckssegel, um auf den Fluten des Nils stromabwärts zu gleiten – nach Luxor, dem endgültigen Zielpunkt meiner langen Reise, wo ehemals die Karawanen Güter aller Art in die Hauptstadt des Pharaonenreiches brachten, das Homer in seiner »Ilias« als *hunderttoriges Theben* besungen hat.

Hoch am Wind segeln wir an kahlen Wüstenbergen vorbei, passieren weite, grüne Ebenen mit Zuckerrohr- und Baumwollfeldern, sehen Büffel, die einen schweren Pflug aus Holz ziehen, Esel, die beladene Karren schleppen, oder Kamele, die Wasserräder mit tönernen Schöpfkrügen drehen. Mal winken Frauen in nachtschwarzen Gewändern, mal schreien Kinder, mal tränkt ein Hirte Ziegen im Fluss. Dann gleiten die erdfarbenen oder auch geweißten Lehmkuben der Häuser an uns vorbei, die Minarette von Moscheen und moorige Schilfgürtel, in dem die Tochter des Pharaos einst das Binsenkörbchen mit dem neugeborenen Moses fand. Wir genießen orangegelbe oder rot-goldene Sonnenauf- und -untergänge, majestätisch und geheimnisvoll, während ein paar Palmenwipfel im sanften Wind schwanken. Wie ein Film zieht Ägyptens Landschaft vorbei – nicht anders als zur Pharaonenzeit, und wir erleben Tage unbeschreiblichen Zaubers.

Nach vier Tagen Flussfahrt erreichen wir Luxor, wo sich auf der gegenüberliegenden Flussseite das Herrschaftsgebiet des Gottes Seth erstreckt. Dort, zwischen braunroten Wüstenhügeln, liegen die schönsten und größten Gräber der göttlichen Pharaonen – im Tal der Könige und im Tal der Königinnen.

Über viele Jahrhunderte war Theben (am Ostufer des Nils), das an der Stelle des heutigen Luxor stand, die mächtigste Hauptstadt des Pharaonenreiches, gigantisch und luxuriös. Hierher flossen die Warenströme der großen Karawanen, hier steht der gewaltige Luxor-Tempel, mitten im Stadtgebiet, der als Stein gewordenes Sinnbild der machtvollen Pharaonenreiche gilt. Es ist eine Anlage von kolossaler Wucht, wo wir in die Riesengesichter monumentaler Statuen schauen, die noch nach viertausend Jahren Milde zu lächeln scheinen. Und hier bestaunen wir die große Tempelanlage von Karnak, das mächtigste Heiligtum ganz Ägyptens, das sich über viele Hektar erstreckt, eine grandiose Tempelstadt mit überdimensionierten Hallen, überlebensgroßen Pharaonenstatuen, Pfeilern, Obelisken und einer Allee mit imposanten Widder-Sphinx-Figuren.

Zwei Tage später schweben Aaron und ich zum Sonnenaufgang im Heißluftballon über der Erde. Die Höhe verschafft uns spektakuläre Aussichten. Wir sehen den Nil, die dunkelgrünen, fruchtbaren Felder West-Thebens und steil aufragende Gebirgsmassive, die mit großartigen Zeugnissen aus der Pharaonenzeit gespickt sind: dem Totentempel von

Amenophis III., dem Ramesseum, den Memnon-Kolossen und der gigantischen Anlage des Hatschepsut-Tempels. Dahinter liegt die grenzenlose Sahara, aus deren Weite ich gekommen bin – durch fünf Länder: Marokko, Algerien, Tunesien, Libyen, Ägypten. Mehr als siebentausend Kilometer habe ich in 135 Tagen zurückgelegt.

Achtundvierzig Stunden später bin ich wieder in Deutschland und sitze in einem Café an der Alster, am Jungfernstieg, einer der mondänsten Einkaufsstraßen Hamburgs, wo Menschen und Autos um mich herumwirbeln. Noch vor ein paar Wochen hatte ich mich in der Wüste auf die Tage in der Stadt gefreut. Ich wollte mit meiner Frau ins Theater, ins Konzert und ins Kino gehen, wollte in Buchläden stöbern, die Fußballbundesliga im Fernsehen verfolgen und mit Freunden am Kamin eine gute Flasche Rotwein trinken. Aber nun sitze ich in einem überfüllten Café, blättere in einigen Tageszeitungen und bin mit meinen Gedanken in der Wüste. Ich sehe die schnaufenden und ständig kauenden Kamele, mit denen ich unterwegs war, sehe Salim und Bachir, Moctar und Ahmed, die mit mir viele Tage durch die Weite zogen, sehe mich selbst unter dem strahlend hellen Sternenhimmel auf einer weichen Matte liegen, sehe mich im sturmumtosten, flatternden Biwak, verschwitzt und verdreckt von Fliegen umschwirrt, inmitten wildarchaischer Landschaften, sehe mich auf einem bunten Basar, in einem Heißluftballon abheben und über die Wüste schweben, sehe mich mit dem Rucksack laufen – und laufen und laufen, um mich herum nur Sand und Himmel und das Glück der Weite.

*Ich unternehme meine Reisen weder, um zurück-*
*zukehren, noch, um ans Ziel zu kommen. Ich unter-*
*nehme sie allein um der Bewegung willen, solang*
*mir die Bewegung gefällt. Ich bin unterwegs, um*
*unterwegs zu sein.*

Michel de Montaigne, Von der Kunst, das Leben zu lieben

# Literatur

Alfred Andersch, Die Kirschen der Freiheit. Ein Bericht, Zürich 1971

Heinrich Barth, Reisen und Entdeckungen in Nord- und Central-Afrika in den Jahren 1849 bis 1855. Tagebuch seiner im Auftrag der Brittischen Regierung unternommenen Reise, 5 Bde., Gotha 1857–1858

René Caillié, Reise nach Timbuktu, Lenningen 2006

Isabelle Eberhardt, Sandmeere 2. Herausgegeben von Christian Bouqueret, Reinbek bei Hamburg 1983

Clarissa Pinkola Estés, Die Wolfsfrau, München 1997

Günter Grass, Aus dem Tagebuch einer Schnecke, Darmstadt 1972

Gisbert Greshake, Die Wüste bestehen. Erlebnis und geistliche Erfahrung, Freiburg im Breisgau 1979

Sven Hedin, Auf großer Fahrt. Meine Expedition mit Schweden, Deutschen und Chinesen durch die Wüste Gobi 1927–1928, Leipzig 1929

Ludwig von Höhnel, Zum Rudolph-See und Stephanie-See. Die Forschungsreise des Grafen Samuel Teleki in Ost-Aequatorial-Afrika 1887–1888, Wien 1892

Albert von Le Coq, Auf Hellas Spuren in Ost-Turkestan. Berichte und Abhandlungen der II. und III. deutschen Turfan-Expedition, Leipzig 1926

Pierre Loti, Die Wüste, Bremen 2002

Francesca Marciano, Himmel über Afrika, München 1998

Karl May, Durch die Wüste, Bamberg 1949

Michel de Montaigne, Von der Kunst, das Leben zu lieben.

Herausgegeben von Hans Stilett, Frankfurt am Main 2005

Johannes Muron, Himmel über wanderndem Sand. Oasenbriefe, München 1931

Mungo Park, Reisen ins innerste Afrika 1795–1806, Tübingen und Basel 1976

Marco Polo, Il Milione / Die Wunder der Welt, Zürich 1983

Erich Maria Remarque, Die Nacht von Lissabon, Köln 1962

Gerhard Rohlfs, Quer durch Afrika. Die Erstdurchquerung der Sahara vom Mittelmeer zum Golf von Guinea 1865–1867. Herausgegeben von Herbert Gussenbauer, Stuttgart und Wien 1984

Paul Shepard, Man in the Landscape: A historic View of the Esthetics of Nature, New York 1967

Wilfred Thesiger, Die Brunnen der Wüste. Mit den Beduinen durch das unbekannte Arabien, München 1959

John C. Van Dyke, The Desert. Further Studies in Natural Appearances, New York 1901

Jules Verne, Reise zum Mittelpunkt der Erde, Frankfurt am Main 1966

# Dank

Herzlichen Dank an alle, die zum Entstehen dieses Buches beigetragen haben.

Besonderer Dank gilt Christian Liedtke für Anregungen, Geduld und das akribische Lektorieren des Manuskriptes sowie Daniel Bielenstein für hilfreiche Autorenunterstützung beim Kapitel meiner Frau Rita.